21世纪高等院校通识教育规划教材

逻辑学教程

主　审　李建华
主　编　张　君
副主编　刘澍心　艾泽银　汪皎英
　　　　申长军　邹海燕

中南大学出版社
www.csupress.com.cn

图书在版编目（CIP）数据

逻辑学教程／张君主编.--长沙：中南大学出版社，2009
ISBN 978-7-81105-969-4

Ⅰ.逻… Ⅱ.张… Ⅲ.逻辑—教材 Ⅳ.B81

中国版本图书馆CIP数据核字(2009)第149512号

逻辑学教程

张 君 主编

□责任编辑 陈雪萍 何彩章
□责任印制 易红卫
□出版发行 中南大学出版社
社址：长沙市麓山南路 邮编：410083
发行科电话：0731-88876770 传真：0731-88710482
□印 装 长沙印通印刷有限公司

□开 本 730×960 1/16 □印张16.5 □字数283千字
□版 次 2009年8月第1版 □2018年7月第6次印刷
□书 号 ISBN 978-7-81105-969-4
□定 价 35.00元

前 言

“创新是一个民族进步的灵魂，是一个国家兴旺发达的不竭动力。”而创新能力的培养，必须基于宽厚、扎实的基础知识和敏锐、严谨的分析思辨能力。早在20世纪70年代，联合国教科文组织确定的数学、逻辑学、天文学、天体物理学、地球科学和空间科学、物理学、化学、生命科学七门基础学科中，逻辑学就列居第二。学习作为推理、思辨工具的逻辑学，对于我们提高思辨能力、启发心智、掌握所需的科学知识、准确地表达思想、驳斥谬误、正确论证、进行创新性研究具有十分重要的意义。因此，逻辑学不论是在高等教育着重于专业教育的过去，还是在高等教育顺应时代的需要，重视通识教育的今天，在整个教学体系中，都处于不容忽视的学科基础地位。

逻辑学的产生直接源于思辨的需要。本书在编写过程中，结合鲜活的生活事例，深入浅出地介绍逻辑学的基础知识和基本方法，分析思维的逻辑形式及规律，并在对逻辑学理论和方法的阐述中穿插适当的练习，帮助读者切实提高逻辑思辨能力，解决现实生活中有关逻辑思维的实际问题。本书作为大学通识教育教材，既适合传统教学和自学考试，又适合作为工商管理硕士、公共管理硕士、工程管理硕士等各类硕士联考的辅导教学的教材。

本书的具体分工是(按撰写章节的先后顺序)：第一章：邹海燕；第二章、第三章、第四章：申长军；第五章：汪皎英；第六章：刘澍心；第七章：莫秀珍；第八章：张君；第九章：艾泽银。

本书在编写过程中，借鉴了同行专家的教材的精华和他们的一些研究成果，除了所附参考文献外，还有部分未能一一注明，在此表示衷心的感谢。本书的出版得到了本书主审湖南省逻辑学会会长李建华教授的悉心指导，得到了各有关方面的大力支持，本书的出版与他们的指导和支持是分不开的，对此，本书作者表示诚挚的谢意。

由于本书作者学识能力的限制，本书难免存在不足之处，为了本书以后的修订和品质的改善，衷心地希望读者对本书存在的问题提出批评和建议。

编者

目 录

第一章　实用的逻辑和逻辑的实用

内容提要： * “逻辑”演绎和实用的逻辑
* 思维和思维形态
* 思维的逻辑形式
* 逻辑常项和逻辑变项
* 思维逻辑形式的规律及规则
* 实用逻辑的性质
* 逻辑的实用意义
* 获得逻辑技艺的方法

第一节　实用的逻辑

一、逻辑和实用的逻辑

1.“逻辑”的含义

在阅读开始之前，读者不妨闭目思考一下我们的问题：

你经常使用“逻辑”这个词吗？

如果使用的话，那你的“逻辑”是什么含义？

“逻辑”其实是英文 Logic 的音译词，但今天相信我们对它一点也不陌生，而且会经常在不同的意义上使用它：

第一，它可以用来表示一门学科。“逻辑”此时即逻辑学。

第二，它可以用来表示客观事物发展的规律性。

第三，它可以用来表示人们看问题的某种立场、观点、方法、规则或某些特殊理论。

第四，它可以用来表示思维规律。

练 习

请说明下列各段文字中“逻辑”一词的含义。

(1)写文章要讲逻辑。就是要注意整篇文章、整篇说话的结构，开头、中间、结尾要有一种关系，要有一种内部的联系，不能互相冲突。

(2)在有些人看来，清官比能干的贪官还要坏，这真是奇怪的逻辑。

(3)经历了风雨，才能见彩虹；经历了磨难，方能品尝成功的喜悦。这就是生活的逻辑。

(4)列宁演说中的逻辑好像万能的触角，用钳子从各方面把你钳住，使你无法脱身：你不是投降，就是完全失败。

(5)逻辑之父不是苏格拉底而是亚里士多德。

2. 什么是逻辑

首先，要提请读者注意的是，下面将要探讨的是第一种意义上的“逻辑”，即逻辑学。

那么什么是逻辑或逻辑学？这是一个令逻辑学家都难以准确明了地回答的问题。逻辑本身的演绎过程也许能帮助我们获得某种了解。

与许多门类的科学相比，逻辑的历史确实悠远。可以说，逻辑学思想的萌发地遍及古代中国、印度、希腊等文明古国。中国春秋战国时期的惠施、公孙龙、墨翟、荀况、韩非以及古代印度的陈那、商羯罗主等思想家都对逻辑学作出过杰出贡献。但是他们这些思想家都没能把丰富的逻辑学思想从哲学中分离出来并系统化。因此，虽然遗憾但必须承认：逻辑作为科学，其发源地是古希腊。

应该看到，在古希腊不是一个而是一批学者对逻辑学的建立作出了杰出贡献，如德谟克里特(约公元前460～前370年)，他就研究了概念的定义及归纳、类比、假设等逻辑问题。又如苏格拉底(约公元前469～前399年)，他对归纳法和演绎法的实质和意义作了探讨。而柏拉图(约公元前427～前347年)则继续研究了定义、划分以及判断的逻辑形式等问题。但是这些学者都与“逻辑学之父”这一称呼无缘，因为他们都没能建立起一个系统的逻辑体系。

被人尊称为“逻辑学之父”的是柏拉图的学生亚里士多德(公元前384～前322年)。亚里士多德出生于古希腊的斯塔吉拉小城，其父是医生，在他未成年时便早早去世。亚里士多德18岁时来到雅典柏拉图的学园，成为柏拉图的优秀学生。在学园的20年中，他除了学习以外，也进行独立研究，并撰写了一些著作。柏拉图去世后，他离开雅典。此后他给13岁的未来的亚历山大大帝当过老师。公元前334年，他回到雅典，在雅典城外东北部的一片林子中租了一些房子，收徒讲学。亚里士多德的成就涉及到了他所处的那个时代的一切研究领域，他不仅是科学进步和社会发展的杰出贡献者，而且是包括逻辑学在内的许多学科的创始人。

作为逻辑学之父，德国古典学者康德（公元1724～1804年）曾评价说，逻辑在亚里士多德那里就已经完成并完善了，以致以后它再也没有前进一步。这种说法显然过于夸张，但不容否认的是，亚里士多德对逻辑学的形成作出了巨大贡献，他集前人思想之大成，建立了逻辑史上第一个比较全面而系统的逻辑体系，由他的后继者为他汇集、整理和出版的《工具论》成为了逻辑永远的经典。在《工具论》以及另一本代表作《形而上学》中，亚里士多德全面而系统地研究阐述了逻辑学的经典内容。其中主要包括：概念及定义理论、直言命题之间对当关系的理论、换位理论、直言三段论理论、模态三段论理论、归纳理论和证明理论，以及逻辑基本规律，即同一律、矛盾律和排中律。因为亚里士多德着重于从形式结构方面探讨思维过程，因此他所建立起来的逻辑体系又叫形式逻辑。

继亚里士多德之后，古希腊的斯多葛学派研究了亚里士多德逻辑体系中欠缺的有关假言命题、选言命题、联言命题等属于复合命题的问题，研究了由这些命题所组成的各种推理形式及其规则，奠定了命题逻辑的基础，从而推动了亚里士多德所创建的逻辑体系的发展和完善。在中世纪，虽然逻辑学和所有其他科学一样成为了神学的奴婢，但它仍然在顽强地前行，其内容也变得更加丰富。

然而，也许是因为科学的发展还没有产生这样的需要，由亚里士多德以及后继者们创建和发展起来的这一逻辑体系尽管包括了归纳理论在内，但是这并不能改变其演绎逻辑体系的特征，因为归纳逻辑根本就没有得到足够的重视和研究。当然，演绎逻辑能让我们从正确的前提出发同时遵循一定的规律而获得正确的结论，如：

所有的人都会死，
苏格拉底是人，
所以，苏格拉底会死。

而归纳逻辑却无法让我们从正确的前提出发同时遵循规律就一定能获得正确的结论，如：

德谟克里特会思维，
苏格拉底会思维，
柏拉图会思维，
德谟克里特、苏格拉底、柏拉图都是人，
所以，凡是人都会思维。

也许正是演绎逻辑和归纳逻辑这一不同的特征让亚里士多德及其后继者们非常强调研究演绎逻辑的重要意义。在他们看来，通过研究找出其规律，就能帮助人们更好地思维，而归纳逻辑的研究无法达到这种目的。因此，他们都不同程度地忽视甚至贬低研究归纳逻辑的重要意义，以至于被后人称之为演绎主义者。

到了17世纪，实验科学的兴起和发展日益凸显归纳逻辑的重要意义，因而吸引了许多学者对它进行研究，其中最具代表性的且成就最大的是英国人弗兰西斯·培根(公元1561～1626年)，他着重研究了科学归纳法，提出了科学归纳法的“三表法”，即“存在、具有表”，“差异表”，“程度表”。通过“三表法”，经过一步步排除，就可寻找到事物之间的因果联系，发现事物发展的规律性。继培根之后，19世纪的英国人约翰·穆勒(公元1806～1873年)进一步把培根的归纳法发展为探求因果联系的五种方法，即“求同法”、“求异法”、“求同求异并用法”、“共变法”和“剩余法”。毫无疑问，培根及其后继者们的贡献极大地拓宽了逻辑学的研究领域，进一步丰富了逻辑学的内容，弥补了亚里士多德及其后继者们创建和发展起来的逻辑体系的不足。

然而，与亚里士多德及其后继者们相比，培根及其后继者们显然是走向了另一个极端：极其强调研究归纳逻辑的意义，忽视甚至贬低研究演绎逻辑的意义。促使他们走向这一极端的部分原因也许是演绎逻辑和归纳逻辑的另一个不同之处：演绎的结论早已蕴涵在前提中，而归纳的结论则超出了前提的范围。在培根及其后继者们看来，科学的任务和目的就在于不断获得新的知识，而演绎不能给人任何新的知识，惟有归纳能够使我们获得新知。可以说，培根及其后继者们一开始就是以反对亚里士多德的逻辑体系的面貌出现的，培根甚至针锋相对地把他的逻辑学著作叫做《新工具论》，并试图取代亚里士多德的《工具论》，以至于最后被人们称之为归纳主义者。

在经历了归纳主义与演绎主义之间一段时间的激烈论争和对峙后，逻辑学进入了空前的繁荣发展时期。首先，原本有些偏激的学者们终于明白了，演绎逻辑和归纳逻辑各有其独特的价值，根本无法相互代替。于是，两者相互协调统一的新的逻辑体系逐渐形成。其次，法国人笛卡儿(公元1596～

1650 年)、德国人莱布尼兹(公元 1646 ~ 1716 年)开始尝试用数学的方法研究演绎逻辑问题。而英国人布尔(公元 1815 ~ 1864 年)则用数学方式首创了第一个逻辑演算系统——布尔代数，于是，一个既基于亚氏演绎逻辑又有别于这一体系的全新的现代演绎逻辑体系即数理逻辑渐成雏形。其后，德国人弗雷格(公元 1848 ~ 1925 年)、英国人罗素(公元 1872 ~ 1970 年)等人在总结前人的研究成果的基础上，建立了一个完整的命题演算与谓词演算系统，这标志着数理逻辑作为一门独立的科学发展到了成熟阶段。再次，培根所创立的归纳逻辑也没有停滞不前，在 20 世纪上半叶形成了一个全新的现代归纳逻辑体系——概率逻辑。最后，从 18 到 19 世纪，德国人康德(公元 1724 ~ 1804 年)和黑格尔(公元 1770 ~ 1831 年)等人开始从哲学的视角探讨逻辑问题，进而独创性地提出了一个另类的逻辑体系——辩证逻辑。

至此不难看出，是亚里士多德创建了逻辑学，然后在此基础上，在漫长的历史发展过程中，逻辑学已经逐渐演绎成为一个包括许多门类的学科群。正因为如此，所以，要以一个令所有学者都接受的简洁明了的定义来回答什么是逻辑学几乎是不可能的。

3. 什么是实用的逻辑

必须清楚，本书的内容是实用的逻辑。那么，什么是实用的逻辑？在给出简洁明了的定义之前，有必要说明两点。

首先，实用的逻辑不是专指学科群中的任何一个门类，而是关于这个学科群的导论。从内容上看，实用的逻辑是一个将亚里士多德所创建的演绎逻辑和培根所创建的归纳逻辑融为一体的逻辑体系，并不包括现代演绎逻辑、现代归纳逻辑以及辩证逻辑，所以，一些学者为了把它与现代逻辑区别开来，宁愿称它为古典逻辑，更多的学者则宁愿称它为普通逻辑。过去还有些学者喜欢称它为形式逻辑，当然这有一定的理由，因为现代逻辑是在亚里士多德及其后继者们创建和发展起来的演绎逻辑即形式逻辑的基础上构建起来的。无论一本普通逻辑的著作或教材其内容多么全面，亚里士多德及其后继者们的演绎逻辑始终是重中之重，而且似乎是大学课堂上大部分讲授者们所青睐的，也是各种逻辑测试所青睐的内容。但是，今天似乎普遍达成了一种共识：称为形式逻辑不妥，因为其中毕竟包含了许多非演绎逻辑的内容，况且，“形式逻辑”现在已演变成一个专有名词，专指现代演绎逻辑即数理逻辑。

其次，之所以称之为实用的逻辑，主要基于两点理由。第一，无论是古代中国、印度还是古希腊，无论是逻辑思想的萌芽还是逻辑学的产生，都是直接源于论辩等思维实际的需要，所以，从一开始，逻辑就是实用的科学。第二，尽管实用逻辑中的内容非常的古典，其核心内容历经了两千多年的世纪沧桑都未曾改变过，以至于许多人怀疑它是否已经过时，在逻辑现代化的呼声中险遭淘汰，但与现代逻辑相比，其古典内容却更凸显出它的实用特征。因为，现代逻辑虽然更加系统、严谨、精致，但它是基于人工符号系统之上的，因此，从我们每日的思考和思维实际看，它显得那么遥远。而古典逻辑却是基于自然语言基础上的，基于人们日常思考和思维实践之上的，因此，对于我们日常的思维活动来说，它是真正实用的逻辑，而且永远不可替代，永远不会过时。

那么，究竟如何定义实用的逻辑？简言之，从时间角度看，实用的逻辑就是古典逻辑；从内容看，实用的逻辑是主要研究思维的逻辑形式及规律的科学。

二、实用的逻辑研究什么

要真正理解什么是实用的逻辑，在它的实质内容展开之前，有必要具体地弄清楚它的研究对象。

1. 逻辑是专门研究思维的

什么是思维？从其广义看，思维是一个与存在相对应的概念，也可以叫意识或精神，它囊括了从萌芽状态到最高级的所有意识或精神现象。但逻辑专门研究的思维却是狭义的，是与感性认识相对应的一个概念，专指人的理性认识。

人的认识总是由感性认识到理性认识这样一个由浅入深的过程。感性认识是人脑直接通过感觉器官对客观事物的现象或某一个方面的外在联系的反映，由于它只是停留在事物的表层，并没有抓住事物深层的本质和规律，因此，它只是一种肤浅的或低级的认识。感性认识包括感觉、知觉和表象三种形式。感觉只是人脑借助感觉器官对客观事物的个别属性的反映，是整个认识活动的起点，实质上只是人脑把客观事物的信息接受并登记下来，还没有进行加工处理。而知觉才是认识的真正开始，它是在感觉的基础上对客观事物的整体性反映，因而必须对各种感觉信息进行初步的加工和整合，以形成客观事物的整体形象。表象则是感性认识的最高形式，是已有的感觉和知觉的再现，因此已具有了向认识的高级阶段飞跃的态势。从整体上看，感性认识的特点是直观具体、生动丰富。比如，当我们走进著名的千年书院岳麓书院后，看到了一个又一个的古色古香的院落、亭台楼阁、诗书墨迹等，还时不时感受到一股股别样的书院气息，所有这些整合起来，就是我们对岳麓书院的知觉。当我们离开岳麓书院后，无论多久，我们的脑海中都能浮现出岳麓书院的模样。这就是感性认识的整个过程。显然，感性认识只是我们对岳麓书院的一种感性的、肤浅的了解。如果我们要对岳麓书院有更深刻的认识或实质性的把握，就必须进入理性认识。

理性认识就是逻辑所要专门研究的思维。从其含义看，它是人脑对客观事物的本质和规律的主观反映。这种反映必须建立在感性认识的基础上，必须经过对各种感性材料进行比较、分析、综合、抽象、概括，加以去粗取精、去伪存真、由此及彼、由表及里的加工后，才能真正把握住事物的本质和规律。而且，思维是以概念、判断和推理去反映事物的本质和规律的。这就意味着，逻辑就是专门研究概念、判断和推理的。无论是概念、判断还是推理，从整体看，思维具有明显不同于感性认识的特点。

首先，思维具有间接性。感性认识的获得必须直接耳闻目睹反映对象，但思维不必直接接触反映对象，相反，它只需要通过对已有的丰富的感性材料进行制作加工来把握事物的本质和规律，因而，它是通过已知来获得新知，是对认识对象的间接反映。正如我们如果要对岳麓书院有更深刻的了解，想知道这究竟是一个什么样的景观，并不一定要我们再回到岳麓书院，站在其中。

第二，思维具有抽象概括性。感性认识所把握的总是个别具体事物表层看得见、摸得着的联系或特征，但思维所把握的则是事物深层无法耳闻目睹的本质和规律。而且，事物的本质和规律是一类事物的共性。因此，思维所反映的对象是一类对象而不是一个对象。

第三，思维和语言密不可分。必须看到，语言是思维的载体，思维的产生、思维的发展、思维的成果都离不开语言形式，不管是自然语言还是人工语言。可以说，根本不存在无任何语言外壳的赤裸裸的思维。同样地，思维是语言的内容，也不存在无任何思维内容的空洞的语言。当然，思维和语言的关系并不是简单的对应关系，相反，相同的语言形式可以表达不同的思维内容，不同的语言形式又可以表达相同的思维内容。

2. 实用的逻辑只研究思维的逻辑形式

首先要说明的是，逻辑是专门研究思维的，但思维并不是只是逻辑研究的对象。事实上，其他一些学科比如哲学、心理学也研究思维，而实用的逻辑研究思维却与哲学、心理学研究有完全不同的视角。哲学对思维的探讨是以逻辑学、心理学等具体科学研究为基础的，逻辑学绝非哲学，但逻辑学是我们迈向哲学的阶梯。心理学和逻辑学是同一个层次的学科，但心理学要研究包括思维在内的所有心理现象，而逻辑学只研究思维。更重要的是，虽然心理学也研究思维，但心理学主要关心的是：我们实际上在思考什么样的问题，为什么会思考这样的问题，是怎样去思考的，为什么会这样思考。实用的逻辑则主要关心的是：我们应该如何思考，如何有效地沟通，而且只是从形式结构上关心这些问题。所以，实用的逻辑只研究思维的逻辑形式。

那么，思维的逻辑形式是什么？思维的逻辑形式又称思维的形式结构，它是思维内容的具体表现形式。准确地说，它是思维的具体内容相互联结起来的方式。比如：

所有的贩毒者都是罪犯。

这个判断的内容是断定贩毒者具有罪犯的属性，如果我们把这样的具体内容去掉，用没有确切含义的S和P分别替代贩毒者和罪犯，那么，原来的判断就成了下面的样式：

所有的S都是P。

这一样式就是把上述判断的内容联结起来的逻辑形式。再比如：

所有的贩毒者都是罪犯，

张三是贩毒者，

所以，张三是罪犯。

这个推理的内容是有关贩毒者的思考，如果用没有确切含义的抽象符号S、M、P来替代不同部分的具体内容，那么，原来的推理就成了下面的样式：

所有的M都是P，

S是M，

所以，S是P。

这一样式就是把上述推理中各个部分的具体内容联结起来的逻辑形式。

应该明确，就其本身来看，任何逻辑形式总是由逻辑常项和逻辑变项两个部分构成。逻辑常项是逻辑形式中稳定不变的部分，它决定着逻辑形式的特征，进而决定了思维的逻辑特征。逻辑变项就是逻辑形式中可以表示不同内容的可变的部分。不难看出，上述两种逻辑形式中，英文字母部分就是逻辑变项，其余的部分就是逻辑常项，而逻辑常项部分就是逻辑研究的兴趣所在，也是我们在尝试解读某种意见、观点、思想时要重点关注的部分。

正因为思维的逻辑形式不仅有常项，而且还有变项，所以它就类似于一种普遍性公式，同一种逻辑形式完全可以表现各种不同的具体内容。

比如：

所有的S都是P。
- 所有的贩毒者都是罪犯。
- 所有的学生都是团员。
- 所有的作家都是文学家。
- 所有的树都是植物。
- 所有的球迷都是体育爱好者。

再比如：

所有的M都是P，
S是M，
所以　S是P。

- 所有的贩毒者都是罪犯，
  张三是贩毒者，
  所以，张三是罪犯。
- 所有的球迷都喜欢看世界杯比赛，
  张三是球迷，
  所以，张三喜欢看世界杯比赛。
- 所有的学生都要学习英语，
  他是学生，
  所以，他要学习英语。

练　习

(1) 张三因为贪图便宜花20元钱买了一件时装上衣，不到一个星期就穿破了。接着她又花10元钱买了一条时装裤子，但穿了两天就没法再穿了。由此她得出结论：便宜没好货！

下列哪一项与张三得出结论的方法一样？(　)

A. 黎明是逻辑老师，她评完了每位同学的期末逻辑考卷后得出结论说，同学们的逻辑思考能力普遍有所提高

B. 美国挑战者号航天飞机失事的原因或是设备故障，或是操作失误。联邦调查局已找到了操作失误的证据，因此得出结论说，可以排除设备故障的原因

C. 张民是逻辑老师，他批改第一份作业时，发现第五题错了；批改第二份作业时，发现第五题也错了。于是他得出结论说，某一原理所有的同学都没有理解到位

D. 美国挑战者号航天飞机因操作失误而失事了，肯尼迪号航天飞机因操作失误而失事了，联邦调查局由此得出结论说，并不是所有的航天飞机失事都只是因为技术问题

E. 李非是逻辑老师，他认为把握了逻辑技巧的人能够进行正确的推理，所以他觉得，小韩不能够进行正确的推理是因为他没有把握住逻辑技巧

(2) 有些假货不是便宜货，因此，有些便宜货不是假货。

下列哪种说法具有与上述说法相同的结构？（ ）

A. 便宜无好货，因此好货不便宜

B. 有些人不是商人，因此有些商人不是人

C. 所有商品都是有价值的，因此，所有有价值的都是商品

D. 有些发明家是自学成才的，因此，有些自学成才者是发明家

E. 没有宗教是科学，因此，没有科学是宗教

(3) 所有的作家都是文学家，张君不是作家，所以张君不是文学家。

以下哪项与上述推理最为类似？（ ）

A. 南方人爱吃辣椒，南方人喜欢花，所以喜欢花的人都爱吃辣椒

B. 有些南方人没有火爆的性格。因为有些南方人不爱吃辣椒，而爱吃辣椒的人都有火爆的性格

C. 铜是导电的，树木不能导电，所以树木不是铜

D. 铜不导电。因为金都是导电的，而铜不是金

E. 只有精通逻辑理论，才能成为一个合格的逻辑教师。老张精通逻辑理论，所以老张一定能成为一个合格的逻辑教师

(4) 美国在遭受"9·11"恐怖袭击后采取了这样的政策："要么与我们站在一起去反对恐怖主义，那你是我们的朋友；要么不与我们站在一起，那你是我们的敌人。"

下面哪项与题干中的表达方式不同？（ ）

A. 有一则电视广告："或者你打高尔夫球，那么你是富人；或者你根本不打高尔夫球，那么你是穷人！"

B. 以足球为职业的人只有两种命运：要么赢，那你是英雄，面对鲜花、欢呼、金钱、美女；要么输，那你是孬种、笨蛋，面对责难、愤怒、谩骂，打落牙齿往肚里吞

C. 如果一位逻辑教授有足够的能耐，他甚至能够教笨学生写出上乘的论文，因此，如果他不能使笨学生写出上乘的论文，就说明他的能耐不够大

D. 要么你做一个道德高尚的人，那你就无私地贡献自己的一切；要么你做一个卑鄙的人，那你就不择手段地牟取私利

E. 要么你帮助我，那你就是我真正的朋友；要么你帮助他，那你就是我的敌人

(5) 对同一篇文章，有人说"写得好"，有人说"写得不好"，这两种人之间没有共同语言。可见，不存在全民族通用的共同语言。

以下除哪项外，都与题干推理所犯的逻辑错误近似？( )

A. 张君："单位规定，工作时禁止吸烟。"李花："当然，可我吸烟时从不工作。"

B. 有的书上讲，写文章应当讲究语言的形式美。我的看法不同，我认为语言就应该朴实，不应该追求那些形式主义的东西

C. 市长应当为老百姓谋取最大利益，市长也是老百姓，所以应该为自己谋取最大利益

D. 象是动物，所以小象是小动物

E. 鸭嘴兽既不属于哺乳动物也不属于卵生动物，我看两者都有点像

(6) 如果学校的体育馆没有人上班，我们就不能去打球；我们不能去打球，因此，学校的体育馆没有人上班。

请在下列各项中选出与上句推理结构最为相似的一句。( )

A. 如果上海申花队是在雨中与对手激战，就一定会赢。现在上海申花队输了，看来一定不是在雨中进行的比赛

B. 如果太阳晒得厉害，张军就不会去游泳。今天是阴天，因此可以断定，张君一定去游泳了

C. 所有的歌手都可以参加这一次的决赛，除非没有通过资格赛的测试。这个歌手不能参加决赛，因此他一定没有通过资格赛的测试

D. 倘若是妈妈做菜，菜里面就一定会放红辣椒。菜里面果然有红辣椒，看来，是妈妈做的菜

E. 如果没有特别的原因，学校一般不批准教师的事假申请。学校批准了张君老师的事假申请，看来其中一定有一些特别的原因

(7) 所有的聪明人都是近视眼，我近视得很厉害，所以我很聪明。

以下哪项与上述推理的逻辑结构一致？( )

A. 他是个笨人，因为所有的聪明人都是近视眼，而他的视力那么好

B. 所有的象都有一条长尾巴，这种动物的头虽然像象，但尾巴很短，所以它不是象

C. 宋娟整天乐呵呵的，所以她一定长得很胖，因为心宽就体胖嘛

D. 所有的天才都高度近视，爱因斯坦一定是个近视眼，因为他是个公认的天才

E. 所有的象都是有四条腿的，院子里的那条狗有四条腿，所以那条狗一

常“卡壳”或一筹莫展，比如很多人面对上面的问题就是如此。这是因为，有些感觉或经验原本就是错的，它常常误导我们的思维，使它不能朝正确的方向前行。可以说，逻辑原理、逻辑规律以及逻辑技巧的把握能帮助我们梳理自己的思维，清除掉那些错误的经验，逻辑思维能力由此获得提升。当然，与思维混乱的人相比，有些人的逻辑思维能力的确强，但这并不能因此否定把握逻辑学的重要意义。应当明白，逻辑知识和技巧可以帮助我们概括或总结我们思维实践中那些有益的经验，让它们上升到理论的高度，从而使逻辑思维能力由此更上一层楼。值得注意的是，对逻辑学的这一重要作用不得过分地夸大，毕竟它不是解决一切思维问题的万应妙方，它只是帮助我们提高逻辑思维能力，只有思维实践才能实实在在地提高我们的逻辑思维能力。

2. 能帮助我们把握所需的科学知识

知识固然是来自于实践，但是对于一个个体来说，有两个重要途径帮助我们获得所需要的知识。

途径之一，就是通过学习各门科学把握所需的知识。此时，逻辑能帮助我们准确把握并真正理解和内化所学的科学知识。因为正如黑格尔所说，“一切科学都包括在逻辑中，因为每一门科学都是要以思想的概念的形式来把握自己的对象的，所以都可以说是应用逻辑”。确实，每一门科学都不是知识的堆砌，相反，是由一些基本概念、原理和论证所演绎出的一个严密的科学知识的逻辑体系。比如，欧基里德几何学就是运用演绎推理的方法，由一些公理和定义推证出许多原来人们不知道的新公理，从而逐步建立起一套严密的几何学说体系的。因此，学习科学知识绝非像很多人所想象的那样死记硬背就行了，因为死记硬背的东西是绝不可能内化为自己的东西的。需要特别指出的是，很多人都清楚，自然科学不可能通过死记硬背来把握，但他们却认为，社会科学和人文科学完全可以通过死记硬背来把握，而且事实上他们也是这样做的。可以说，这是对社会科学和人文科学极大的误解。社会科学和人文科学同样都是由概念、命题和推理构成的一个严密的科学知识的逻辑体系，如果我们不是从其整体结构上，不是从其内在的逻辑关系中，而仅仅是通过死记硬背去把握它，那么充其量我们也只是获得了一些毫无价值的支离破碎的概念和条条框框，因此，社会科学和人文科学的学习同样需要逻辑的素养，其知识需要逻辑地把握。

途径之二，就是通过观察、分析或研究从已知推出新知。此时，逻辑具有极重要的意义。因为，无论是对观察和分析所得到的信息进行梳理，还是对已有知识的整合和推导，都需要我们运用正确的逻辑形式，遵循其规律和规则。任何重大的科学发现固然有其机缘，但发现它的科学家本身具有的逻辑素养起了重要的作用也是不争的事实。比如，居里夫人是从沥青矿中提炼出铀的。她发现，提炼铀之后的沥青矿石仍然有放射线射出。由此她分析：有放射线就会有放射性元素，没有放射线就没有放射性元素。现在沥青矿石中仍然有放射线，所以，一定还有除铀之外的其他放射性元素。后来经过反复试验，果然发现了镭。当然这是个艰苦而复杂的过程，但是，在这个过程中，演绎推理这种思维形式对居里夫人发现镭起了很重要的作用，这一点也是不容否认的。不过，谨记住下面这一点是必要的：对于任何科学研究和发现，逻辑本身并没有想要做什么，而且实际上它也做不了什么。逻辑仅仅是思考的工具，它可以帮助我们更好地思考，帮助我们有条不紊地面对问题，并且在许多情况下使得问题的解决较少困难而更有把握。逻辑本身绝不会减免或代替实际的思考和研究工作。

3. 能帮助我们准确表达思想、正确论证和驳斥谬误

人作为社会性动物，相互之间必然要进行沟通和交流，而逻辑能为我们的相互沟通和交流提供沟通交流的平台，提供沟通交流的秩序或规则。没有这个平台，交流就无从开始；没有秩序或规则，交流就不能富有成效。试想一下这样的情形，假如你问我：今天上午是否有逻辑学课？我回答说：在一种意义上有，在另一种意义上没有。假如你再问我：什么是逻辑？我回答说：《哈利·波特》的许多情节根本不合逻辑。这样的情形下我们可以沟通下去吗？显然，在有效的沟通和交流时，双方总是在遵循特定的思维路线或进程，运用明确的概念和恰当的判断进行合乎逻辑的推理和论证。

与日常的沟通交流相比，写作、演说和论辩，更能凸显逻辑的实用价值。写作和演说都要求有比较高的逻辑素养，否则作品的质量不可能上乘，演说也不可能有说服力。而论辩同样如此，就像先前所提到的，无论是古代中国、印度，还是古希腊，逻辑思想产生的直接动因都是源自于论辩的实际需要，而逻辑学作为科学在古希腊形成时，首先发展起来的也是围绕提高个人思辨能力的有关内容，包括怎样明确概念、准确判断、正确推理、揭露谬误等，正因为如此，古希腊人称逻辑为“论辩术”。事实上，论辩能力是个人素质的综合体现，它集知识、智慧、口才、机敏及其他心理素质于一身，但其中最为重要的是逻辑思维能力，包括驾驭逻辑的能力。因为，论辩既要论证己方的观点，又要反驳对方的观点，实质是论辩双方的逻辑较量，取胜首先就必须依赖逻辑的力量。一方面，我们在阐述、论证自己的观点时要力求无懈可击，为此，使用的概念要明确而不是模糊，判断要准确而不能左右摇摆，推理论

证要运用正确的逻辑形式并遵循其规律规则而不能自相矛盾。另一方面，在倾听、理解对方的阐述时要善于通过批判性思考及时发现对方的逻辑漏洞并驳斥其谬误。必须清楚，谬误都是违反逻辑规律和规则而形成的。特别是其中的诡辩，更是故意违反逻辑规律或规则。而且，它似是而非、颠倒黑白、以假乱真，显然，没有较高的逻辑素养的话，是很难识别它的，而且很容易被它难倒。惟有实用的逻辑不仅能帮助我们准确地表达和正确地论证，而且能帮助我们提高识别、揭露和驳斥谬误的能力。

二、如何获得逻辑所能给予的

如上所述，逻辑确实能帮助我们改善自己的思维状况，帮助我们提高自己的逻辑思维能力。很多人开始学习逻辑学之前，也相信逻辑学能给予我们很多，但是学了一段时间后，甚至是读完一本逻辑课本后，他们却大感失望，认为逻辑学并不能帮他们解决什么问题，甚至感到不学逻辑还好，学了逻辑以后反而更糟糕！出现这种结果，原因之一是他们原本就对逻辑学寄予了过高的期望，以为仅仅通过逻辑学的学习，就能写出上乘的文章，或拥有雄辩的口才。但实用的逻辑仅仅是我们思维的工具，因此不可能有这样的功效，注定要让抱这种期望的人失望。而令人们深感失望的另一个重要的原因是，没有一个良好的心态和正确的方法，不知道怎样去获得实用的逻辑所能给予的。那么，如何才能获得逻辑所能给予的？记住下面两点是非常重要的。

1. 必须有良好的学习心态

学习逻辑学需要良好的心态，即一种平和的、耐心的心态。有些学习者，因为对逻辑学有过高的期望，当感觉达不到期望时，就变得心浮气躁而失去耐心。另有些学习者，因为有太过于实用的目的，以至于指望立竿见影，根本不知道思维状态的改善、思维能力的提高是一个渐进的过程，因此，学习过程中他们很容易变得心浮气躁、失去耐心。应该知道，逻辑思维完全是一个理性过程，理性思考和理性学习都是以平和、耐心的心态为基础的，否则根本达不到应有的思考和学习效果。这里要指出的是，学习过程中我们也许会产生枯燥乏味的感觉，但只要我们坚持以平和耐心的心态进行学习，枯燥乏味的感觉终会消失，因为逻辑学是工具性科学，正像学习如何驾驶汽车和操纵帆船可以增添生活的乐趣一样，学习如何驾驭逻辑工具可以增添思维或精神的愉悦。

2. 必须有正确的学习方法

首先，正确的学习方法是循序渐进的方法。实用的逻辑是由基本概念、基本原理构成的一个理论体系，许多内容相互之间存在前后相继的内在联系。因此学习过程中，必须循序渐进，一步一步地，在真正理解了前面的内容后再开始后续内容的学习，切忌随意地这里瞧瞧、那里看看或跳跃式地学习，否则，很难收到好的效果，而且学习过程也难以为继。

其次，学习过程必须辅以足够的练习。应该知道，逻辑学绝非是死记硬背就可以掌握的。事实上，逻辑学的很多内容似乎一看就明白了，但一做习题就会发现理解并没有真正到位，因此，要真正掌握所学的内容就必须多做练习。可以说，练习的重要性源自于逻辑学的工具性。任何工具的驾驭、技艺的把握都离不开反复的练习，逻辑工具及技艺也不例外。

最后，也是最重要的，正确的学习方法必须是理论联系实际的方法。要获得逻辑学所能给予我们的，最好的方法就是学习过程始终结合具体的思维实际。但要知道，理论联系实际绝非是一朝一夕的工夫，重要的是养成一种习惯，时常以一种逻辑的眼光读书看报或听演讲辩论，长期坚持，对逻辑思维能力的提高必然会有所帮助。

第二章　概念

内容提要： ＊ 概念的解释及语词表达
＊ 概念的内涵与外延
＊ 概念的三种重要分类
＊ 概念外延间的关系及欧拉图表示
＊ 明确概念的三种简单的逻辑方法

第一节 概念的概述

一、什么是概念

概念是反映对象特有属性的思维形式。

概念的反映对象可以是任何事物。任何事物都有其自身的性质，并且任何事物都和其他事物发生一定的关系。事物自身的性质以及事物之间的关系统称为事物的属性。

在事物的属性中，有些是特有属性，有些是非特有属性。所谓特有属性，就是只为该事物具有而其他事物不具有的属性。例如，“能制造和使用生产工具”就是“人”的特有属性，而其他动物就不具有这一属性。“有两足、直立行走”就不是“人”的特有属性，一些其他动物也具有这一属性。因此，“有两足、直立行走”就只是人的非特有属性。

概念是认识的理性阶段。它是以抽象的形式反映对象的。它只反映对象的特有属性，而舍弃了对象的非特有属性。概念是思维的起点，是思维形式的最基本要素。推理是由判断组成的，判断又是由概念组成的，所以没有概念就无法进行思维活动。

二、概念与语词、词项的关系

思维要由语言来表达。概念作为思维的基本要素，是由语词来表达的。语词是概念的语言形式，概念是语词的思想内容，二者密不可分。

但是，概念和语词的关系并不是一一对应的。首先，任何概念都必须由语词来表达，但并不是所有的语词都表达了概念。一般说来，实词是表达概念的，如“人”、“国家”、“伟大”等。而一些虚词则不表达概念，如“的”、“地”、“得”等。表达了概念的语词也叫词项，词项是概念和语词的统一。

其次，同一概念也可以由不同的语词来表达。例如，“土豆”、“马铃薯”、“洋山芋”是表达同一概念的。这也就是语词中的同义词现象。因此，要注意不要把不同语词表达的同一概念当作不同的概念。

再次，同一语词也可以表达不同的概念。如“白头翁”可以是指老人，也可以是指一种鸟。这也就是语词中的多义词现象。因此，不要把同一语词表达的不同概念当作同一概念。

总之，概念与语词是既有联系又有区别的。特别要注意不要将概念和语词简单地一一对应起来。那样的话，就会分不清什么是概念、什么是语词了，也就无法理解概念与语词之间内容与形式的关系了。词项是概念和语词的统一，是表达了概念的语词。并不是所有的语词都表达了概念，因此也并不是所有的语词都可以称为词项。

三、概念的内涵与外延

概念是内涵和外延的统一，任何概念都具有内涵与外延两个方面的逻辑特征。逻辑研究概念就是要研究概念的内涵与外延。所谓明确概念就是要明确概念的内涵与外延。

概念的内涵是指概念的内容或含义，是指反映在概念中的对象的特有属性。例如，“人”这一概念的内涵就是：能制造和生产工具的动物；“商品”这个概念的内涵就是：用来进行交换的劳动产品。

概念的外延是指概念所反映的对象范围，是指具有概念所反映的特有属性的对象。例如，“人”这个概念的外延所反映的对象就包括古今中外的每一个人；“商品”这个概念的外延所反映的对象就是所有用来交换的具有各种不同使用价值的每一件劳动产品。

概念的内涵反映对象事物的属性，即反映质的方面；而概念的外延反映对象事物的数量范围，即反映量的方面，二者是不可分离的。概念是既有内涵又有外延的，是内涵与外延的统一。而所谓明确概念也就是要清楚明白地了解概念的内涵与外延两个方面。

练 习

(1)"宪法有资本主义国家的宪法、社会主义国家的宪法，在不同时代和不同类型的国家里，它的形式和内容都有所不同，但它都是统治阶级意志的表现，是实现其阶级统治的重要工具。"

这里对"宪法"这一概念的说明方式是(　)。

A. 仅从内涵方面说明

B. 仅从外延方面说明

C. 先从内涵，再从外延方面说明

D. 先从外延，再从内涵方面说明

(2)"定义由被定义项、定义项和定义联项组成。定义可分为性质定义、发生定义、关系定义、功用定义等。"

这段文字是如何说明"定义"概念的？(　)

A. 都从外延说明

B. 都从内涵说明

C. 先从外延，后从内涵说明

D. 先从内涵，后从外延说明

第二节　概念的种类

一、单独概念和普遍概念

根据概念外延所反映的对象的数量的不同，可以将概念划分为单独概念和普遍概念。

单独概念是反映某一特定对象的概念，如"北京"、"中国"、"雷锋"、"世界上国土面积最大的国家"等。它们反映的对象都是独一无二的特定事物。

单独概念的语词表达有两种情况：一种是由专有名词来表达。例如，人名：雷锋、鲁迅、马克思；地名：北京、上海、湖南；书名：《红楼梦》、《资本论》；事件："五四运动"、"西安事变"；等等。

单独概念也可以由摹状词来表达。例如，世界上国土面积最大的国家、我国人口最多的城市、中国发射的第一颗人造地球卫星、这个人、那本书等。

普遍概念反映的对象是由多个分子组成的类，其对象的数量至少有两个，也可以是无限多个。例如，《共产党宣言》的作者、城市、国家、人、自然数等。一般来说，普通名词都表达了普遍概念。用动词和形容词表达的概念也是普遍概念，如“打”、“勇敢”、“美丽”等。

从概念外延反映的对象数量来看，可以说还有一种特殊的概念，叫零概念，也可以叫做虚概念或空概念。零概念反映的对象是一个空类，在客观世界里是不存在的，只是人们思想中虚构的。例如，“方的圆”、“鬼”、“上帝”等。空概念比较复杂，是一种特殊的概念。本书将不对此进行具体研究。

二、集合概念和非集合概念

根据概念所反映的对象是否为集合体，可以将概念分为集合概念和非集合概念。

集合概念是反映集合体的概念。集合体是由多个同类个体组成的统一整体，集合体具有的属性不必为其个体所具有。例如，“森林”、“工人阶级”、“船队”等。“森林”就是由许多树组成的统一整体，“森林”所具有的属性就不一定是每一棵树也具有的。所以集合概念所反映的对象是指集合体，不是指一个个的个体。

非集合概念是反映非集合体的概念。非集合体是指一类事物中的一个个的个体，其中每一个个体都具有相同的属性。例如，“树”、“工人”、“船”就是非集合概念。它们反映的对象是一个个的个体：“树”是指一棵棵的树，“工人”可以指一个个的工人。

区分集合概念和非集合概念有其重要意义，特别是在于区分同一语词有时表达了集合概念，有时表达了非集合概念时。如：

(1) 中国人是勇敢的。

(2) 中国人是亚洲人。

“中国人”在例(1)中表达了集合概念，是指中国人这一整体，相当于说中国人民在整体上来说是勇敢的，是把所有的中国人当作一个集合体来反映的。这里的“中国人”并不是指每一个中国人。“中国人”在例(2)中是把中国人当作一个个的个体来反映的，是指每一个中国人都是亚洲人。所以，它表达的是非集合概念。

练 习

试分析下列各题中标有横线的语词是在集合意义下使用的还是在非集合意义下使用的。

(1) <u>人</u>贵有自知之明。

(2) <u>人</u>是由猿进化而来的。

(3) <u>人民</u>享有广泛的民主和自由。

(4) <u>中国人</u>死都不怕，还怕困难吗？

(5) <u>中国人</u>比印度人还多。

(6) <u>中国人</u>都应该爱中国。

(7) <u>鲁迅的作品</u>不是一天能读完的。

(8)《祝福》是<u>鲁迅的作品</u>。

三、正概念和负概念

根据概念所反映的对象是否具有某属性，可以将概念分为正概念和负概念。

正概念是反映对象具有某属性的概念，也叫肯定概念。如“机动车”、“成年人”、“党员”、“健康”等。

负概念是反映对象不具有某属性的概念，也叫否定概念。如“非机动车”、“未成年人”、“非党员”、“不健康”等。负概念在语词表达上一般都带有否定词“非”、“未”、“不”等。但要注意，有些语词虽然出现了“非”、“不”等，但并不具有否定的意义。例如，“非洲”、“不丹”就不能认为是负概念。

负概念总是相对而言的，总是相对一定的范围来讲的。这个范围，也就是负概念的论域。如“非机动车”的论域就是车，“未成年人”的论域就是人。负概念所反映的对象是不能超出其论域的。

练 习

(1)“单独概念”这个概念属于(　)。

A. 单独概念　　B. 普遍概念　　C. 空概念

D. 集合概念　　E. 负概念

(2)“无理数是无限不循环小数”中的“无理数”这一概念属于(　)。

A. 单独概念、集合概念、正概念

B. 单独概念、非集合概念、负概念

C. 普遍概念、非集合概念、负概念

D. 普遍概念、集合概念、正概念

E. 普遍概念、非集合概念、正概念

第三节　概念间的关系

这里所讲的概念间的关系是指概念外延之间的关系，其基本关系又是指两个概念外延间的关系。它可以分为同一关系、真包含于关系、真包含关系、交叉关系和全异关系。

一、同一关系

同一关系又叫全同关系，是指两个概念的外延完全相同的关系，即一个概念的全部外延正好也是另一个概念的全部外延。为了更清楚地说明概念外延之间的关系，传统逻辑用欧拉图来表示。

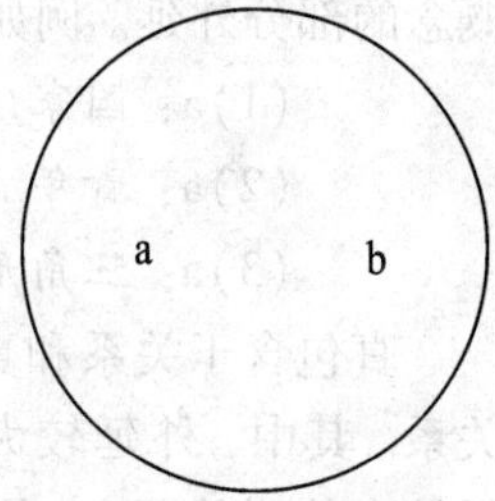

图 2－1　同一关系

如图 2－1 所示，a、b 分别表示两个概念的外延，那么具有同一关系的 a、b 两个概念的外延完全重合。例如：

(1)a：北京市　　　b：中华人民共和国首都

(2)a：等边三角形　b：等角三角形

具有同一关系的两个概念，虽然外延完全相同，但是它们的内涵是不同的。例如，“等边三角形”的内涵反映了三角形三边相等的属性，而“等角三角形”则是反映了三角形三角相等的属性，二者的内涵是不同的。如果两个概念的外延完全相同，内涵也完全相同，那就不是两个概念而是同一个概念了。因此，要注意区分两个概念具有同一关系与两个不同语词表达同一概念的情况。

二、真包含于关系

真包含于关系是指一个概念的全部外延与另一个概念的部分外延重合的关系。

如图2－2所示，a概念的全部外延都包含在b概念的外延之中，而与b概念的部分外延重合。例如：

(1)a：中学生　　b：学生

(2)a：大城市　　b：城市

(3)a：商品　　b：劳动产品

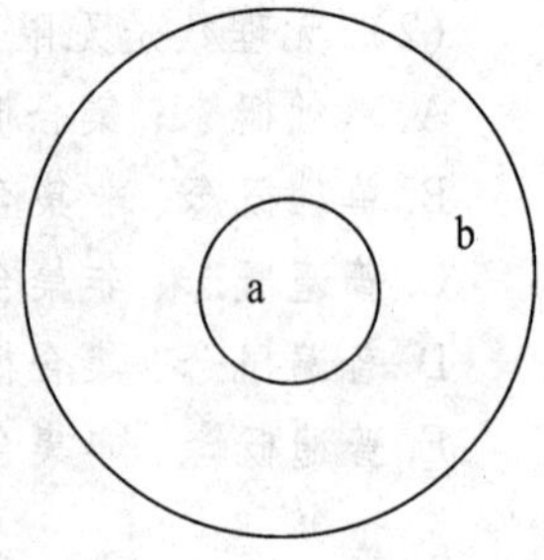

图2－2　真包含于关系

三、真包含关系

真包含关系是指一个概念的部分外延与另一个概念的全部外延重合的关系。

如图2－3所示，a概念的外延真包含了b概念的全部外延，b概念的全部外延只是a概念的部分外延。例如：

(1)a：国家　　b：社会主义国家

(2)a：青年　　b：团员

(3)a：三角形　　b：等腰三角形

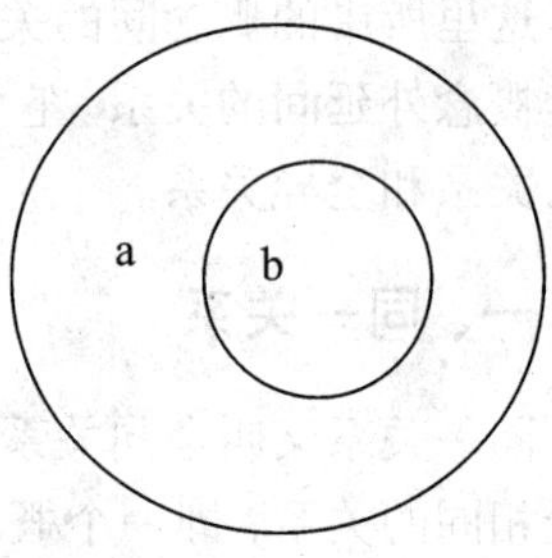

图2－3　真包含关系

真包含于关系和真包含关系统称为从属关系。其中，外延较大的概念叫属概念，外延较小的叫种概念。因此，真包含于关系又叫种属关系，真包含关系又叫属种关系。属概念和种概念是相对而言的，比如，“社会主义国家”相对于“国家”是种概念，而相对于“中华人民共和国”就是属概念了。

四、交叉关系

交叉关系是指一个概念的部分外延与另一个概念的部分外延重合的关系。

如图2－4所示，a概念的一部分外延与b概念的一部分外延重合，而另外又各有一部分外延不相同。例如：

(1)a：党员　　b：干部

(2)a：工人　　b：妇女

(3)a：医生　　b：军人

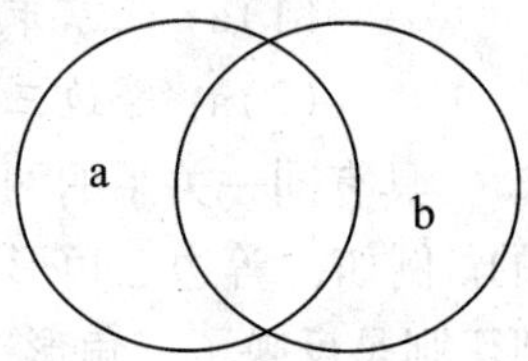

图2－4　交叉关系

同一关系、真包含于关系、真包含关系、交叉关系统称为相容关系。四种关系中的两个概念都有共同的外延。所不同的只是共同外延的多少不等而已。总之，在 a、b 两个概念之间，存在着既是 a 又是 b 的对象，所以说 a 和 b 是相容的关系。

五、全异关系

全异关系是指两个概念的外延完全不同，不存在既是 a 又是 b 的对象，因此又叫不相容关系。

如图 2－5 所示，a 概念的外延都不是 b 概念的外延，b 概念的外延也都不是 a 概念的外延。a 概念的外延与 b 概念的外延完全不同，没有任何部分是重合的。例如：

(1)a：国家　　　　b：工人

(2)a：学校　　　　b：动物

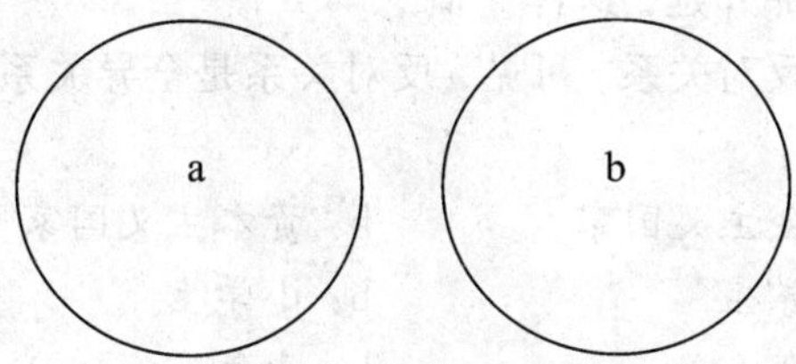

图 2－5　全异关系

同一关系、真包含于关系、真包含关系、交叉关系、全异关系是两个概念外延之间的五种基本关系，概括了两个概念外延之间关系的全部可能性，也就是说任意两个概念之间的关系都是这五种关系中的一种。

全异关系还可以进一步分为矛盾关系和反对关系等特殊情况。

1. 矛盾关系

如果具有全异关系的两个概念的外延之和等于它们共同的一个属概念的外延，那么，这两个概念之间的关系就是矛盾关系。

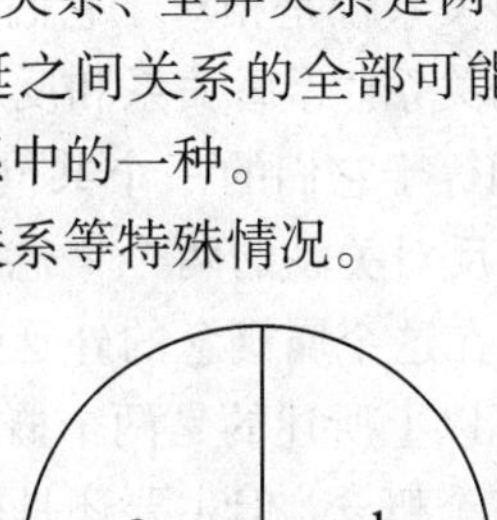

图 2－6　矛盾关系

如图 2－6 所示，a 概念的全部外延都不是 b 概念的外延，a 概念与 b 概念具有全异关系。但是 a 概念的全部外延与 b 概念的全部外延之和正好等于 c 概念的全部外延。这样，a 概念与

b 概念之间的关系就是矛盾关系。可见，矛盾关系是全异关系的特殊形式。例如：

(1)a：机动车　　b：非机动车

(2)a：男学生　　b：女学生

(3)a：有核国家　　b：无核国家

2. 反对关系

如果具有全异关系的两个概念的外延之和小于它们共同的一个属概念的外延，那么，这两个概念之间的关系就是反对关系。

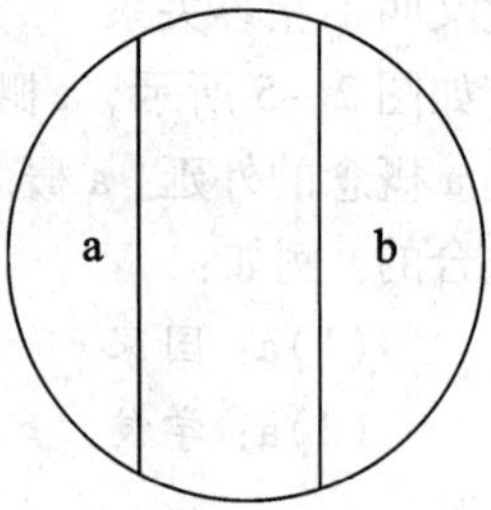

图 2－7　反对关系

如图 2－7 所示，a 概念的全部外延都不是 b 概念的外延，a 概念和 b 概念具有全异关系，但是 a 概念的全部外延与 b 概念的全部外延之和小于 c 概念的全部外延，这样 a 概念与 b 概念之间的关系就是反对关系。可见，反对关系是全异关系中的另一种特殊形式。例如：

(1)a：社会主义国家　　b：资本主义国家

(2)a：大学生　　b：小学生

(3)a：老年人　　b：青年人

矛盾关系和反对关系是全异关系中的两种特殊形式，它们的共同点是二者都属于全异关系，是对全异关系中的特殊情况的进一步明确。矛盾关系和反对关系都是相对于它们共同的属概念而言的，实际上涉及到了三个概念之间的关系。矛盾关系和反对关系的不同点在于：矛盾关系的两个概念的外延之和等于它们的一个共同的属概念外延，在这个属概念的外延中，非此即彼。反对关系的两个概念的属概念的外延之和小于它们共同的属概念的外延，在这个属概念的外延中，并不是非此即彼，还存在着其他的部分。

以上所述的是两个概念之间的关系。矛盾关系和反对关系虽然涉及到了第三个概念，但主要还是就两个概念之间关系而言的。在人们的思维实际中有时要涉及三个甚至更多的概念之间的关系，但分析多个概念之间的关系时，仍可以按上述方法进行，只要对其中每两个概念之间的关系搞清楚了，多个概念之间的关系也就清楚了。

例如：a：学校　b：学生　c：大学生　d：党员

可用欧拉图表示为：

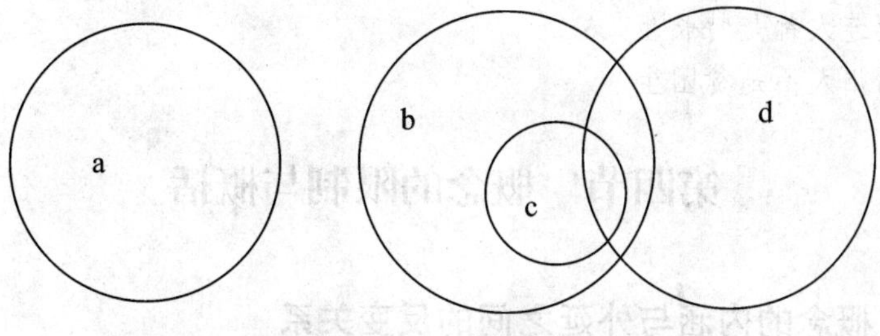

图 2-8　多个概念间的关系

练习

(1) 将下列命题中标有横线的概念的外延关系表示在一个欧拉图中：

A. 《红楼梦》(a)是中国小说(b)，也是古典小说(c)，但不是武侠小说(d)。

B. 巴金(a)是文学家(b)而不是历史学家(c)，郭沫若(d)既是文学家又是历史学家。

C. 中国(a)在亚洲(b)，是亚洲国家(c)，也是发展中国家(d)。

(2) 某饭店中，一桌人在谈生意，其中有一个是哈尔滨人，两个是北方人，一个是广东人，两个人只做电脑生意，三个人只做服装生意。

以上介绍涉及到了所有人，下列说法中正确的是(　)。

A. 最少可能是 3 人，最多可能是 8 人

B. 最少可能是 5 人，最多可能是 8 人

C. 最少可能是 5 人，最多可能是 9 人

D. 最少可能是 3 人，最多可能是 9 人

E. 无法确定多少人

(3) 在某校新当选的校学生会的七名委员中，有一个是大连人，两个北方人，一个是福州人，两个特长生(即有特殊专长的人)，三个贫困生(即有特殊经济困难的学生)。

假设上述介绍涉及了该学生会中的所有委员，则以下各项关于该学生会的断定都不与题干相矛盾，除了(　)。

A. 两个特长生都是贫困生

B. 贫困生不都是南方人

C. 特长生都是南方人
D. 大连人都是特长生
E. 福州人不是贫困生

第四节　概念的限制与概括

一、概念的内涵与外延之间的反变关系

概念的内涵有多少之分，概念的外延有大小之别。在从属关系的概念之间，它们的内涵与外延存在着一种反变关系：一个概念的内涵愈少，则它的外延愈大。反之，一个概念的内涵愈多，则它的外延愈小。也就是说，概念内涵的多少与概念外延的大小是成反方向变化的。这就是概念的内涵与外延之间的反变关系。例如，"工人"与"纺织工人"这两个概念就具有反变关系。"工人"是属概念，"纺织工人"是种概念。"纺织工人"的内涵比"工人"的内涵多了一个"纺织"的属性，但它的外延则比"工人"的外延要小，相对来说只是一个种概念。"工人"的内涵比"纺织工人"的内涵要少一个"纺织"的属性，但它的外延则比"纺织工人"的外延要大，相对来说是一个属概念。

概念的内涵与外延之间的反变关系只适用于从属关系的概念之间，即只适用于真包含于关系和真包含关系之间，不适用于同一关系、交叉关系和全异关系的概念之间。

从属关系的概念之间的内涵与外延的反变关系，是对概念进行限制和概括的逻辑根据。

二、概念的限制

概念的限制是通过增加概念的内涵以缩小概念的外延来明确概念的一种逻辑方法。例如，对"工人"这一概念增加"纺织"内涵，就可以将其限制为"纺织工人"；对"国家"这一概念增加"社会主义"的内涵，就可以将其限制为"社会主义国家"。相对而言，被限制的概念"工人"和"国家"是外延较大的属概念，通过限制而得到的"纺织工人"和"社会主义国家"是外延较小的种概念。所以，简言之，限制就是由属概念过渡到种概念的一种逻辑方法。

限制只适用于普遍概念，不适用于单独概念。单独概念的外延只有一个对象，不能再缩小了，因此不能对单独概念进行限制。对于单独概念可以增加它的内涵，但是没有办法缩小其外延。例如，"中国共产党"就是一个单独

概念，对其加上“伟大的、光荣的、正确的”定语，变为“伟大的、光荣的、正确的中国共产党”后，概念的外延并没有缩小。可见，限制是只适用于普遍概念而不适用于单独概念的。

概念的限制是一种明确概念外延的逻辑方法，其意义在于明确概念的外延，准确地运用概念。因此，常常需要对外延过宽的概念加以限制，使其由外延较大的属概念过渡到外延较小的种概念。

三、概念的概括

概念的概括是通过减少概念的内涵以扩大概念的外延来明确概念的一种逻辑方法。例如，对“青年教师”这一概念减去“青年”的内涵，就可以将其概括为“教师”。对“中国人”这一概念减去“中国”的内涵就可以将其概括为“人”。相对而言，被概括的概念是外延较小的种概念，通过概括而得到的概念是外延较大的属概念。简言之，概括就是由种概念过渡到属概念的一种逻辑方法。

概括适用于一般的概念，但不适用于范畴。因为，范畴已经是外延最大的概念了，不能再扩大其外延了；也是内涵最少的概念，不能减少其内涵了。例如，对于“物质”、“意识”、“主观”、“客观”、“原因”、“结果”等就不能再进行概括，它们本来就是外延最大的属概念了，找不到比它们外延更大的属概念。

概念的概括也是一种明确概念外延的逻辑方法，其意义也在于明确概念的外延，准确地运用概念。因此，常常要对外延过窄的概念加以概括，使其由外延较小的种概念过渡到外延较大的属概念。总之，概念的限制和概括都是一种明确概念外延的逻辑方法，都是为了使概念的外延大小能够准确恰当。

概念的限制是由属概念过渡到种概念，概念的概括是由种概念过渡到属概念，它们的逻辑根据是概念内涵与外延之间的反变关系。因此，概念的限制和概括只能在具有从属关系的概念之间进行。

练　习

(1) 分析下列限制和概括是否正确。

①“普遍概念”限制为“单独概念”。

②“中国”限制为“北京”。

③“科学”限制为“自然科学”。

④“勇敢”限制为“勇敢的人”。

⑤“推理”限制为“命题”。

⑥“地球”概括为“太阳系”。

⑦“长沙市”概括为“湖南省”。

⑧“推理”概括为“思维形式”。

⑨“种概念”概括为“属概念”。

⑩“中学教师”概括为“大学教师”。

(2)据一项统计显示，在婚后的13年中，妇女的平均体重增加了15公斤，男子的体重平均增加了12公斤。因此，结婚是人变得肥胖的重要原因。

为了对上述论证作出评价，回答以下哪个问题最为重要？(　)

A. 为什么这项统计要选择13年这个时间段作为依据？为什么不选择其他时间段，例如为什么不是12年或14年？

B. 在上述统计中，婚后体重减轻的人有没有？如果有的话，占多大的比例？

C. 在被统计的对象中，男女各占多少比例？

D. 这项统计的对象，是平均体重较重的北方人，还是平均体重较轻的南方人？如果二者都有的话，各占多少比例？

E. 在上述13年中，处于相同年龄段的单身男女的体重增减状况是怎样的？

第五节　定义

一、什么是定义

定义是揭示概念内涵的逻辑方法，是用简明的语句揭示概念所反映的对象的特有属性。例如：

(1)商品就是用来交换的劳动产品。

(2)人就是能制造和使用生产工具的动物。

(3)正方形就是四边相等、四角均为直角的四边形。

例(1)中用一句话揭示了“商品”这一概念所反映的对象的特有属性就是“用来交换的劳动产品”，揭示了“商品”这一概念的内涵。例(2)用一句话揭示了“人”这一概念的内涵是“能制造和使用生产工具的动物”，反映了“人”

这一概念所反映的对象的特有属性。例(3)用一句话揭示了“正方形”这一概念的内涵是“四边相等、四角均为直角的四边形”，反映了“正方形”所反映的对象的特有属性。上述三例都说明了定义是揭示概念内涵的逻辑方法，定义要求用简明的语句来表达。

定义是由被定义项、定义项和定义联项三部分组成的。

被定义项：被揭示概念内涵的概念，如例(1)中的“商品”，例(2)中的“人”，例(3)中的“正方形”。

定义项：用来揭示概念内涵的概念。如例(1)中的“用来交换的劳动产品”，例(2)中“能制造和使用生产工具的动物”，例(3)中“四边相等、四角均为直角的四边形”。

定义联项：表示被定义项和定义项之间联系的概念。如上述三个例子都是用“就是”来表达。

在汉语中，表示定义联项的典型用词是“就是”，此外还有用“是”、“所谓……即……”等词的。

定义的组成用公式表示为：

$$D_s \text{就是} D_p$$

其中 D_s 表示被定义项，D_p 表示定义项。

二、定义的种类及方法

定义有真实定义和语词定义两种。

1. 真实定义

一般的定义都是真实定义。它揭示了概念的内涵，揭示了概念所反映的对象的特有属性。前面所述的三个例子都是真实的定义。

下定义的一般方法是属加种差定义方法。属加种差定义可用公式表示如下：

被定义项 = 种差 + 邻近的属概念

用这种方法下定义，首先要找出与被定义项概念邻近的属概念，如前面例(1)中给“商品”下的定义就是用的属加种差定义方法。这就首先要找到定义概念“商品”邻近的属概念即“劳动产品”，在这里，“商品”只是其属概念“劳动产品”的一个种概念。再找出被定义概念这一种概念与属概念中的其他所有种概念的差别即种差，在这里“商品”与其他所有非商品的劳动产品的种差就是“用来交换的”这一特有属性。然后把属概念和种差合起来就形成了“商品”的定义：“商品就是用来交换的劳动产品”。

属加种差定义是下定义的一般方法。根据种差的不同可以将属加种差定义分为性质定义、关系定义、发生定义、功用定义等。

性质定义的种差揭示了事物的特有属性。如例(2)“人就是能制造和使用生产工具的动物”，就是典型的性质定义。

关系定义的种差揭示了事物之间的关系。例如：

偶数就是能被2整除的数。

发生定义的种差揭示了事物产生或形成的过程。例如：

圆是由一条线段的一端(动点)在平面上绕另一端(不动点)运动而形成的封闭曲线。

功用定义的种差揭示了事物的功用。例如：

笔是用来写字或画画的工具。

属加种差定义虽然是下定义最常用的方法，但是也有局限性，对于范畴就不能用这种方法来下定义。因为范畴是外延最大的概念，找不到比它们外延更大的属概念了。因此也就无法用属加种差的方法来给它们下定义。属加种差的定义的方法同样也不适用于给单独概念下定义。因为单独概念反映的是独一无二的单个事物，而每一个单个事物都具有太多的特有属性，也就是说它与其他事物的差别是难以穷尽的，因此要把单独概念的种差都找出来，并用简明的语句概括表达出来是难以做到的。所以对于单独概念也不能用属加种差的方法来下定义。

2. 语词定义

语词定义是一种特殊的定义，它只是对语词意义给出解释，并没有揭示概念的内涵。可以说实际上只是一种对语词的解释，而不是对于概念的定义。严格意义上来讲，它不是定义，只是一种类似定义的方法。当然，它可起到辅助定义的作用。

语词定义又分为说明的语词定义和规定的语词定义两种。

说明的语词定义，就是对含义不够明白的语词给以说明性的解释。例如：

(1)“驹”就是指小马。

(2)“单方”是指民间流传的药方。

上述例子中，被定义项只是一个语词，定义只对被定义项中的语词的含义作了较为简单明了的说明，并没有将其当作一个概念去揭示其内涵，去揭示概念反映的对象的特有属性。例(1)中把不够清楚明白的语词“驹”说明解释为“小马”，使之容易明白了；例(2)中把“单方”这一民间语词解释为普通的"药方"，这就使人好懂多了。总之，说明性的语词定义是将不好懂的语词解释为容易明白的语词，是由语词到语词，并没有揭示概念的内涵。

规定的语词定义是对语词的含义作出规定性的解释。例如：

(1)所谓"三讲"是指讲学习、讲政治、讲正气。

(2)本法所称的著作权与版权系同义词。

上述规定的语词定义对于语词"三讲"、"著作权"的特殊含义作了明确的规定。排除了歧义，使之含义清楚明确了。它也只是从语词到语词，没有把被定义项当作概念去揭示其内涵。

语词定义只是对特定的语词作出了说明性或规定性的解释，并没有揭示概念的内涵，所以只是一种特殊的定义或广义的定义。

三、定义的规则

为了正确地下定义，除了掌握定义的方法之外，还必须懂得定义的规则。从逻辑方面的要求来说，定义必须遵守的规则有以下几条：

1. 定义项的外延与被定义项的外延必须是全同的

正确的定义项，揭示了被定义项概念所反映的对象的特有属性。那么，定义项所表示的对象与被定义项所表示的对象也是完全相同的，因此，定义项的外延与被定义项的外延当然完全相同。例如：

商品就是用来交换的劳动产品。

这就是一个正确的定义，在这一定义中，定义项"用来交换的劳动产品"的外延与被定义项"商品"的外延完全相同。所有的商品都是用来交换的劳动产品，所有用来交换的劳动产品也都是商品。

如果定义项外延大于了被定义项外延，那就是犯了"定义过宽"的逻辑错误；如果定义项外延小于了被定义项外延，那就是犯了"定义过窄"的逻辑错误。例如：

(1)商品就是劳动产品。

(2)商品就是通过货币交换的劳动产品。

例(1)就是一个错误的定义。其中定义项"劳动产品"的外延大于了被定义项"商品"的外延。虽然所有的商品都是劳动产品，但并不是所有的劳动产品都是商品，有些劳动产品就不是商品。像这样的定义，就是犯了"定义过宽"的逻辑错误。

例(2)也是一个错误的定义。其中定义项"通过货币交换的劳动产品"的外延小于了被定义项"商品"的外延。通过货币交换的劳动产品是商品，但并非只有通过货币交换的劳动产品才是商品。不通过货币而直接进行交换的劳动产品也是商品。这样的定义就是犯了"定义过窄"的逻辑错误。

2. 定义项中不能直接或间接地包含被定义项

下定义，本来就是用定义项去说明被定义项，去明确被定义概念的。如果在定义项中直接或间接地包含了被定义项，就等于用被定义项自身去说明被定义项，也就等于什么也没说，失去了下定义的意义，达不到明确概念的目的。如果在定义项中直接包含了被定义项就是犯了"同语反复"的逻辑错误。如果在定义项中间接地包含了被定义项就是犯了"循环定义"的错误。例如：

(1) 残疾人就是有残疾的人。

(2) 南就是与北相反的方向，北就是与南相反的方向。

例(1)中，在定义项"有残疾的人"中直接包含了被定义项"残疾人"。犯了"同语反复"的逻辑错误。

例(2)中，是以"北"来定义"南"，又以"南"来定义"北"，可以说是在定义项中间接地包含了被定义项，犯了"循环定义"的错误。

3. 定义项一般不能用负概念

定义的目的是揭示被定义概念的内涵，揭示概念所反映的对象的特有属性。而负概念是反映对象不具有某种属性的概念，因此在定义项中用负概念就起不到揭示概念内涵的作用，达不到明确概念的目的。例如：

商品就是非生产者本人消费的产品。

在这一定义中，定义项"非生产者本人消费的产品"就是一个负概念，只说明了被定义概念"商品"不具有"生产者本人消费"的属性，而没有说明"商品"具有什么属性。实际上只说明了被定义项不是什么，而没有说明是什么，没有达到明确概念的目的。因此，定义项采用负概念是错误的。

但是，在特殊情况下，定义项也可以是负概念，例如：

无机物是不含碳素的化合物。

在这一定义里，定义项用了"不含碳素的化合物"这一负概念，这是可以的。因为其被定义项"无机物"本来就是一个负概念，这样，定义项也就揭示了被定义概念的内涵，所以，这一定义是正确的。由此可知，在特殊的情况下，也就是说在给负概念下定义时，定义项可以用负概念。总之，这一条规则也可以表述为：给正概念下定义不能用负概念；给负概念下定义可以用负概念。

4. 定义项中不得包含含混不清的概念或语词，不得用比喻代替定义

定义项要揭示被定义项的内涵，要求表述定义项的语词必须清楚确切。如果定义项的语言表述含混不清，就达不到明确概念的目的，就会犯“含混不清”的逻辑错误。

这一要求实际上是语言上的要求，因为定义项是用来说明被定义项的，因此，一般要求用科学术语来表述。所以，定义也不能采用比喻的方式。例如：

(1)革命是历史的火车头。

(2)儿童是祖国的花朵。

这两个例子都是很好的比喻，但作为定义是不可以的，犯了“比喻代定义”的错误。因为比喻只能生动、形象地说明事物某一方面的特征，但没有明确揭示事物的特有属性。因此，不能用文学的比喻来代替科学的定义。

练 习

(1)下述语句作为定义是否正确？如果不正确，犯了什么逻辑错误？

①哲学是关于自然知识的概括和总结。

②数论是数学的王冠，哥德巴赫猜想是王冠上的宝石。

③商品是不供生产者本人使用的劳动产品。

④所谓生命就是有机体的新陈代谢，而有机体的新陈代谢就是生命。

⑤犯罪就是具有社会危害性的行为。

⑥ 企业就是直接从事工业生产活动并独立核算的经济单位。

(2)“平反是对处理错误的案件进行纠正”。

以下哪项最为确切地说明了上述定义的不严格？(　)

A. 对案件是否处理错误，应该有明确的标准

B. 应该说明平反的操作程序

C. 应该说明平反的主体及其权威性

D. 对平反的客体应该具体分析。平反了，不等于没错误

E. 对原来重罪轻判的案件进行纠正不应该称为平反

(3)七个国家签订了一项洗衣机协议，规定每个国家在确定的具体日期采取指定的行动，每个国家的行动以其他国家同时采取的行动为条件。在完成行动之后，每个国家将通知其他六个国家。

该协议的同时行动条款忽视了这样的可能性(　)。

A. 根据协议条件，遵从协议的日期可能推迟

B. 某个国家不会被要求进行任何变化或采取任何步骤来遵守协议，尽管其他所有的国家被要求如此

C. 每个国家都可能有一个基于协议条款的有根据的未能遵守协议的借口

D. 协议规定每个国家开始行动标志是其他国家通知该国他们已完成行动

E. 在某一日期后协议中考虑的所有行动都要完成，对这一日期可做多种解释

第六节 划 分

一、什么是划分

划分是明确概念外延的逻辑方法，是通过把一个概念的全部外延划分成若干个小类来揭示概念外延的逻辑方法。例如：

(1)社会可以分为原始社会、奴隶社会、封建社会、资本主义社会、社会主义社会和共产主义社会。

(2)法律可以分为成文法和不成文法。

对概念进行划分，是为了明确概念的外延，也就是明确概念所反映的对象，说明概念所反映的对象是哪些。单独概念所反映的对象只有一个，直接指出来就明确了。普遍概念所反映的对象有多个，对于普遍概念来说，明确其概念外延的常用方法是对其进行划分。因此，划分是明确普遍概念外延的一种常用方法，它不适用于单独概念。

划分是由两个部分组成的，一部分是划分的母项，一部分是划分的子项。母项就是被划分的概念，如前面例子中的“社会”、“法律”；子项是通过对母项划分后得到的概念，如前面例子中的“原始社会”、“奴隶社会”、“封建社会”、“资本主义社会”、“社会主义社会”和“共产主义社会”；“成文法”和“不成文法”。

把母项划分为若干子项的根据，也就是划分的标准，它不直接出现在划分中，但划分总是要有根据或标准的。例(1)的划分标准是“社会”的生产方式不同，例(2)的划分标准是“法律”的表现形式不同。

划分是把一个概念的外延分为若干个小类，所以，被划分的概念即母

项，与划分后得到的概念即子项之间的关系实际上是属种关系。母项是属概念，子项是种概念。划分不同于分解，分解是把一个整体事物分为若干组成部分。整体与部分所指称的对象是不同的。例如，把"人"分为"中国人"和"外国人"就是划分。母项概念与子项概念所反映的对象都是人。如果把"人"分为"头"、"手"、"脚"等，则是分解了，"人"是指一个个整体的人，而"头"、"手"、"脚"等都只是人的某一组成部分了。它们所指的对象根本不同了。

二、划分的方法

常用的划分方法有两种：一次划分和连续划分。

一次划分就是根据划分标准对母项一次划分完毕。这种划分只有母项和子项两个层次，如前面两个例子中对"社会"和"法律"的划分就是一次划分。

连续划分是把母项一次划分为若干个子项之后，再将子项又作为母项继续划分。连续划分可以多次连续划分下去，直到满足明确概念的需要为止。例如，对"哲学"这一概念，可以先将其当作母项划分为"唯物主义哲学"和"唯心主义哲学"两个子项；再把"唯物主义哲学"当作母项划分为"朴素唯物主义"、"机械唯物主义"和"辩证唯物主义"三个子项，把"唯心主义哲学"也当作母项划分为"客观唯心主义"和"主观唯心主义"两个子项。

二分法是一种特殊的划分方法。

二分法一般是以对象有无某种属性作为划分标准，将一个属概念划分成一正一负两个种概念。例如，前面将"法律"分为"成文法"和"不成文法"就是一种二分法；再如，将"思想"可以划分为"无产阶级思想"和"非无产阶级思想"。运用二分法得到的子项往往一个是正概念，一个是负概念。正概念的内涵与外延都比较明确，负概念的内涵与外延都不够明确，因此二分法划分的目的往往是为了把正概念这一子项从母项中划分出来，明确其外延与母项概念外延的不同。当然，将一个属概念母项划分为两个都是正概念的子项也是可以的。

三、划分的规则

1. 划分后的各子项外延之和必须与母项外延相等

划分只是一种明确概念外延的方法，它是把一个较大的概念的外延划分为若干个较小的概念的外延，使其外延更为明确，但不是扩大或缩小概念的外延，因此，划分后各子项概念外延之和必须等于其母项概念的外延。

如果划分后的子项外延之和大于了母项概念的外延，就是犯了“多出子项”的逻辑错误。例如：

地方各级人民法院分为高级人民法院、中级人民法院、基层人民法院和人民调解委员会。

这一划分中，其子项外延之和就大于了母项，多出了一个子项“人民调解委员会”，犯了“多出子项”的逻辑错误。

如果划分后的子项外延之和小于了母项概念的外延，就是犯了“划分不全”的逻辑错误。例如：

高等学校分为综合性大学、工业大学、农业大学、医科大学、体育大学。

这一划分的子项外延之和小于了母项的外延，应该还有“师范大学”、“财经大学”、“政法大学”等等之类的大学，犯了“划分不全”的逻辑错误。

2. 每一次划分必须按照同一标准进行

划分总是要按照一定的标准进行。在每一次划分中，相对于每一个子项而言，都必须按同一标准进行。如果在同一次划分中，划分不同的子项时采用不同的标准，就会犯“划分标准不同一”的错误。例如：

干部分为老干部、党员干部、女干部、一般干部。

这一划分就是犯了“划分标准不同一”的逻辑错误，在这一划分所用的标准中，有年龄的标准、党员标准、性别标准、一般标准等四个不同标准，这种标准混乱的划分达不到明确概念外延的目的。

3. 划分后的各子项外延不能相容

划分后的各子项外延不能是相容关系，必须是不相容的。如果划分后得到的子项是相容关系，就达不到明确概念外延的目的，就是犯了“子项相容”的逻辑错误。例如：

大学生分为爱好体育的、爱好文艺的、爱好书法的和没有特别爱好的。

在这一划分中，划分后的子项“爱好体育的”、“爱好文艺的”、“爱好书法的”三者之间都是相容关系。这一划分犯了“子项相容”的错误，没有达到明确概念外延的目的。

上述三条规则，第一条是针对于划分中母项与子项的关系而言的，第二条和第三条都是针对子项之间的关系而言的。这两条规则联系特别密切，往往违反了第二条规则也就同时违反了第三条规则。

练　习

(1)下述划分是否正确？如果不正确，犯了什么逻辑错误？

①句子可以分为主语、谓语、宾语等。

②违法行为可以分为刑事违法行为和行政违法行为。

③小说分为长篇小说、中篇小说、短篇小说、推理小说和小小说。

④报纸可分为全国性报纸、地方性报纸、综合性报纸、专业性报纸、日报和晚报等。

⑤一年可分为春、夏、秋、冬四季。

(2)“我最爱阅读外国文学作品，不管是英国的、法国的还是古典的，我都爱读。”

这一陈述在逻辑上犯了哪项错误？(　)

A. 划分外国文学作品的标准混乱，前者是按国别的，后者是按时代的

B. 外国文学作品没有分究竟是诗歌、小说还是戏剧

C. 没有说最喜好什么

D. 没有说是外文原本还是翻译本

E. 在“古典的”后面，没有紧接着指出“现代的”

(3)若“a分为b、c”是一正确的划分，则b与c的关系是(　)。

A. 全同关系　　B. 从属关系　　C. 交叉关系

D. 矛盾关系　　E. 反对关系

第三章　直言命题及其推理

内容提要：* 命题和推理的解释及分类
* 直言命题的解释及六种类型
* 直言命题的真假值和对当关系
* 直接推理及综合运用
* 三段论的解释、规则和格式
* 三段论的灵活运用——省略三段论

第一节　命题与推理的概述

一、什么是命题

什么是命题？简言之，命题是表达判断的语句。例如：

(1)所有物质都是运动的。

(2)真理不是一成不变的。

(3)他既是数学家又是物理学家。

判断是对思维对象有所断定的思维形式。语句是表达判断的语言形式。命题是判断和语句的统一。逻辑学研究命题，主要是研究通过语句所表达的判断，为了叙述方便，本书对判断和命题不做严格的区分。

命题的逻辑特征有两个：第一是断定性。所谓断定，包括肯定和否定；第二是真假性，所谓真假，是指判断是否与客观实际相符合。判断是主观的，是对客观的反映。如果与客观相符合，就为真；如果不相符合，就为假。命题的真假性也叫命题的真值或逻辑值。逻辑值是命题最重要的逻辑特征。逻辑学并不研究具体命题的真假，一个具体命题的真假要由实践来判定。逻辑学研究的是命题的逻辑形式方面的真假特征。

命题与语句是不可分的，命题是表达了判断的语句，是有断定性和真假性的语句。因此，命题与语句并不是一一对应的。

第一，所有命题都要通过语句来表达，但并不是所有的语句都表达了命题。一般说来，陈述句表达了命题，反问句也表达了命题，但疑问句不表达命题。例如，“明天有雨吗?”就不表达命题。因为它既没有肯定也没有否定，也无所谓真假。

第二，同一命题可以用不同的语句来表达。例如，“所有金属都是导电的”，“没有哪种金属不是导电的”，“难道有的金属是不导电的吗?”这三个不同的语句就表达了同一命题。

第三，同一语句也可以表达不同的命题。例如，“他上课去了”，可以理解为“他讲课去了”，也可以理解为“他听课去了”。

总之，命题和语句是有区别的。命题是逻辑学研究的对象，逻辑学研究命题主要是研究命题中所表达的判断。

二、命题形式及种类

命题形式即命题的逻辑形式，是指命题内容各部分之间的联系方式。例如，“所有金属都是导电体”，“任何事物都是发展变化的”，这两个命题的逻辑形式是“所有S都是P”。“他既是军人又是医生”，“甲和乙都是大学生”，这两个命题的形式是“P并且Q”。由此可以看出，不同内容的命题可以有共同的逻辑形式。同一命题形式，其变项可以代入不同内容。根据变项成分的不同，可以将命题分为简单命题和复合命题。所谓简单命题，也称原子命题，是命题的最小单位，它不含其他命题，它的变项是概念(词项)。所谓复合命题，是指包含了其他命题的命题，它的变项还是命题。因此，“所有S都是P”属于简单命题，“P并且Q”属于复合命题。将命题分为简单命题与复合命题是最重要的分类。简单命题还可以分为直言命题和关系命题。复合命题也可以再分为联言命题、选言命题、假言命题、负命题等。此外，根据命题中是否含有模态词，还可以将所有命题分为模态命题和非模态命题。

三、什么是推理

推理是由一个或几个已知命题推出另一个新命题的思维形式。例如：

(1)所有商品都是劳动产品，所以，有的劳动产品是商品。

(2)人总是要死的，苏格拉底是人，所以，苏格拉底是要死的。

(3)他或者是第一名，或者是第二名。已知他不是第一名，所以，他肯定是第二名。

(4)铜是导电的，铁是导电的，铝是导电的，铜、铁、铝都是金属，所以，金属都是导电的。

任何推理都是由前提和结论两部分组成的。前提是已知命题，结论是推出的新命题。前提与结论是推出关系，并不是任意命题之间都有推出关系。由怎样的前提能够推出怎样的结论，或者说怎样的推理是正确的、有效的，这是逻辑学研究推理的核心问题。要由已知的前提推出真实的结论，必须满足两个条件。第一，前提真实，即前提必须是已知为真的命题；第二，推理形式正确（在演绎推理中也叫推理形式有效）。第一个条件，并不是逻辑学能够解决的，逻辑学只是提出了这一要求，前提真实是保证推理结论真实的先决条件。第二个条件，推理形式正确或者形式有效，才是逻辑学要解决的。逻辑学的任务就是要研究什么样的推理才是形式正确或形式有效的推理。通常是通过制定相关逻辑规则的方法来实现的。当然，这些规则的根据又是思维的规律。因此，所谓形式正确或有效的推理也就是合乎逻辑规则的推理。凡是不合乎逻辑规则的推理都是形式错误或无效的推理。

综上所述，推理是一个由前提到结论的思维过程。逻辑学关注的是这一过程在形式上必须正确或叫有效，要求其必须符合相关的逻辑规则。因此，必须特别注意不要将推理的形式正确或有效等同于前提命题或结论命题的真实性。前提命题与结论命题都只是推理的组成部分。就必然性推理而言，前提、形式、结论三者之间的关系可以简明地表述为：如果前提真实，并且形式正确，那么结论必然真实。详细内容，请读者自己进一步分析。

练习

(1) 已知一个必然性推理的前提为真，则可以确定（　）。

A. 形式不正确时，结论一定假　　B. 结论假时，形式一定不正确

C. 结论真时，形式一定正确　　D. 结论真时，形式一定不正确

E. 结论假时，形式一定正确

(2) 如果“所有的猕猴桃都是香蕉，猴子是猕猴桃，所以，猴子是香蕉”为真，下面哪个选项一定是真的？（　）

A. 香蕉长在白云上，猴子吃香蕉，所以，猴子跟着白云飘

B. 猴子是猕猴桃，猴子是香蕉，所以，所有的猕猴桃都是香蕉

C. 香蕉是猴子，猴子跑在白云上，所以，香蕉追着白云跑

D. 老虎追猴子，猴子追香蕉，所以，老虎追猴子加香蕉

E. 猴子不是香蕉，但猴子确实是猕猴桃，所以，“所有的猕猴桃都是香蕉，并且天上白云飘”这句话是假的

四、推理的逻辑形式及种类

推理是由命题组成的，是一个命题的序列。推理的逻辑形式实际上就是前提命题逻辑形式与结论命题逻辑形式的组合排列。因此，逻辑学研究推理也就是研究命题与命题之间的真假关系，研究怎样由真实的前提命题推出真实的结论命题。根据前提与结论的关系的不同，可以将推理分为演绎推理和非演绎推理。演绎推理前提蕴涵了结论，结论没有超出前提的范围。因此，演绎推理都是必然性推理。必然性推理只要前提真实，并且形式正确，所得结论就必然为真。非演绎推理前提没有蕴涵结论，其结论往往超出了前提的范围，因此，非演绎推理一般是或然性推理。或然性推理如果前提真实并且形式正确，所得结论也只是可能为真，而不是必然为真。

按照由前提到结论的思维进程（或叫推理方向）的不同，演绎推理是由普遍性（一般性）知识为前提，推出特殊性（个别性）知识为结论的推理。非演绎推理又可以分为归纳推理和类比推理。归纳推理是由特殊性（个别性）知识为前提，推出普遍性（一般性）知识为结论的推理。类比推理是由特殊性（个别性）知识为前提，推出特殊性（个别性）知识为结论的推理。

由于推理是由命题组成的，所以也可以按照组成推理的命题的种类的不同，把推理分成不同的种类。为了论述的方便，本书将演绎推理分为了直言命题推理、关系命题推理、复合命题推理、模态命题推理等。

第二节　直言命题

一、什么是直言命题

简单命题可分为直言命题和关系命题。直言命题又叫性质命题，是断定对象是否具有某种性质的命题。例如：

（1）所有金属都是导电的。

（2）有的被告不是罪犯。

例（1）断定了“所有金属”都具有“导电”的性质。例（2）断定了“有的被告”不具有“罪犯”的性质。

直言命题由主项、谓项、联项、量项四个部分组成。

主项：表示断定的对象。如例（1）中的“金属”，例（2）中的“被告”，用S表示。

谓项：表示断定对象的性质。如例(1)中“导电的”，例(2)中的“罪犯”，用P表示。

联项：是用来联结主项和谓项的，也称直言命题的质，表示断定本身的性质，分为肯定和否定两种。肯定用“是”表示(也可以省略)，否定用“不是”来表示。如例(1)是肯定命题，例(2)是否定命题。

量项：也称直言命题的量，表示对象的数量。分为三种情况：全称、特称、单称。如例(1)是全称命题，例(2)是特称命题。

二、直言命题的种类

在直言命题中，主项和谓项是表示具体内容的变项，而联项和量项表示了命题的质和量，是常项，体现了命题的逻辑特征。根据常项的不同，可以将直言命题分为六种：

(1)全称肯定命题“所有S都是P”。如：

所有团员都是青年。

(2)全称否定命题“所有S不是P”。如：

任何犯罪都不是合法的。

(3)特称肯定命题“有S是P”。如：

有的学生是党员。

(4)特称否定命题“有S不是P”。如：

有的被告不是罪犯。

(5)单称肯定命题“某S是P”。如：

长沙是湖南省的省会。

(6)单称否定命题“某S不是P”。如：

这本书不是买的。

要注意正确理解三种不同量项。全称量项表示断定了全部对象，即断定了主项概念的全部外延。“所有”是表示全称量项的典型词。日常语言还用“一切”、“全部”、“任何”、“每一个”等来表示，也可以省略。如“贪污可耻”，可看做是省略了全称量词，也省略了肯定联项的全称肯定命题。特称量项表示只断定了部分对象，即只断定了主项概念的部分外延，而没有断定主项概念的全部外延。“有”是表示特称量项的典型词，在日常用语中还用“有的”、“有些”等。这里的“有”从数量上可以理解为“至少有一，至多不确定，甚至也可以是全部”的意思。如“有的金属是导电体”，对到底有多少金属是导电体是没有明确断定的。特称命题也可以叫“存在命题”。“存在”是对不存在的否定，而量的多少是没有确定的。因此，特称量项的含义是很宽泛的。还可以从反面来说，如果一个直言命题既不是全称也不是单称，就肯定是特称。单称量项表示主项是一个单独概念，传统逻辑通常把单称归结为全称。为了方便，直言命题的常项也可以用英文字母表示，逻辑形式如下：

名称	逻辑形式	符号	简写
全称肯定命题	所有S都是P	SAP	A
全称否定命题	所有S不是P	SEP	E
特称肯定命题	有S是P	SIP	I
特称否定命题	有S不是P	SOP	O
单称肯定命题	某S是P	SaP	a
单称否定命题	某S不是P	SeP	e

三、直言命题词项的周延性

直言命题的主项和谓项，统称为词项。直言命题的周延性就是指该词项(主项或谓项)的外延被全部断定了，就称为周延。反之，没有被全部断定，就称为不周延。

(1)全称肯定命题：主项周延，谓项不周延

例如，“所有团员都是青年”，断定了主项“团员”的全部外延，主项是周延的。没有断定谓项“青年”的全部外延，谓项是不周延的。

(2)全称否定命题：主项周延，谓项也周延

例如，“任何犯罪都不是合法的”，断定了主项“犯罪”的全部外延，主项是周延的。断定了谓项“合法的”的全部外延，谓项也是周延的。

(3)特称肯定命题：主项不周延，谓项不周延

例如，“有的学生是团员”，没有断定主项“学生”的全部外延，主项是不周延的。没有断定谓项“团员”的全部外延，谓项也是不周延的。

(4)特称否定命题：主项不周延，谓项周延

例如，“有的被告不是罪犯”，没有断定主项“被告”的全部外延，主项是不周延的。断定了谓项“罪犯”的全部外延，谓项是周延的。

单称命题可以当作全称命题，其周延性与全称命题相同。

词项的周延性实际上是讲的概念外延的量的问题。主项概念前面带有专门的量项，因此很好理解。凡全称命题主项周延，特称命题主项不周延。谓项概念没有专门的量项，但可以根据联项来确定：凡肯定命题谓项不周延，否定命题谓项周延。

词项的周延性是对充当了命题中主项或谓项的概念而言的，脱离了命题的概念(词项)，无所谓周延不周延。词项的周延性是指直言命题中对主项或谓项概念外延的断定情况，是主观的，不能将其直接等同于两个概念外延之间的实际关系。

掌握直言命题词项的周延性对于理解直言命题推理有重要意义。因此，熟记下列表述是必要的：全称命题主项周延，特称命题主项不周延；肯定命题谓项不周延，否定命题谓项周延。

练 习

分析下列语句表达的是何种直言命题，写出其逻辑形式，并指出其主谓项周延情况。

(1)难道概念化的作品能反映丰富多彩的现实生活吗？

(2)没有一个律师不是法律工作者。

(3)许多科学家都是自学成才的。

(4)错误不都是不可避免的。

(5)没有学生是外国人。

(6)极少数产品不是合格的。

四、直言命题的真假条件及对当关系

一个具体命题的真假不是逻辑学所能解决的问题。例如，“甲班所有同学都是团员”，靠逻辑是不能确定其真假的。逻辑学只是研究命题逻辑形式方面的真假特征。

从直言命题的逻辑形式来看，变项是表示内容的，常项体现逻辑特征。变项用抽象的符号“S”和“P”来表示。就是为了撇开其具体内容，抽象出其逻辑形式加以研究。这样，就可以将“S”和“P”看做任意的两个概念，将直言命题看做是对这两个概念之间关系的断定。例如，全称肯定命题就是断定所有“S”都是“P”。只要其断定与“S”和“P”的实际关系相符，则为真；不相符，则为假。

任意两个概念之间的关系都有五种可能性，分别为：同一、真包含于、真包含、交叉、全异。显然，只有“S”与“P”是同一或真包含于关系时，“所有S是P”才是真的。当“S”和“P”是真包含、交叉、全异关系时，“所有S是P”就是假的。可以将A、E、I、O四种命题的真假条件统一列表如下：

表 3-1　A、E、I、O 命题的真假条件表

S 与 P 的外延关系	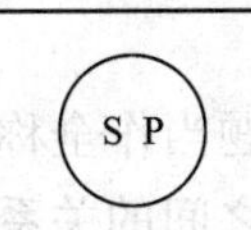	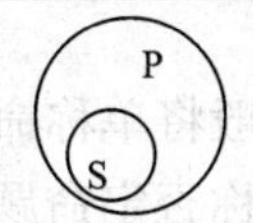	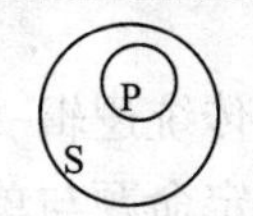	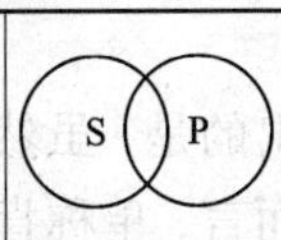	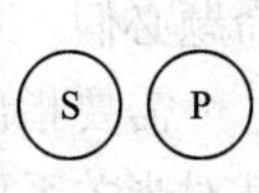
所有 S 是 P	真	真	假	假	假
所有 S 不是 P	假	假	假	假	真
有 S 是 P	真	真	真	真	假
有 S 不是 P	假	假	真	真	真

由上表不仅可以分别得出四种命题的真假条件，还可以得出，变项（主项、谓项）相同的，即同一素材的四种不同命题之间的真假关系。传统逻辑还用如下的逻辑方阵来表示（见图 3-1）：

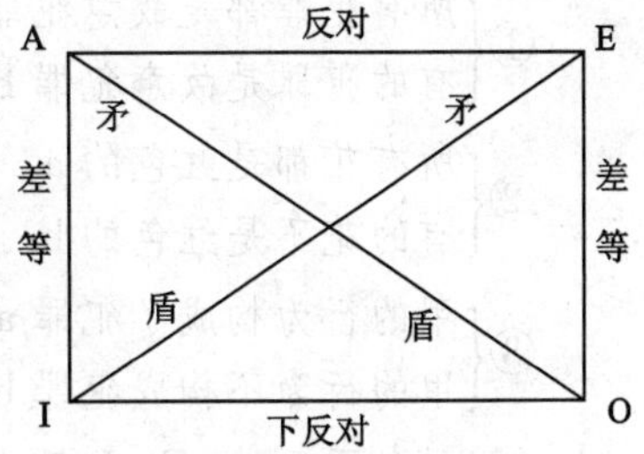

图 3-1

（1）AE 之间是反对关系，即不同真，可同假，是指 A、E 不能同时为真，其中至少有一个为假，也可以同时为假的关系。

（2）IO 之间是下反对关系，即不同假可同真，是指 I、O 不能同时为假，其中至少有一个为真，也可以同时都为真的关系。

（3）AO 之间和 EI 之间是矛盾关系，即不同真，也不同假。这是指两个命题之间必定一个为真，另一个为假的关系。

（4）AI 之间和 EO 之间是差等关系，可同真也可同假。这里实际上是指同质的全称命题与特称命题之间的关系。全称命题蕴涵特称命题，其关系内容可表述为：全称命题真，特称命题必真；全称命题假，特称命题真假不定；特称命题真，全称命题真假不定；特称命题假，全称命题必假。

根据对当关系，在同一素材的四种不同命题之间，可以由一个命题的真假知道另外三个命题的真假情况。例如：

A 命题：甲班所有学生都是团员。

E 命题：甲班所有学生都不是团员。

I 命题：甲班有些学生是团员。

O 命题：甲班有些学生不是团员。

在上述 A、E、I、O 四个命题中，如果已知 A 命题为真，就可以根据反对关系断定E命题必假；根据差等关系断定I命题必真；根据矛盾关系断定O命题必假。

需要指出的是，虽然传统逻辑一般将单称命题当作全称命题处理，但是就对当关系而言，单称肯定命题与单称否定命题之间的关系是矛盾关系，不同于全称肯定命题与全称否定命题之间的反对关系。例如，“他是大学生”与“他不是大学生”就是矛盾关系而不是反对关系。

练　习

(1)根据对当关系，分析下列各组命题中的b能否反驳a：

①{所有犯罪都是故意犯罪 a
有的犯罪是故意犯罪 b

②{所有花都是红色的 a
有的花不是红色的 b

③{甲的行为构成了犯罪 a
甲的行为不构成犯罪 b

(2)已知下列A、B、C三人的议论中，只有一句是真的。请问：甲班班长是否是上海人？(　)

A. 有上海人是甲班学生　　B. 甲班学习委员不是上海人

C. 甲班学生有的不是上海人

(3)若两个直言命题的变项完全相同，而常项完全不同，那么这两个命题之间的关系必定是(　)。

A. 反对关系　　B. 下反对关系　　C. 矛盾关系

D. 差等关系　　E. 等值关系

(4)一家珠宝店被盗，经查可以肯定是甲、乙、丙、丁四人中的某一人所为。审讯中，他们四人各自说了一句话。

甲说：“我不是罪犯。”

乙说：“丁是罪犯。”

丙说：“乙是罪犯。”

丁说：“我不是罪犯。”

经调查证实，四人中只有一个人说的是真话。

根据以上条件，下列哪个判断为真？(　)

A. 甲说的是假话，因此，甲是罪犯

B. 乙说的是真话，丁是罪犯

C. 丙说的是真话，乙是罪犯

D. 丁说的是假话，丁是罪犯

E. 四个人都没有说真话，丙是罪犯

(5) 所有的五星级饭店都搜查过了，没有发现犯罪嫌疑人的踪迹。

如果上述断定为真，则在下面四个断定中，可确定为假的是(　)。

Ⅰ. 没有五星级饭店被搜查过

Ⅱ. 有的五星级饭店被搜查过

Ⅲ. 有的五星级饭店没有被搜查过

Ⅳ. 犯罪嫌疑人躲藏的五星级饭店已被搜查过

A. 仅Ⅰ和Ⅱ　　B. 仅Ⅰ和Ⅲ　　C. 仅Ⅱ和Ⅲ

D. Ⅰ、Ⅲ和Ⅳ　　E. Ⅰ、Ⅱ和Ⅳ

第三节　直接推理

一、什么是直接推理

根据前提命题的数量不同，可以将推理分为直接推理和间接推理。直接推理是由一个已知命题作前提，推出另一个命题作结论的推理。而间接推理的前提是由多个命题组成的推理。

这一节所讲的直接推理，仅指直言命题的直接推理，包括对当关系法推理和命题变形法推理。对当关系法推理就是根据对当关系而进行的推理。命题变形法推理是通过改变前提命题的形式而得出结论的推理，又分为换质法推理和换位法推理两种。

二、对当关系推理

对当关系法推理就是根据直言命题之间的对当关系而进行的推理。根据四种不同的对当关系，将前提与结论用蕴涵符号“→”(在推理中表示推出)联结起来，可以得出如下有效公式。

反对关系推理公式：

①$SAP \rightarrow \overline{SEP}$　　　②$SEP \rightarrow \overline{SAP}$

这里加否定符号“¯”表示被否定的命题为假，也可以将带有否定符号的命题看做负命题(后面有关章节将详细论述)。例如：

①所有产品都是合格的，所以，并非所有产品都不是合格的。

②所有犯罪都不是合法的，所以，并非所有犯罪都是合法的。

下反对关系推理公式：

①$\overline{SIP}\to SOP$　　②$\overline{SOP}\to SIP$

矛盾关系推理公式：

①$SAP\to\overline{SOP}$　　②$SOP\to\overline{SAP}$

③$\overline{SAP}\to SOP$　　④$\overline{SOP}\to SAP$

⑤$SEP\to\overline{SIP}$　　⑥$SIP\to\overline{SEP}$

⑦$\overline{SEP}\to SIP$　　⑧$\overline{SIP}\to SEP$

差等关系推理公式：

①$SAP\to SIP$　　②$\overline{SIP}\to\overline{SAP}$

③$SEP\to SOP$　　④$\overline{SOP}\to\overline{SEP}$

以上公式请读者自己举例自证。

三、换质法推理

换质法推理是通过改变直言命题的质（联项）从而得到一个新的直言命题的推理。例如：

真理是不怕批评的，所以，真理不是怕批评的。

其推理形式是：$SAP\to SE\overline{P}$

换质法推理的规则是：

①改变前提命题的质（联项），即由肯定变为否定，或由否定变为肯定；

②改变前提命题的谓项，即在结论中变为其相矛盾的概念；

③量项和主项不变。

根据上述规则，四种直言命题换质法推理公式如下：

$$SAP\to SE\overline{P}$$

$$SEP\to SA\overline{P}$$

$$SIP\to SO\overline{P}$$

$$SOP\to SI\overline{P}$$

请读者自己举例说明。

根据规则，换质法推理实际上是通过两次否定来实现的。第一次是对联项进行否定，肯定变否定，否定变肯定；第二次是对谓项进行否定，把谓项换成了与原谓项具有矛盾关系的概念。换质法推理实际上是等值推理。所谓等值推理就是由前提可以推出结论，反过来由结论也可以推出前提的推理。换质法推理公式也可以根据规则运用同样的方法，又由结论推出前提。例如：

真理不是怕批评的，所以，真理是不怕批评的。

其推理形式是：　$SE\bar{P} \rightarrow SAP$

四、换位法推理

换位法推理是通过互换直言命题主项和谓项的位置，从而得到一个新的直言命题的推理。例：

真理不是怕批评的，所以，怕批评的不是真理。

这一推理公式就是：

SEP→PES

换位法推理的规则是：

①互换前提命题主项和谓项的位置，即将前提中的主项作结论的谓项，将前提中的谓项作结论的主项；

②在前提中不周延的词项，在结论中不得变为周延；

③命题的质(联项)不变。

根据上述规则，换位法推理公式如下：

SAP→PIS

SEP→PES

SIP→PIS

SOP 不能进行换位推理。

SAP 只能换位成 PIS，这是因为 A 命题是肯定命题，谓项不周延。因此，根据规则，在结论中不能变为周延，只能作特称命题的主项(不周延)，不能作全称命题的主项(周延)。

所以，SAP 只能换位成 PIS，而不能换位成 PAS。例如，由“所有金子都是闪光的”，经过换位推理只能推出“有的闪光的是金子”，而不能推出“所有闪光的都是金子”。由于 SAP 只能推出 PIS，不能推出 PAS，所以这种换位叫做有条件换位(有限制换位)。由前提到结论，命题的质没有变，但命题的量发生了变化，由全称变成了特称。

有条件换位推理中命题的量的变化是符合演绎推理的要求的，因为演绎推理是前提蕴涵结论的推理。结论不能超出前提的范围，也就是说结论的范围不能比前提大。由前提到结论不能扩大，而缩小是可以的。而规则“在前提中不周延的词项，在结论中不得变为周延”正是体现了演绎推理前提必须蕴涵结论的要求。为了使用方便，可将第二条规则的内容详细表述为：“在前提中不周延的词项，在结论中不得变为周延；在前提中周延的词项，在结论中可以周延，也可以不周延；在结论中周延的词项，在前提中必须周延；在结论中不周延的词项，在前提中可以周延，也可以不周延”。

SEP 换位成 PES，SIP 换位成 PIS，这两个推理公式，命题的质没有变化，命题的量也没有变化，所以叫做简单换位。根据同样的规则，可以又由结论命题推出前提命题，即 PES→SEP、PIS→SIP。因此，简单换位也是等值推理。

SOP 不能换位，是因为 SOP 是特称否定命题，主项不周延。而根据规则，换位后就会成了否定命题的谓项，变成了周延的词项，这违反了“在前提中不周延的词项，在结论中不得变为周延”的规则。因此，SOP 不能进行换位推理，由 SOP 推不出 POS。例如：由“有些青年不是团员”推不出“有些团员不是青年”。

换质法推理与换位法推理都是变形推理。根据需要，两种变形推理可以交替连续运用，得出多种不同变形的结论，其连续推理的一般公式如下：

$$SAP \rightarrow SE\bar{P} \rightarrow \bar{P}ES \rightarrow \bar{P}A\bar{S} \rightarrow \bar{S}I\bar{P} \rightarrow \bar{S}OP$$

$$SAP \rightarrow PIS \rightarrow PO\bar{S}$$

$$SEP \rightarrow SA\bar{P} \rightarrow \bar{P}IS \rightarrow \bar{P}O\bar{S}$$

$$SEP \rightarrow PES \rightarrow PA\bar{S} \rightarrow \bar{S}IP \rightarrow \bar{S}O\bar{P}$$

$$SIP \rightarrow SO\bar{P}$$

$$SIP \rightarrow PIS \rightarrow PO\bar{S}$$

$$SOP \rightarrow SI\bar{P} \rightarrow \bar{P}IS \rightarrow \bar{P}O\bar{S}$$

当然，任何推理都是可以连续进行的，变形连续推理的意义在于体现了直言命题形式变化的多样性。

练习

(1)分析下列推理属何种推理？是否正确？如正确，写出其推理形式；如不正确，指出其违反什么规则。

① 有些行政官员不是党员，所以，有些非党员不是非行政官员。

② 在科学上有成就的人都是事业心很强的人，所以，有些在科学上没有成就的人不是事业心很强的人。

③ 没收财产是没收犯罪分子个人的财产，不是犯罪分子个人的财产不是要没收的财产。

④ 有些推理是演绎推理，所以，并非所有推理都不是演绎推理。

⑤ 有些推理不是必然性推理，所以，并非有些推理是必然性推理。

(2)从“这架飞机上所有乘客都是阿拉伯人”可推出以下结论，除了(　)。

A. 有阿拉伯人是这架飞机上的乘客

B. 并非这架飞机上有乘客不是阿拉伯人

C. 这架飞机上有乘客是阿拉伯人

D. 并非这架飞机上所有乘客都不是阿拉伯人

E. 有阿拉伯人不是这架飞机上的乘客

(3)大会主席宣布：“此方案没有异议，大家赞同，通过。”如果大会主席宣布的不是事实，则下面必为事实的是(　)。

A. 大家都不赞同此方案

B. 有少数人不赞同此方案

C. 至少有人不赞同此方案

D. 至少有人赞同此方案

E. 没有人不赞同此方案

第四节　三段论

一、什么是三段论

三段论有广义和狭义之分，广义三段论指所有由两个前提命题推出一个结论的推理。它是由三个命题组成的，所以叫三段论。狭义三段论是指由三个直言命题组成的三段论，又称直言三段论。三段论的前提有两个命题，所以，三段论也都是间接推理。

本节所讲的三段论就是直言三段论，它是以包含一个共同项的两个直言命题为前提，推出一个新的直言命题为结论的直言命题间接推理。例如：

所有金属都是导电的。
铜是金属。
———————
所以，铜是导电的。

三段论是由三个命题组成的，也是由三个不同的词项组成的，其中每一个词项都出现两次正好构成三个命题。三个词项分别是：小项、大项、中项。

小项：结论中的主项叫小项，用“S”表示。

大项：结论中的谓项叫大项，用“P”表示。

中项：前提中含有的共同项叫中项，用“M”表示。

中项在前提中出现两次，小项和大项除了在结论中出现外，还要在前提中各出现一次。含有大项的前提叫大前提，含有小项的前提叫小前提。这样可以将前述三段论实例的逻辑形式表示如下：

MAP
SAM
———
SAP

要注意表示三段论逻辑形式时，总是要按大前提、小前提、结论的顺序整理排列。这是为了研究的方便。但是，实际的语言表达中其顺序是灵活多样的。比如前例所述三段论也可以表述为“铜是金属，而金属都是导电的，所以铜是导电的”。

二、三段论公理

三段论公理是三段论的原理或依据。它的基本内容是：凡断定（肯定或否定）了一类事物的全部对象，也就断定（肯定或否定）了该类事物的任何部分对象。

也可以用欧拉图表示如下：

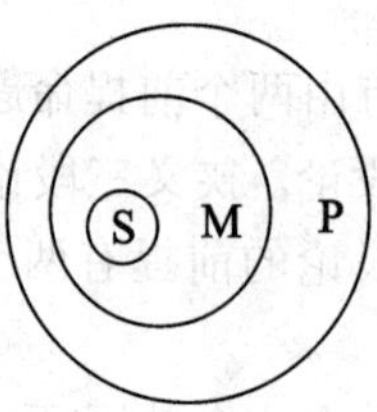

图 3－2

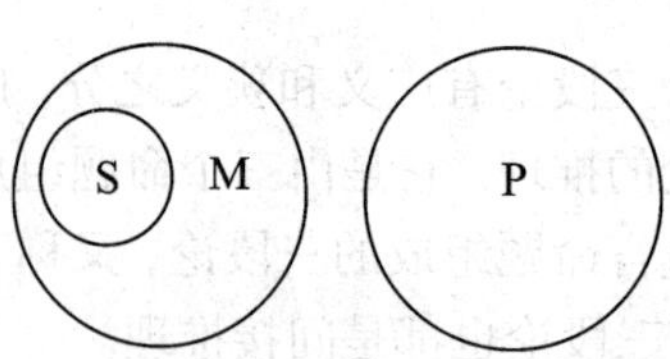

图 3－3

图 3－2 可解释为：如果断定所有 M 是 P，又已知所有 S 是 M，就可以断定所有 S 是 P，这实际上是一个三段论，其形式为：

$$\frac{\begin{array}{c}MAP\\SAM\end{array}}{SAP}$$

图 3－3 可解释为如果断定了所有 M 不是 P，又已知所有 S 是 M，就可以断定所有 S 不是 P，这也是一个三段论，其形式为：

$$\frac{\begin{array}{c}MEP\\SAM\end{array}}{SEP}$$

三段论公理的有效性是显而易见的，是不证自明的道理，这实际上也反映了演绎推理的要求：前提蕴涵结论。

三、三段论的规则

三段论之所以成立，是依据了三段论的公理。而三段论规则又是三段论公理的具体化，是判定三段论形式是否正确有效的简易标准。

规则可以归纳为如下七条：

1. 一个三段论有且只能有三个不同的词项

这条规则是从三段论定义直接引申出来的，强调两个前提中一定要有一个共同的项，即中项，才能将小项和大项联系起来，得出结论。违反这条规则的常见错误是"四词项"错误。例如：

师大学生是从全国各地来的。
某甲是师大学生。
————————————————
所以，某甲是从全国各地来的。

这一例子就犯了"四词项"错误。其中前提中"师大学生"实际上是同一词语，而不是同一词项；"师大学生是从全国各地来的"中的"师大学生"表达的是集合概念，所指对象是指师大学生这一整个群体，而"某甲是师大学生"中的"师大学生"表达的是非集合概念，所指对象是指师大学生中每一个个体。这一条规则可以排除那些似是而非的假冒三段论。

2. 中项在前提中至少要周延一次

如果中项在前提中两次都不周延，也就是说两次都只是断定了中项的部分对象，就不能保证其断定的对象中有共同的对象。如果两次断定中没有断定中项的共同对象，实质上就等于没有了中项。所以这一规则实际是确保要有真正意义上的中项，确保大小项的联系，否则就不能推出结论，就会犯“中项不周延”的逻辑错误。例如：

犯罪分子是人。

你也是人。

所以，你也是犯罪分子。

其逻辑形式是：

PAM

SAM

SAP

注意：在三段论中单称命题都是当作全称命题处理的。这一三段论的中项“人”在两个前提中都是肯定命题的谓项，不周延，所以犯了“中项不周延”的逻辑错误。

3. 在前提中不周延的词项，在结论中不得周延

这条规则在前面换位法推理中已经出现过了，就是强调演绎推理结论不能超出前提的范围。规则的内容可详细表述为：“在前提中不周延的词项，在结论中不得变为周延；在前提中周延的词项，在结论中可以周延，也可以不周延；在结论中周延的词项，在前提中必须周延；在结论中不周延的词项，在前提中可以周延，也可以不周延。”违反这一规则的错误有两种：“小项不当周延”和“大项不当周延”，也称“小项不当扩大”和“大项不当扩大”。例如：

甲怕死。

甲是中国人。

所以，中国人怕死。

其逻辑形式是：

MAP

MAS

SAP

其小项“中国人”在前提中是肯定命题的谓项，不周延；在结论中是全称命题的主项，周延，所以犯了“小项不当周延”的逻辑错误。

再如：

律师要学法律。
我不是律师。
————————
所以，我不要学法律。

其逻辑形式可表示为：

MAP
SEM
————
SEP

其中，大项“要学法律”在前提中是肯定命题的谓项，不周延；在结论中是否定命题的谓项，周延，所以犯了“大项不当周延”的逻辑错误。

4. 两个否定前提不能得出结论

如果两个前提都是否定的，等于断定了中项与大项、小项都是排斥关系，这样中项起不到联结作用，也就无法确定大小项的关系，得不出结论。例如：

甲班学生都不是湖南人。
他也不是湖南人。
————————
所以，？

显然无法确定他是否甲班学生。

5. 前提中有一否定，结论只能为否定；结论为否定，前提中必须有否定

前提中一个否定一个肯定，得不出肯定的结论。因为这样，意味着前提断定了中项与大、小项的一个项相排斥，与另一个项相容，就只能确立大、小项有相排斥的关系而不能确定大、小项有相容的关系。也就是只能得出否定结论，不能得出肯定结论。例如：

所有犯罪行为都不是合法行为。
他的行为是犯罪行为。
————————
所以，他的行为不是合法行为。

结论是否定的，前提中必须有一个否定。换句话说，就是两个肯定前提只能得出肯定结论，不能得出否定结论。因为这样意味着前提断定了中项与大、小项都是相容关系，就只能确定大、小项有相容关系，而不能确定大、小项有相斥的关系，也就是只能得出肯定结论，而不能得出否定结论。例：

所有团员都是青年。

某班学生都是团员。

所以，某班学生都是青年。

前述五条规则是基本规则，而第一条规则是三段论定义的直接引申，这条规则排除的是假冒三段论，所以有的教材也不将其当规则。后四条规则才是关于三段论形式是否有效的规则。下面要讲的第六条和第七条规则是根据这四条规则导出的规则。

6. 两个特称命题前提不能得出结论

对这一导出规则，可以根据前面的基本规则证明如下：

当两个前提都是特称命题时，共有三种不同的组合情况：II、IO、OO。两前提是II组合时，即前提都是特称肯定命题，主项、谓项都是不周延的，那么前提中就没有一个周延的项，必定违反“中项必须至少周延一次”的规则。所以，得不出结论。当前提为IO组合时，即一个前提为特称肯定命题而另一个前提为特称否定命题时，前提中只有一个周延的项，即O命题的谓项。根据规则2，中项必须周延。又由于前提中的O命题为否定命题，根据规则5，结论必为否定命题。那么，结论的谓项即大项是周延的，这样根据规则3要求大项在前提中也必须周延。前提中只有一个周延的项，作了中项，就不能作大项。所以，当前提为IO组合时，不违反规则2就会违反规则5或者规则3，故得不出结论。当前提为OO组合时，即两个前提都是特称否定命题，直接违反了规则4“两个否定前提不能得出结论”，所以得不出结论。

综上所述，当两个前提都是特称命题时，总是得不出结论。

7. 前提中有特称命题，结论中必为特称命题

也就是说当前提中一个是特称命题，一个是全称命题时，只能得出特称命题结论，而不能得出全称命题结论。

本条规则的证明方法同前一条相似，请读者自证。

这后面两条规则，虽然是导出规则，它蕴涵于前面的基本规则之中，从理论上讲，也可以略去，但是将其一一列出，有利于方便、快速地判定三段论是否有效。

以上七条规则，称为三段论总的规则。

练　习

写出下列三段论的逻辑形式，并分析其是否符合规则，如不符合，请指出所犯的逻辑错误。

(1) 鲁迅的小说不是一天能读完的，《阿 Q 正传》是鲁迅的小说，所以，《阿 Q 正传》不是一天能读完的。

(2) 所有植物都是生物，并非有的动物是植物，所以，并非有的动物是生物。

(3) 中子是一种基本粒子，而中子是不带电的，所以，基本粒子不带电。

(4) 阑尾炎有腹痛现象，小王有腹痛现象，所以，小王有阑尾炎。

(5) 并非有的翻译人员不要学好外语，我不是翻译人员，所以，我用不着学好外语。

(6) 2 是偶数，2 是素数，可见有素数是偶数。

四、三段论的格与式

三段论的逻辑形式可以从格与式两个方面来分析。

三段论的格主要是指三段论的中项在前提中的不同位置，当然三段论中项的位置确立以后，实际上也就确立了其大小项的位置。因此，三段论的格也可以是指三段论三个词项的不同位置的排列组合。

三段论的中项在前提中共出现两次，每一次都有作主项和谓项两种可能，所以一共有四种不同的排列组合，分别叫做：第一格、第二格、第三格、第四格，如图 3－4 所示。

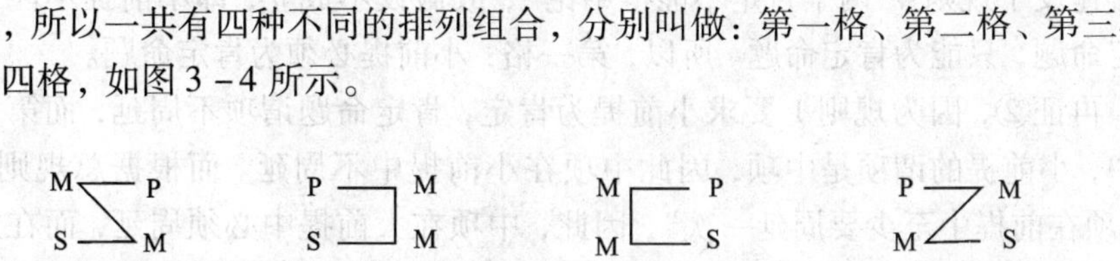

图 3－3

第一格：中项在大前提中作主项，在小前提中作谓项。例如：

科学都是有用的。

逻辑是科学。

所以逻辑是有用的。

第二格：中项在大、小前提中都作谓项。例如：

正当防卫不是犯罪。
他的行为是犯罪。

所以，他的行为不是正当防卫。

第三格：中项在大、小前提中都作主项。例如：

老虎是有尾巴的。
老虎是动物。

所以，有的动物是有尾巴的。

第四格：中项在大前提中作谓项，在小前提中作主项。例如：

有些工程师是团员。
所有的团员都是青年。

所以，有些青年是工程师。

由于每一格中项的大小项在前提中的位置不同，每一格都有其特殊的规则。当然，这些特殊规则也只是三段论总的规则在各个格中的具体体现。

第一格的规则：①小前提必须是肯定命题；②大前提必须是全称命题。

可以根据三段论的规则证明如下：

先证明①，用反证法。假设小前提是否定命题，那么根据规则5“前提中有否定结论必为否定”，于是大项在结论中周延。再根据规则3“大项在结论中周延，在前提中也必须周延”，而第一格大项在前提中是谓项，谓项要周延，大前提就只能是否定命题，这样就出现了大前提、小前提都是否定命题，则必违反了规则4“两个否定不能得结论”，故假设不成立，即小前提不能为否定命题，只能为肯定命题。所以，第一格：小前提必须为肯定命题。

再证②，因为规则1要求小前提为肯定，肯定命题谓项不周延，而第一格中，小前提的谓项是中项，因此中项在小前提中不周延。而根据总规则2“中项在前提中至少要周延一次”，因此，中项在大前提中必须周延，而在第一格中，中项在大前提中是主项，主项要周延，大前提就必须为全称命题。

第二格的规则：①两个前提中必须有一个为否定命题；②大前提必须为全称命题；③结论必须为否定命题。

第三格的规则：①小前提必为肯定命题；②结论必为特称命题。

第四格的规则是：①如果大前提为肯定命题，则小前提必须为全称命题；②如果前提中有一个为否定命题，则大前提必须为全称命题；③如果小前提为肯定命题，则结论只能为特称命题；④任何一个前提命题都不能为特称否定命题；⑤结论不能是全称肯定命题。

第二、三、四格规则请读者当作练习自己证明。

三段论的式是指组成三段论的大前提、小前提和结论，是不同种类的直言命题的不同排列组合，其中每一个命题都有 AEIO 四种不同的可能。理论上共有 4 ×4 ×4 =64 种不同的式，再乘以 4 个不同的格，所以理论上三段论可以有 256 个不同的格式。当然，其中大部分是不合乎三段论规则的无效式。

根据三段论总的规则，可以将 64 个式中的 53 个无效式排除，剩下其中 11 个有效式。分别如下：

AAA　AAI　AEE　AEO　AII　AOO

EAE　EAO　EIO

IAI

OAO

这 11 个有效式也不是适用于每一格的，根据各个格的特殊规则，每一格正好有 6 个有效式：

第一格：　AAA　AII　EAE　EIO　（AAI）（EAO）

第二格：　AEE　EAE　EIO　AOO　（AEO）（EAO）

第三格：　AAI　AII　EAO　EIO　IAI　OAO

第四格：　AAI　AEE　EAO　EIO　IAI　（AEO）

在上列 24 式中，括号里的式叫弱式，指本来可以得出全称命题作结论却只得出了特称命题作结论的情况。例如，在第一格中，本来由两个 A 命题作前提，可以得出 A 命题作结论，即 AAA 式。但在 AAI 式中却只得出特称命题 I 作结论。因此，将 AAI 式叫弱式，弱式当然也是有效式。

综上所述，全面分析了三段论的格和式，也就全面系统地分析了三段论的逻辑形式。从理论上说，任何一个三段论有效式都是上述四个格共 24 个有效式中的一个。例如：

人总是要死的。

我也是人。

———————————

所以，我也是要死的。

这一三段论就是第一格 AAA 式。其逻辑形式可表示为：

MAP

SAM

————

SAP

这样不仅显示了该三段论的格，也显示了该三段论的式。

三段论四个格还具有不同的理论和实际意义。第一格：在理论上最自然地体现了三段论演绎推理的性质。其中，AAA 式和 AEE 式直接体现了三段论的公理。并且它可以得出 A、E、I、O 各种命题作结论。所以，从理论上讲，第一格是三段论的典型，叫典型格或完善格。而其三个格都可以看做是第一格的特殊变形，通过逻辑形式的变形，都可以还原或化归为第一格。在实践上，第一格的应用也最为广泛。它的大前提是全称命题，往往陈述普遍性原理，小前提陈述特殊事实，从而得出结论。司法实践中经常运用大前提陈述法律，小前提陈述事实，从而得出相关结论。所以，又被称为审判格。

第二格的结论是否定的，常用来指出事物之间的区别，也常用来反驳肯定命题，所以又被称为区别格。

第三格的结论是特称的，常用来指出事物的特殊情况，也用来反驳全称命题。所以，被称为反驳格。

第四格很特殊，理论上存在，实际应用很少。

练　习

(1) 试证明中项周延两次的三段论有效式，其结论不能是全称命题。

(2) 试证明以 O 命题为小前提构成的有效三段论只能是第二格的 AOO 式。

(3) 试证明以 O 命题为大前提构成的有效三段论只能是第三格的 OAO 式。

(4) 所有爱斯基摩土著人都是穿黑衣服的；所有的北婆罗洲土著人都是穿白衣服的；没有穿白衣服又穿黑衣服的人；H 是穿白衣服的。

基于以上事实，下列哪个命题必为真？(　)

A. H 是北婆罗洲土著人

B. H 不是北婆罗洲土著人

C. H 是爱斯基摩土著人

D. H 不是爱斯基摩土著人

E. H 既不是北婆罗洲人，也不是爱斯基摩土著人

(5) 新学年开学伊始，有些新生刚入学就当上了校学生会干部。在奖学金评定中，所有广东籍的学生都申请了本年度的甲等奖学金，所有校学生会干部都没有申请本年度的甲等奖学金。

如果上述断定是真的，以下哪项有关断定也必定是真的？(　)

A. 所有新生都不是广东人

B. 有的新生申请了本年度的甲等奖学金

C. 有些新生不是广东人

D. 并非所有广东籍的学生都是新生

E. 有些校学生会干部是广东人

(6) 学校的教授们有一些是足球迷。学校预算委员会的成员一致要求要把学校的足球场改建为科贸写字楼，而所有的足球迷都强烈反对这样做。由此可见(　)。

A. 学校所有的教授都是学校预算委员会的成员

B. 学校预算委员会的成员并非都是学校的教授

C. 学校有的教授不是学校预算委员会的成员

D. 学校预算委员会有的成员是足球迷

E. 学校有的教授是学校预算委员会成员

五、三段论的省略式

通过对三段论逻辑形式的研究，已经知道三段论总是由大前提、小前提和结论三个部分组成。三段论逻辑形式即三段论格式，也总是按大前提、小前提、结论的顺序排列组合的。其实这一切都是为了研究的方便。在实际运用当中，三段论的语言表达是灵活多样的。本节一开始就讲了三段论的三个命题，在语言表达中没有固定顺序。逻辑学将其整理为大前提、小前提和结论的顺序，只是为了研究的方便。下面，通过对三段论省略式的研究，将进一步知道三段论的三个组成部分，在语言表达中也是可省略其中任何一个部分的。总之，三段论的语言表达是灵活多样的。

所谓三段论省略式，也称省略三段论，是指三段论的语言表达的省略形式。为了表达简明或修辞的需要，三段论在其语言表达中可以省略大前提、小前提或者结论三个命题中的任何一个。

(1) 省略大前提，例如：

因为领袖也是人。

所以，领袖也会犯错误。

这一三段论省略式，省略了大前提“人总是会犯错误的”。

(2) 省略小前提，例如：

因为人总是会犯错误的。

所以，领袖也会犯错误。

这一三段论省略式，省略了小前提“领袖也是人”。

(3)省略结论，例如：

因为人总是会犯错误的。领袖也是人。

这一三段论省略式，省略了结论“领袖也会犯错误”。

当然，三段论省略式只是语言形式的省略，而不是思想的省略。研究三段论省略式就是为了明确其所表达的思想。因此，研究三段论省略式有两个任务：一是将其恢复为完整的三段论；二是检验其推理是否正确有效。

将三段论省略式恢复为完整式，首先要确定其省略部分是前提还是结论，这主要根据表示推理的联结词“因为”、“所以”等去确定。如果是省略了前提的，还要确定省略的是大前提还是小前提。要注意区分含有小项(结论的主项)的是小前提；含有大项(结论的谓项)的是大前提。然后，根据三段论三个词项中的每两个词项构成一个命题的方法，去将被省略的命题恢复。当然，还要注意符合三段论规则，符合原意。例如，“我不是学生。所以，我不要学习。”这是三段论的省略式，省略了大前提“学生是要学习的”。因为从联结词来看，“所以”后面的“我不要学习”是结论。“我”是小项，“我不是学生”就是小前提。再由另外两个项，中项“学生”和大项“要学习”可以构成大前提“学生是要学习的”。

三段论省略式由于省略了一部分也容易隐含错误。

将三段论省略式恢复为完整式，除了便于理解外，也便于检验其是否正确有效。如前述三段论省略式“我不是学生。所以，我不要学习”恢复为完整式如下：

学生是要学习的。

我不是学生。

所以，我不要学习。

其逻辑形式为：

$$\frac{\begin{array}{c}MAP\\SEM\end{array}}{SEP}$$

现在可以看出，这一三段论明显违反了三段论总规则3，其中大项“要学习的”在前提中是肯定命题谓项不周延，在结论中是否定命题的谓项周延。犯了“大项不当周延”的逻辑错误。但是，如果仅看它的省略式，就不容易发现错误。

关于上述省略三段论，也有将其大前提恢复为“要学习的都是学生”的，这样，该三段论就是：

要学习的都是学生。

我不是学生。

所以，我不要学习。

其逻辑形式为：

$$\frac{\begin{array}{c}PAM\\SEM\end{array}}{SEP}$$

这样就成了第二格 AEE 式，是有效式。这样逻辑形式是正确的了。但是，其大前提“要学习的都是学生”明显不真实。不能说要学习的都是学生，应该还有其他人，即使是教师也是要学习的。由于其大前提不真实，所以，其推理还是错误的。总之，错误的三段论省略式恢复后也总是错误的。不管其错误是形式无效还是前提不真实，其推理都是错误无效的。这也再次说明：正确有效的推理必须满足前提真实和形式有效两个条件。对于错误的三段论省略式一般是将其恢复为形式无效的无效式，这样容易运用三段论规则去说明。而如果将其恢复为前提不真实的三段论，其中“前提不真实”，不是靠逻辑就能判定的。

最后，提请读者注意的是，逻辑总是抽象的，而语言表达总是具体灵活的。三段论省略式是常用的、典型的三段论灵活运用形式，学习三段论省略式具有特别重要的实际意义。运用三段论理论去分析时，首先要将具体灵活的三段论语言表达形式恢复整理成标准的三段论并指出其逻辑形式。然后，才能运用三段论规则去判定其是否有效。在判定其是否有效时，一般总是运用三段论基本规则去判定，如果有错误总是指出其违反基本规则所犯的错误。当然，错误的三段论违反了基本规则，也就会同时违反其导出规则以及格的特殊规则，但一般情况下都没有同时指出的必要。如果是正确的，则指出其逻辑形式属于哪一格哪一式是有效式就可以了。

练　习

(1)分析下列省略三段论推理是否正确。

①这些人在法院工作，所以，这些人是审判员。

②我们是马克思主义者，所以，我们不应当割断历史。

③没有文化的军队是愚蠢的军队，而愚蠢的军队是不能战胜敌人的。

④他不懂外语，因为外语翻译都要懂外语。

(2)你的笔记本电脑是1999年后制造的，所以它肯定带有调制解调器。

上述推理可以增加以下哪个选项作前提推出？(　)

A. 只有1999年以后制造的笔记本电脑才带有调制解调器

B. 所有1999年以后制造的笔记本电脑都带有调制解调器

C. 有些1999年以后制造的笔记本电脑也带有调制解调器

D. 所有1999年以后制造的笔记本电脑都不带有调制解调器

E. 笔记本的调制解调器技术是在1999年以后才发展起来的

(3)“有的哺乳动物是有尾巴的，因为老虎是有尾巴的”是一有效的省略三段论，其省略的命题是什么？(　)

A. 有的哺乳动物不是老虎

B. 老虎是哺乳动物

C. 有的哺乳动物没有尾巴

D. 有些哺乳动物有尾巴

E. 有老虎不是哺乳动物

(4)一家公司的人事主管调查了员工们对公司的奖励员工绩效等级体系的满意度。调查数据显示得到较高等级的员工们对该体系非常满意。这位人事主管从这些数据中得出结论认为，公司中表现最好的员工们喜欢这个体系。

该人事主管的结论假定了下面哪种说法？(　)

A. 其他的绩效等级体系都比不上既有的体系

B. 该公司的表现最好的员工们都得到了较高的等级

C. 得到低等级的员工们对该体系不满意

D. 从一种绩效等级体系中得到较高等级的员工们会喜欢这个体系

E. 该公司的表现最好的员工们受到激励去好好工作，因为他们知道他们会得到绩效等级

(5) 有人说：“哺乳动物都是胎生的。”

以下哪项最能驳斥上述命题？(　)

A. 也许有的非哺乳动物是胎生的

B. 可能有的哺乳动物不是胎生的

C. 没有见到过非胎生的哺乳动物

D. 非胎生的动物不大可能是哺乳动物

E. 鸭嘴兽是哺乳动物，但不是胎生的

第四章　关系命题及其推理

内容提要： ＊ 关系命题的解释及逻辑形式
＊ 关系的对称性及传递性
＊ 纯关系推理和混合关系推理

第一节　关系命题

一、什么是关系命题

关系命题是断定对象之间关系的命题，例如：

(1)五大于三。

(2)甲和乙是同学。

(3)长沙位于武汉和广州之间。

关系命题是一种简单命题。任何对象都有一定的属性，属性包括对象自身具有的性质和对象之间的关系，直言命题即性质命题断定了对象的性质，关系命题则断定了对象之间的关系。

关系命题由关系者项、关系项和量项三部分组成。

关系者项： 又称关系主项，它表示关系对象或者叫关系承担者。上述例(1)中的关系者项是“五”和“三”。例(2)中的关系者项是“甲”和“乙”。例(3)中的关系者项是“长沙”、“武汉”和“广州”。关系者项是有多个的，至少有两个。上述例(1)、(2)中有两个，例(3)中有三个。有两个关系者项的称二元关系，有三个关系者项的称三元关系，有 n 个关系者项的称 n 元关系。

关系项： 又称关系谓项，表示对象之间的关系。上述例(1)中的关系项是“大于”。例(2)中的关系项是“同学”。例(3)中的关系项是“位于……之间”。

量项： 是表示关系者项概念外延数量的。例如，“所有选民赞成有的候选人”这一关系命题中的“所有”、“有的”就是分别表示关系者项概念“选民”和“候选人”的外延数量的。

关系命题的逻辑形式是：

所有(或有的)a 与所有(或有的)b 之间有 R 关系。

上述逻辑形式中小写的英文字母 a、b 表示关系者项，大写的英文字母 R 表示关系项。

如果撇开量项不管，其逻辑形式可以表示为：

aRb　　或者　　R(a, b)

有些非关系命题和关系命题在语言表达形式上非常相似。要注意运用关系命题的定义及逻辑形式等相关知识去区分。例如：

(4)小张和小李是同学。

(5)小张和小李是学生。

其中例(4)是关系命题，例(5)是非关系命题。例(5)可以分解为两个性质命题："小张是学生"、"小李是学生"。因此，例(5)是一个复合命题。而例(4)是不能够再分解为其他命题的简单命题。要特别注意"关系"总是多个对象之间的关系，而"性质"却是每一对象自身的性质。例(4)中的关系项"同学"是表示对象"小张"与对象"小李"之间的关系，例(5)中的"学生"是表示对象"小张"的性质，也是表示对象"小李"的性质。

二、关系的逻辑性质

客观事物之间的关系各种各样，它们的具体内容不是逻辑学所要研究的。所谓关系的逻辑性质是指各种不同类型的关系所共同具有的逻辑特性。下面介绍关系的对称性和传递性。

1. 关系的对称性

关系的对称性，有三种不同情况：对称关系、反对称关系和非对称关系。

对称关系：如果甲与乙有某种关系，那么乙与甲也一定有某种关系。这样的情况就称其关系是对称关系。对称关系也可以表示为：

如果有 aRb，一定有 bRa。

例如，"同学"关系就是一种对称关系。如果小张与小李是"同学"关系，那么小李与小张也一定是"同学"关系。对称关系常见的还有"老乡"、"同事"、"同案犯"、"等于"等。

反对称关系：如果甲与乙有某种关系，那么乙与甲一定没有某种关系。这样的情况就称其为反对称关系。也可以表示为：

如果有 aRb，一定没有 bRa。

例如，"大于"关系就是反对称关系。如果甲"大于"乙，那么乙一定不是

“大于”甲了。常见的还有“小于”、“早于”、“落后于”、“打败”、“压迫”等。

非对称关系：如果甲与乙有某种关系，那么乙与甲不一定有某种关系，即有可能有某种关系，也有可能没有某种关系。这样的情况就称其为非对称关系。也可以表示为：

如果有 aRb，不一定有 bRa。

例如，“信任”关系就是非对称关系。如果有甲“信任”乙，那么不一定也有乙“信任”甲，即乙有可能“信任”甲，也有可能不“信任”甲。常见的还有“认识”、“喜欢”、“批评”、“控告”、“打击”等。

2. 关系的传递性

关系的传递性也有三种情况：传递关系、反传递关系和非传递关系。

传递关系：如果甲与乙有某种关系，并且乙与丙也有某种关系，那么甲与丙一定也有某种关系，这样的情况就称为传递关系。传递关系也可以表示为：

如果有 aRb，并且有 bRc，一定有 aRc。

例如，“小于”关系就是传递关系。如果甲小于乙，并且乙小于丙，那么甲也小于丙。常见的还有“早于”、“等于”、“等值”、“平行”等。

反传递关系：如果甲与乙有某种关系，并且乙与丙也有某种关系，那么甲与丙一定没有某种关系，这样的情况就称为反传递关系。反传递关系也可以表示为：

如果有 aRb，并且有 bRc，一定没有 aRc。

例如，“父子”关系就是反传递关系。如果甲与乙是父子关系，乙与丙也是父子关系，那么乙与丙就一定不是父子关系。常见的还有“母女”、“大一岁”、“重一斤”等。

非传递关系：如果甲与乙有某种关系，并且乙与丙也有某种关系，那么甲与丙不一定有某种关系，即可能有某种关系，也可能没有某种关系。这样的情况就称为非传递关系。非传递关系也可以表示为：

如果有 aRb，并且有 bRc，不一定有 aRc。

例如，“朋友”关系就是非传递关系。甲与乙是朋友，乙与丙是朋友，但甲与丙就不一定是朋友了。即甲与丙可能是朋友，也有可能不是朋友。常见的还有“喜欢”、“邻居”、“殴打”、“打败”等。

练 习

(1) 从关系的对称性指出下列各句带横线的概念属于什么关系？

①地球大于月亮。

②a 概念与 b 概念是反对关系。

③a 命题蕴涵 b 命题。

④这个三角形与那个三角形相似。

⑤李白与杜甫是同时代人。

(2) 从关系的传递性指出下列各句带横线的概念属于什么关系？

①甲队打败了乙队，乙队打败了丙队。

②甲比乙长两岁，乙比丙长两岁。

③a 命题蕴涵 b 命题，b 命题蕴涵 c 命题。

④张三与李四是朋友，李四与王五是朋友。

⑤甲和乙是邻居，乙和丙是邻居。

(3) 试分析概念之间的同一关系、真包含于关系、真包含关系、交叉关系、全异关系等五种基本关系的对称性与传递性。

第二节 关系推理

一、什么是关系推理

关系推理就是前提中含有关系命题的推理。它是根据关系的逻辑性质进行的推理。例如：

长江长于黄河。
黄河长于珠江。
(1) ——————————
所以，长江长于珠江。

甲班所有学生都选举小张当班长。
小李是甲班学生。
(2) ——————————
所以小李也选举了小张当班长。

上述两个推理的前提中都含有关系命题，都是关系推理。

关系推理可以分为两种：纯关系推理和混合关系推理。

二、纯关系推理

纯关系推理就是指前提和结论都是关系命题的推理，可以分为：对称关系推理、反对称关系推理、传递关系推理和反传递关系推理。

1. 对称关系推理

对称关系推理就是根据对象之间的对称关系的逻辑性质而进行的推理。例如：

（1）某甲与某乙是同案犯。
———————————
所以，某乙与某甲也是同案犯。

（2）a 概念与 b 概念是全异关系。
———————————
所以 b 概念与 a 概念也是全异关系。

上述关系都是对称关系推理，其推理形式可表示为：

$$\frac{aRb}{\text{所以，}bRa}$$

2. 反对称关系推理

反对称关系推理就是根据对象之间的反对称关系的逻辑性质而进行的推理。例如：

（1）柏拉图早于亚里士多德。
———————————
所以，亚里士多德不早于柏拉图。

（2）a 概念真包含 b 概念。
———————————
所以，b 概念不真包含 a 概念。

上述推理的逻辑形式也可以表示为：

$$\frac{aRb}{\text{所以，}b\bar{R}a}$$

3. 传递关系推理

传递关系推理就是根据对象之间的传递关系的逻辑性质而进行的推理。例如：

武汉位于长沙之北。
长沙位于广州之北。
(1)
所以，武汉位于广州之北。

a 命题等值于 b 命题。
b 命题等值于 c 命题。
(2)
所以，a 命题等值于 c 命题。

上述推理的逻辑形式可表示为：

$$\frac{aRb \quad bRc}{\text{所以，}aRc}$$

4. 反传递关系推理

反传递关系推理就是根据对象之间的反传递关系的逻辑性质而进行的推理。例如：

甲是乙的父亲。
乙是丙的父亲。
(1)
所以，甲不是丙的父亲。

a 命题与 b 命题是矛盾关系。
b 命题与 c 命题是矛盾关系。
(2)
所以，a 命题与 c 命题不是矛盾关系。

上述推理的逻辑形式可表示为：

$$\frac{aRb \quad bRc}{\text{所以，}a\bar{R}c}$$

三、混合关系推理

混合关系推理就是指前提中有关系命题，也有性质命题的关系推理。例如：

甲班所有学生都喜欢姚明。
小张是甲班学生。

所以，小张也喜欢姚明。

上述混合关系推理类似于三段论，也称关系三段论。关系三段论也是由两个前提和一个结论组成的，在两个前提中也含有一个共同的词项作中项，结论也是由其他两个词项组成的。关系三段论也必须遵循其相应的逻辑规则。其规则如下：

①中项在前提中至少要周延一次。

②前提中不周延的项在结论中不得周延。

③前提中的性质命题必须是肯定命题。

④如果前提中的关系命题是肯定的，则结论中的关系命题也必须是肯定的；如果前提中的关系命题是否定的，则结论中的关系命题也必须是否定的。

⑤如果关系不是对称的，则在前提中的关系者前项（或后项）在结论中也必须是前项（或后项）。

违反上述五条规则的关系三段论都是错误的、无效的。例如：

(1)
我们要相信一切科学。
逻辑是科学。
———————————
所以，我们要相信逻辑。

(2)
甲班学生都喜欢学逻辑。
他不是甲班学生。
———————————
所以，他不喜欢学逻辑。

(3)
有的学生赞成反方观点。
他是学生。
———————————
所以他赞成反方观点。

根据规则可以知道，例(1)符合前述所有规则，是正确的、有效的关系三段论推理形式。例(2)则违反了规则③，前提中的性质命题“他不是甲班学生”是否定命题，不是肯定命题。例(3)违反了规则①，中项“学生”在前提中两次都不周延。所以例(2)和例(3)这两个关系三段论都是错误的、无效的。

练习

(1) 在一次选举中，统计显示，有人投了所有候选人的赞成票。

如果统计是真的，那么下列哪项也必定是真实的？(　)

A. 对每个候选人来说，都有选民投了他的票

B. 对所有候选人都投赞成票的不止一人

C. 有人没有投所有候选人的赞成票

D. 不可能所有的候选人都当选

E. 所有的候选人都可以当选

(2)就两校的学生人数看，a、b两校都比c、d两校规模大，要断定e校的学生人数比d校的学生人数多，就需要加上条件(　)。

A. e校的学生人数比a校多

B. a校的学生人数比b校少

C. e校的学生人数比b校少

D. c校的学生人数比e校少

E. c校的学生人数比d校多

(3)在M市，8月中的每一天电的消耗量与这一天湿度的最大值成正比。既然今年8月的平均湿度峰值比去年8月高3个百分点，那么就可以推出M市今年8月的耗电量一定比去年8月的多。

下面哪一个论述的推理模式与上面的论述最相似？(　)

A. 在美学院28个班级中，任何一个班艺术用品的数量都与这个班的学生人数成正比。既然学院的这些班级去年比前年总共多招了20%的学生，那么去年学院的班级使用的艺术用品的数量就比前年的多

B. 美学院在任何一个学期所开的绘画课的数量，都与该学院这个学期招收的学生的数量成正比。但是学院每年开的雕塑课的数量都是一样的。因此，通常学院开的绘画课的数量比雕塑课多

C. 美学院每年招收的新生数量都与它前一年所做广告的数量成正比。因此，如果学院想增加它的学生数量，它就必须增加在广告上的开支

D. 学生在美学院所交的学费与招收他的班级的数目成正比，既然美学院学生的人数在增加，那么就可推出学院收的学费的数额比过去的大

E. 美学院每学期雇佣的讲师数目与该学期所开的课程以及学院所招学生的人数成正比。因此，学院任何一个学期所开的课程都与该学期的招生人数成正比

第五章　复合命题及其推理

内容提要： ＊联言命题的涵义及逻辑特征
＊联言推理的涵义及有效形式
＊选言命题的涵义、种类及逻辑特征
＊选言推理的涵义、种类及有效形式
＊假言命题的涵义、种类及逻辑特征
＊假言推理的涵义、种类及有效形式
＊假言变形推理的涵义、种类及有效形式
＊反三段论的涵义及有效形式
＊二难推理的涵义及基本形式
＊破斥错误的二难推理的三种基本方法
＊负命题的涵义及逻辑特征
＊负性质命题及其等值命题和等值推理
＊负复合命题的涵义、种类及逻辑特征
＊负复合命题的等值命题和等值推理

复合命题在逻辑学研究中地位极为重要。

什么是复合命题？从复合命题与简单命题的联系来说，复合命题就是在自身中包括了其他命题的命题，从其语言表达形式来说，复合命题是由联结词和若干简单命题结合而构成的一种命题。例如，“他聪明并且勤奋”，这是由两个简单命题“他聪明”和“他勤奋”借助于联结词“并且”结合而构成的一个复合命题。复合命题中的若干简单命题称作该命题的肢命题。复合命题的联结词是区别不同类型的复合命题的根据，它决定着复合命题的逻辑性质。根据联结词的不同，复合命题可分为联言命题、选言命题、假言命题和负命题等。

第一节　联言命题及其推理

一、联言命题的逻辑特征

1. 联言命题的定义

联言命题是断定若干事物情况同时存在的命题。下列语句虽然语言形式不同，但都表达了联言命题。例如：

中国是社会主义国家而美国是资本主义国家。

中国既是社会主义国家又是发展中国家。

青年人要晚婚并且要晚育。

联言命题的肢命题称为联言肢（在数理逻辑中，联言肢用字母 p、q 等表示）。联言肢至少要有两个，也可以是两个以上。联言命题的肢命题一般是性质命题，也可以是其他类型的命题。把几个联言肢联结起来的逻辑联结词叫联言联结词。联言命题中的联结词一般用“并且”来表达，但在现代汉语中，也常用“既是……又是……”、“不但……而且……”、“虽然……但是……”、“一方面……另一方面……”、“不但不……反而……”、“不是……而是……”等来表示，甚至有时可以省略联结词。联言命题的联结词也可用符号“∧”表示，联言命题的逻辑形式是“p”并且“q”，或者“p∧q”。在日常语言表达中，联言命题还有如下几种具体形式：

联主（复合主项）命题： 由两个或两个以上并列的主项和一个谓项所构成的联言命题。例如：

伦理学、美学、政治学都属于社会科学。

这是由三个并列的主项和一个谓项所构成的联主命题。

合谓（复合谓项）命题： 由两个或两个以上并列的谓项和一个主项所构成的联言命题。例如：

北京是中国的经济、政治、科学技术和文化教育的中心。

这是由四个并列的谓项和一个主项所构成的合谓命题。

联主合谓（复合主谓项）命题： 由两个或两个以上并列的主、谓项所构成的联言命题。例如：

湘江一桥和湘江二桥都是新中国成立后建造的桥梁，但它们都比猴子石大桥早修成。

这是由两个主项和两个谓项所构成的联主合谓命题。

联言命题所反映的是同一对象或不同对象的不同属性的共存性，因此，联言命题不只是把几个联言肢简单的联系起来，而是把它当作一个统一的思想来加以断定。它既可以用来表达人们对事物的不同方面的分析，又可以用来表示人们对事物内部既对立又统一的两个方面的认识。例如：

(1)新一代的女性既要自尊，又要自强，还要自立和自爱。

(2)这栋楼虽然造价很高，但作用不是很大。

(3)领导和群众既是对立的，又是统一的。

这三个例子既表达了人们对事物的整体认识，又使人们认识到了事物对立面的统一属性。这种用法可使我们将认识对象表达得更全面。

2. 联言命题的逻辑特征

任何命题要么是真的，要么是假的。一个命题为真，我们说它是命题的真值；一个命题为假，我们说它也是命题的真值。真和假都叫做命题的真值，即命题的逻辑值。

任何复合命题的真假都取决于其所包含的肢命题的真假。联言命题的逻辑特征是指联言命题由于是断定若干事物情况同时存在的一种命题，它的真假就取决于其各个联言肢是否同时都是真的。如果一个联言命题的每个联言肢都是真的，那么这个联言命题就是真的；如果联言肢中有一个是假的，那么该联言命题就一定是假的。联言命题的逻辑值与肢命题的逻辑值之间的关系，可用下列真值表 5－1 来表示：

表 5－1　联言命题的真值表

p	q	$p \wedge q$
真	真	真
真	假	假
假	真	假
假	假	假

从表中可以看出，“p”与“q”的真假组合不外乎四种情况。一个真的联言命题要求各个联言肢都是真的，从逻辑上说，“$p \wedge q$”的含义是“p”、“q”都真。当然，我们这种分析是仅从命题形式的真假角度出发，它撇开了两个肢命题之间某种意义上的联系，这种分析我们称作命题形式分析或真值形式分析。在实际思维中，联言命题的真假分析必须建立在对其肢命题意义分析的

基础之上。

练 习

用 p，q，r... 等分别表示不同内容的简单命题，并用符号表示其逻辑联结词，写出下列复合命题的逻辑形式：

(1) 苏洵、苏轼和苏辙都是文学家。

(2) 无论张三还是李四，都有值得我们学习的地方。

(3) 小明、小红去参加夏令营，小芸也会去。

(4) A、B、C、D 在上海市大学生演讲比赛中都获得一等奖。

(5) 温老师和杨老师都是教英语的。

(6) 知无不言，言无不尽，言者无罪，闻者足戒。

(7) 我们不但要刻苦学习科学知识，还要积极锻炼身体。

(8) 书山有路勤为径，学海无涯苦作舟。

二、联言推理

1. 联言推理的定义

联言推理是根据联言命题的逻辑性质进行推演的推理。根据联言推理是前提或结论为联言命题，可以将联言命题分为两种形式：合成式联言推理和分解式联言推理。

合成式联言推理：合成式联言推理是指各联言肢均为真，从而推出由它们组合成的联言命题也为真的联言推理。例如：

发扬爱国主义精神是中国革命取得胜利的经验；坚持独立自主、自力更生的方针是中国革命取得胜利的经验。所以，发扬爱国主义精神和坚持独立自主、自力更生的方针是中国革命取得胜利的经验。

其逻辑形式为：

$$\frac{\begin{array}{c}p,\\ q,\end{array}}{\therefore\ p \wedge q}$$

分解式联言推理：分解式联言推理的前提是联言命题并且为真，其结论是该联言命题的肢命题并且也为真。例如：

张华和李婷都是三好学生，

所以，张华是三好学生。

其逻辑形式为：

$$\frac{p \wedge q}{\therefore\ p(\text{或}\ q)}$$

联言推理虽然比较简单，但在实际思维中却常常用到。其分解式可以使我们的认识从肯定整体到突出其重点；其合成式则可以帮助我们的认识由分析达到综合。在一篇文章或一段论述的结尾往往需要用到这种推理。

练　习

分析下列联言推理各属于哪一种形式的联言推理，并写出推理的逻辑形式。

(1)我们既要加强物质文明建设又要加强精神文明建设，所以，我们要加强精神文明建设。

(2)我们这支队伍是个能打仗的队伍，我们这支队伍是个能搞生产的队伍。所以，我们这个队伍是一支既能打仗又能搞生产的队伍。

(3)不赡养父母是不道德的，也是违法的；所以，不赡养父母是违法的。

(4)某人工作速度很慢；某人工作质量很好；可见，某人虽然工作速度很慢，但是工作质量很好。

(5)教师要有高尚的师德，因为教师既要有高深的学问，又要有高尚的师德。

(6)中国是亚洲国家，中国是社会主义国家，中国是发展中国家，所以，中国是位于亚洲的发展中的社会主义国家。

(7)工人、农民、知识分子都是我们进行社会主义四化建设的依靠力量，所以，知识分子是我们进行社会主义四化建设的依靠力量。

(8)肯定一切的观点是错误的，否定一切的观点是错误的。所以，肯定一切、否定一切的观点都是错误的。

第二节　选言命题及其推理

一、选言命题的逻辑特征

1. 什么是选言命题

选言命题是断定若干可能的事物情况至少有一个存在的命题。例如：

中国或者是社会主义国家或者是资本主义国家。

或者他是一个语文老师，或者他是一个英语老师。

明天或者下雨，或者不下雨。

这本书要么丢了，要么被人借走了。

这些命题都断定了若干可能的事物情况至少有一种情况是存在的，因此，它们都是选言命题。

选言命题提出了客观事物的几种可能性，断定了几个事物情况中至少有一个事物情况存在，因而运用选言命题可以估计到情况的各个方面，为进一步分析问题提供了基础，为人们认识问题明确了范围，为解决问题提供了线索，使人们能了解事物发展的几种可能性，以便创造条件，力争实现最好的可能。

例如，某企业今年收入大增，或者是由于拓展销售市场，或者是扩大了生产规模，或者是提高了产品的质量和性能。这个选言命题提出了三种可能性，其中至少有一种可能性是存在的，它使人们认识到要增加企业收入，必须充分估计到这三种可能性。

2. 选言命题的逻辑特征

选言命题是由选言肢 p、q 和联结词“或者”、“要么”等所构成的一种复合命题。

在日常语言运用中，选言命题尽管都可以用“或者”表示，但仔细分析上例的几个“或者”，可以发现，它们的意义还是有所区别的。以“或者他是一个语文老师，或者他是一个英语老师”中的“或者”来说，它所断定的两个选言肢能够并存，即两者不互相排斥，可以同真。而“明天或者下雨，或者不下雨”中的“或者”所断定的两个选言肢不能够并存，即两者互相排斥。因此，根据选言命题的两个选言肢是否互相排斥，我们可以把选言命题分为两种，即相容的选言命题和不相容的选言命题。

相容选言命题：相容选言命题是断定选言肢中至少有一个选言肢为真也可以都真的选言命题。例如：

一个人犯错误，或者是世界观有问题，或者是思想方法有问题。

黄山的风景很美，或者是因为它的奇松、怪石；或者是因为它的云海、温泉。

这两个命题都是相容选言命题。

相容选言命题的肢命题用 p、q 表示，其联结词是“或者”。也可用符号“$\vee$”来表示。相容选言命题的逻辑形式是“p 或者 q”，或者“$p \vee q$”。

在选言命题陈述的几种情况中，要求至少有一个是真的，也可能几种情况都是真的。但只要有一个选言肢是真的，整个选言命题就是真的。当然，如果几个选言肢都是真的，则整个选言命题也是真的。因而这种命题只是否认了如下的事实，即几种情况均是假的。相容选言命题的逻辑值与选言肢的逻辑值之间的关系，可用表 5－2 来表示。

表 5－2　相容选言命题的真值表

p	q	p∨q
真	真	真
真	假	真
假	真	真
假	假	假

不相容选言命题：不相容选言命题是断定有并且只有一个选言肢为真的选言命题。例如：

你要么是走，要么是留。

要么在沉默中爆发，要么在沉默中灭亡。

这两个选言命题所断定的几种情况不能同时为真，也不能同时为假，而且，有并且只有一种情况为真，因而都是不相容选言命题。不相容选言命题的逻辑值与选言肢的逻辑值之间的关系，可用表 5－3 来表示。

表 5－3　不相容选言命题的真值表

p	q	p$\dot{\vee}$q
真	真	假
真	假	真
假	真	真
假	假	假

在表 5－3 中，不相容选言命题的联结词我们用符号“$\dot{\vee}$”来表示。不相容选言命题的逻辑形式是“要么 p，要么 q”或者“p $\dot{\vee}$ q”。在现代汉语中，为了使不相容选言命题与相容选言命题区别开来，我们一般用“要么 p，要么 q”

来表达不相容选言命题，如果用“P 或者 q”来表达不相容选言命题时，通常在其后面附加诸如“二者必居其一”或“二者不可兼得”等用语，以免混淆。例如：

对待前进道路上所遇到的困难，或者战而胜之，或者为其所吓倒，二者必居其一。

3. 运用选言命题必须注意两个问题

正确运用选言命题必须注意两个问题：一是要准确使用两种不同的选言命题的联结词；二是要注意选言肢是否穷尽了一切可能。相容的选言命题和不相容的选言命题是性质不同的两种选言命题。要正确地运用选言命题，就必须注意把它们区别开来。有的选言联结词既可构成相容选言命题，又可构成不相容选言命题，如“或者……或者……”；有的选言联结词只能构成不相容选言命题，如“要么……要么……”，我们必须将它们严格地区别开来，对于“或者”之类的选言联结词，我们也必须结合其所联结的肢命题的内容仔细地加以分辨，以确定其究竟表达的是哪种选言命题。

此外，在运用选言命题时，还应注意选言肢是否穷尽了一切可能的问题。选言肢是否穷尽的问题就是指在一定范围内该命题的选言肢是否包括了所有可能的情况。如果包括了所有可能的情况，则该命题的选言肢就是穷尽的，否则，就是不穷尽的。例如，“参加成人高考的同志或者是在职职工，或者是非在职职工”，“这颗星或者是火星，或者是金星”。前一个命题的选言肢是穷尽的，后一个命题的选言肢则是不穷尽的。

选言肢的穷尽与选言命题的真有必然联系。一个选言命题，如果其选言肢是不穷尽的话，则这个选言命题未必是一个真的选言命题；如果一个选言命题的选言肢是穷尽的，则该选言命题必定是真的；如果一个选言命题是真的，则它的选言肢却不一定是穷尽的。因此，我们在运用选言命题时，应注意不要遗漏选言肢。

练 习

用 p, q, r... 等分别表示不同内容的简单命题，并用符号表示其逻辑联结词，写出下列复合命题的逻辑形式，说明下列命题各属何种选言命题。

(1)《激情燃烧的岁月》这部电视剧作品很受大家的欢迎，原因是或者题材很好，或者演员的表演很到位，或者二者兼而有之。

(2) 他大学毕业后或者参加工作，或者继续读研究生。

(3)一个革命政党的任何行动都是实行政策，不是实行正确的政策，就是实行错误的政策。

(4) 对待外国文化的态度，或是全盘否定，或是全部吸收，或是有分析、有批判地借鉴。

(5)在本书的成书过程中，他们或者给予指导，或者给予鼓励，或者提供资料。

(6)这次大学生辩论赛，或者是湖南师范大学队赢，或者是湖南大学队赢。

(7)学如逆水行舟，不进则退。

二、选言三段论

选言三段论就是选言推理。选言推理是前提中有一个是选言命题，并且根据选言命题的逻辑性质进行推演的推理。因为相容选言命题和不相容选言命题的逻辑性质不同，所以，分别以它们作前提而构成的选言推理也不同。

1. 相容选言推理

相容选言推理是前提之一为相容选言命题，并且是根据相容选言命题的逻辑性质进行的推理。它只有一个有效形式，即否定肯定式，也就是否定大前提中的一个(或一些)选言肢，可肯定另一个(或余下的一个)选言肢。例如：

《血色烂漫》的作者或者是海言，或者是都梁。

《血色烂漫》的作者不是海言，

所以,《血色烂漫》的作者是都梁。

其逻辑形式为：

$$\frac{p \vee q \qquad \overline{p}}{\therefore q} \qquad\qquad \frac{p \vee q \qquad \overline{q}}{\therefore p}$$

相容选言推理的规则是：否定一部分选言肢，就能肯定另一部分选言肢。

相容选言推理的肯定否定式是无效式。因为相容选言前提中的选言肢是相容的，肯定其中一部分选言肢，不必然能由此而否定另一部分选言肢。例如：

这部电视剧作品或者获得最佳编剧奖，或者获得最佳导演奖。

这部电视剧作品获得最佳编剧奖。

由此可知，它没有获得最佳导演奖。

这里，选言前提是一个相容选言命题，它至少有一个为真，也可能都真。因此，不能由肯定其中一个选言肢真，而推出另一个选言肢必假。所以，相容选言推理有两条规则：

①否定一部分选言肢，就要肯定另一部分选言肢；

②肯定一部分选言肢，不能否定另一部分选言肢。

2. 不相容选言推理

不相容选言推理的前提之一为不相容选言命题。不相容选言推理是根据不相容选言命题的逻辑性质进行的推理。其大前提是不相容选言命题，小前提可以是直言命题，也可以是联言命题，结论是直言命题。其推理形式有两种：

(1)肯定否定式，即前提中肯定一个选言肢，结论中否定其他选言肢。例如：

要么是你表达有误，要么是他理解有误。
的确你的表达有误，
所以是他理解无误。

其逻辑形式为：

$$\begin{array}{c} p \dot{\vee} q \\ \underline{\quad p \quad} \\ \therefore \ \overline{q} \end{array} \qquad \begin{array}{c} p \dot{\vee} q \\ \underline{\quad q \quad} \\ \therefore \ \overline{p} \end{array}$$

(2)否定肯定式，即前提中否定一部分选言肢，结论中肯定那个未被否定的选言肢。例如：

一个人的血型，要么是A型，要么是B型，要么是AB型，要么是O型，
小王的血型不是B型，也不是AB型，也不是O型，
所以，小王的血型是A型。

其逻辑形式为：

$$\begin{array}{c} p \dot{\vee} q \\ \underline{\quad \overline{p} \quad} \\ \therefore \ q \end{array}$$

或

$$p \dot{\vee} q \dot{\vee} r \dot{\vee} s$$

$$\frac{\bar{q} \land \bar{r} \land \bar{s}}{\therefore\ p}$$

不相容选言推理也有两条规则：

① 肯定一个选言肢，就要否定其他选言肢；

② 否定一部分选言肢，就要肯定那个未被否定的选言肢。

练　习

(1)下列选言推理各是哪种选言推理？并写出选言推理的逻辑形式。

① 一个选言推理要么是相容的，要么是不相容的，这个选言推理是不相容的，所以这个选言推理不是相容的。

② 一篇译文出现错误，或是由原文错误造成的，或是由翻译错误造成的；这篇译文的错误不是由原文错误造成的；所以，这篇译文出现错误是由翻译错误造成的。

③ 在我国资产阶级民主革命彻底完成以后，摆在我国人民面前的，只有两条道路：或者走社会主义道路，或是走资本主义道路。历史证明，资本主义道路是走不通的，也是为广大人民所反对的，所以，我国的惟一出路就是走社会主义道路。

④ 一场战争，胜者或是因其实力强，或是因其指挥无误；该方取胜是因其指挥无误，因为该方取胜不是因其实力强。

⑤ 一种天然纤维，要么是植物纤维，要么是动物纤维，要么是矿物纤维；该天然纤维是矿物纤维；所以该纤维不是植物纤维，也不是动物纤维。

(2)请运用选言推理的有关知识，回答下列问题：

① 有这样的一个推理："p或q或r或s，是p；故不是q，不是r，不是s。"请问：在什么条件下，这个推理是有效的，在什么情况下这个推理是无效的？请各举一例说明之。

②"一份统计报表有错误，或者是计算有错误，或者是数据有错误，或者两者兼而有之。"请问：上述命题是什么选言命题？又问：如果以此为大前提，并加上小前提"这份统计报表是计算有错误"，能否得出必然的结论？为什么？

③ 由"一部电影作品不成功，或者是内容贫乏，或者是表现手法上有缺点"作前提，再加上前提A"某部电影作品内容贫乏"，能否得出"某部电影作品不是表现手法上有缺点"的结论？为什么？

加上前提B"某部电影作品内容上不贫乏"，能否得出"某部作品是表现手法上有缺点”的结论？为什么？

④ 某届金鹰奖的评选结束了。甲电视剧制作公司制作的《黄河儿女》获得最佳故事片奖，乙电视剧制作公司制作的《孙中山》获得最佳编剧奖，丙电视剧制作公司制作的《白求恩》获得最佳表演奖。

授奖大会以后，三位导演聚在一起。甲厂的导演说：真是有趣得很，我们三个人的姓分别是片名第一字，再说，我们每个人的姓同自己所拍的片子的片名的第一个字又不一样。另一个姓孙的导演笑起来说：“真是这样！”

请问：这三部片子的导演各姓什么？

第三节　假言命题及其推理

一、假言命题的逻辑特征

1. 假言命题的定义

假言命题是反映某一事物情况是另一事物情况的条件的命题。正因为如此，所以，假言命题又叫做条件命题。例如：

如果一个人没有正确的世界观，那么他就会在行动上遭受挫折。

只有共产党和社会主义，才能解救中国。

这些命题由于都断定了客观事物之间的条件联系，因而都是假言命题。

假言命题是反映客观事物之间条件关系的命题，它在日常生活、科学研究和公安司法工作中有着广泛的应用。以公安司法人员运用假言命题为例，公安司法人员要想把工作做好，首要的条件应该熟悉法律，而法律规范从结构上来看通常由三部分组成：一是假设，二是处理，三是制裁。假设是法律规范中指出的适用该规范的条件或情况；处理是法律规范中指出的允许做什么、禁止做什么或者要求做什么的部分；制裁是法律规范中规定的违反该规范时，将要承担什么样的法律后果。正因为法律规范在结构方面具有这种特点，所以从逻辑方面来分析，许多法律条款都具有可以整理成假言命题的形式。例如，我国的宪法规定：“任何公民，非经人民检察院批准或者决定或人民法院决定并由公安机关执行，不受逮捕。”这里的“非……不……”是典型的必要条件假言命题的联结词，因此，这一条款也是一个典型的必要条件假言命题。再如，我国的《婚姻法》规定：“夫妻有相互继承遗产的权利。”这个条文可以表述为：“如果夫妻一方死亡，那么他方有继承其遗产的权利。”明确法律条款的逻辑结构，可以帮助我们准确地理解法律条款的精神实质和内容，从而正确地运用法律，恰当地处理公安司法工作中的实际问题。

2. 假言命题的逻辑特征

唯物辩证法告诉我们，客观事物之间是相互联系的，而这种联系又是错综复杂的。其中，有的是事物某一情况的存在必然会引起事物另一情况的存在；有的是事物某一情况的不存在，也会使事物另一情况必然不存在。这些条件联系反映在人的头脑中，就形成了假言命题。假言命题由肢命题和假言联结词所组成。其中，表示条件的肢命题称为假言命题的前件，表示结果的肢命题称为假言命题的后件。把前后件联结起来的部分称为假言联结词，假言联结词通常用"如果……那么……"，"只有……才……"，"当且仅当……才……"等来表示。

普通逻辑仅仅从假言命题前后件之间的条件联系方面来研究假言命题的逻辑性质。它并不研究假言命题的具体内容。因此，对一个假言命题来说，弄清其前后件之间是一种什么样的条件联系，是非常重要的。

假言命题根据其前后件条件联系的不同，可分为三种，即充分条件假言命题、必要条件假言命题和充分必要条件假言命题。

(1)充分条件假言命题。充分条件假言命题是断定事物某一情况是事物另一情况充分条件的假言命题。

充分条件是这样一种条件：如果有 p，必然有 q；而无 p，未必无 q(即可能有 q，也可能无 q)。这样，P 就是 q 的充分条件。例如，"某数能够被 10 整除"对于"某数能够被 5 整除"来说就是一个充分条件。因为当"某数能够被 10 整除"存在时，"某数能够被 5 整除"一定存在。而当"某数能够被 10 整除"不存在时，"某数能够被 5 整除"不一定不存在。

充分条件假言命题所断定的就是事物情况之间的这种充分条件的联系。例如：

如果物体摩擦，那么物体就会生热。

如果违反治安管理条例但情节又特别轻微，那么可以从轻或者免予处罚。

这些都是充分条件假言命题，它们的前件所断定的情况都是后件所断定的情况的充分条件。这种命题如果用一个公式来表示，则为：

如果 p，那么 q。

在这个公式中，"p"表示充分条件假言命题的前件，"q"表示充分条件假言命题的后件。"如果……那么……"是充分条件假言命题的联结词。充分条件假言命题的联结词常用符号"→"来表示。这样，充分条件假言命题也可用下列公式表示：

$$p \to q$$

在现代汉语中，充分条件假言命题的联结词常用“如果……那么……”，“如果……则……”，“只要……就……”，“假使……就……”等来表示。

充分条件假言命题的真假，取决于前件所断定的事物情况是不是后件所断定的事物情况的充分条件。如果前件所断定的事物情况是后件所断定的事物情况的充分条件，那么，这个充分条件假言命题就是真的，否则，就是假的。

所谓前件是后件的充分条件，也就是说，如果前件是真的，那么后件一定是真的；如果前件是假的，那么后件可以是真的，也可以是假的。在这三种情况下假言命题都是真的。只有当前件为真，后件为假时，该充分条件假言命题就假。这是充分条件假言命题最基本的逻辑特性。这种逻辑特性，可以用表 5 - 4 来表示。

表 5 - 4　充分条件假言命题真值表

p	q	p→q
真	真	真
真	假	假
假	真	真
假	假	真

这个真值表表达了充分条件假言命题与它的肢命题之间的真假关系。从表上可以看出只有当前件真、后件假时，充分条件假言命题是假的，在其他三种情况下它都是真的。另外也可以看出，当充分条件假言命题为真并且前件为真时，后件必为真；当充分条件假言命题为真并且后件为假时，前件必为假。明确这些问题，对于我们准确把握充分条件假言命题的逻辑特性是非常重要的。

(2)必要条件假言命题。必要条件假言命题是断定事物某一情况是事物另一情况必要条件的假言命题。

必要条件是这样一种条件：如果没有 p，就必然没有 q；而有了 p，却未必有 q(可以有 q，也可以没有 q)。这样，p 就是 q 的必要条件。“提出问题”是“解决问题”的一个必要条件，但是在“提出问题”的情况下是否一定能够“解决问题”呢？不一定。因此，必要条件实质上是这样一种条件：没有这个条件就必然不能出现某一结果，但是，如果有了这个条件却未必能出现某一结果。

必要条件假言命题所断定的就是事物情况之间的这种必要条件的联系。例如：

只有大力发展生产，才能提供更多的就业机会。

只有刻苦钻研、不畏劳苦的人，才有希望取得丰硕的科研成果。

这些都是必要条件假言命题，它们的前件所断定的情况都是后件所断定的情况的必要条件。这种命题如果用一个公式来表示，则为：

只有 p，才 q。

在这个公式中，"p"表示必要条件假言命题的前件，"q"表示必要条件假言命题的后件，"只有……才……"是必要条件假言命题的联结词。必要条件假言命题的联结词常用符号"←"表示。这样，必要条件假言命题也可用下列公式来表示：

$$p \leftarrow q$$

在现代汉语中，必要条件假言命题的联结词，常用"只有……才……"，"没有……就没有……"，"必须……才……"，"不……就不……"等来表示。

必要条件假言命题的真假，取决于前件所断定的事物情况是不是后件所断定的事物情况的必要条件。如果前件所断定的事物情况是后件所断定的事物情况的必要条件，那么，这个必要条件假言命题就是真的，否则，就是假的。

所谓前件是后件的必要条件，也就是说，如果前件是假的，那么后件一定也是假的；如果前件是真的，那么后件可以是真的，也可以是假的。在这三种情况下必要条件假言命题都是真的。只有当前件为假，后件为真时，该必要条件假言命题就假。这是必要条件假言命题最基本的逻辑特性，这种逻辑特性可以用表 5－5 来表示。

表 5－5　必要条件假言命题真值表

p	q	p ← q
真	真	真
真	假	真
假	真	假
假	假	真

这个真值表全面地表达了必要条件假言命题与它的肢命题之间的真假关

系。从表上可以看出，一个必要条件假言命题，只有当前件假而后件真时，该必要条件假言命题是假的；在其他三种情况下它都是真的。另外也可以看出，当必要条件假言命题为真并且前件为假时，该必要条件假言命题的后件必为假；当必要条件假言命题为真并且后件为真时，该必要条件假言命题的前件必为真。

(3)充分必要条件假言命题

充分必要条件(可简称为充要条件)假言命题是断定事物某一情况是事物另一情况的充分而又必要条件的假言命题。

充分必要条件是这样一种条件：如果有p，必然有q；如果没有p，必然没有q。这样，p就是q的充分必要条件，即p这一事物情况的存在，对于q这一事物情况的存在来说，不仅是充分的，而且也是必要的。例如：

当且仅当一个数能被2整除，则这个数是偶数。

这个命题就是充分必要条件假言命题。“一个数能被2整除”，对于“这个数是偶数”来说是充分条件，同时也是必要条件。即一个数能被2整除，则这个数是偶数；一个数不能被2整除，那么这个数就不是偶数。

充分必要条件假言命题如果用一个公式来表示，则为：

p当且仅当q(或表示为：当且仅当p，则q)

在这个公式中，“p”表示充分必要条件假言命题的前件，“q”表示充分必要条件假言命题的后件，“当且仅当……则……”是充分必要条件假言命题的联结词。充分必要条件假言命题的联结词常用符号“↔”来表示，这样，充分必要条件假言命题也可用下列公式来表示：

$$p \leftrightarrow q$$

在现代汉语中，充分必要条件假言命题的逻辑联结词通常也可用下列连词表示：“如果……那么……，并且只有……才……”，“如果……那么……并且如果不……那么不……”，“如果……并且只有……就(才)……”，等等。

充分必要条件假言命题的真假，取决于前件所断定的事物情况是不是后件所断定的事物情况的充分必要条件。如果一个充分必要条件假言命题的前件所断定的事物情况，是后件所断定的事物情况的充分必要条件，那么，该充分必要条件假言命题就是真的，否则，就是假的。

一个逻辑上为真的充分必要条件假言命题，它的前件与后件具有同真、同假的逻辑特性。就是说，如果前件真，后件必真；如果前件假，后件必假。反之，如果后件真，前件必真；如果后件假，前件必假。正因为充分必要条件假言命题具有这种逻辑特性，所以又把它叫做等值命题。

充分必要条件假言命题的逻辑值与前、后件的逻辑值之间的关系，可用表5－6来表示。

表5－6　充分必要条件假言命题真值表

p	q	p↔q
真	真	真
真	假	假
假	真	假
假	假	真

从表上可以看出，一个充分必要条件假言命题，只有当其前后件具有逻辑上的等值关系，即同真、同假时，该命题才是真的；反之，如果前后件不具有这种逻辑上的等值关系，则该命题便是假的。这是充分必要条件假言命题最基本的逻辑特性。也是我们判别一个假言命题是不是充分必要条件假言命题的基本标志。

练　习

(1)指出下列假言命题的种类，并写出其逻辑形式。

① 种瓜得瓜。

② 除非是到了秋天，你才能看到满身金黄的银杏树。

③ 不去张家界，不知张家界的风景是如此之美。

④ 你认为有必要的话，我就一定设法去办。

⑤ 如果年龄不满六岁，就不能入学。

⑥ 如果沿直线外一点作已知直线的平行线，能且只能作一条。

⑦ 当且仅当生产力发展到一定程度，阶级才会消亡。

⑧ 机会青睐有准备的头脑。

⑨ 没有认识上的一致，就没有行动上的一致。

⑩ 唇亡齿寒。

二、假言三段论

假言三段论是根据假言命题前后件之间的条件关系进行的推理。一个假言三段论，其大前提是一个假言命题，而小前提和结论均为直言命题。假言命题有三种不同类型，所以，假言三段论也有三种。

1. 充分条件假言三段论

充分条件假言三段论是以充分条件假言命题为大前提的假言三段论。根据充分条件假言命题的逻辑特性，“有 p 必有 q”，因而肯定前件就能肯定后件；在充分条件假言命题中，后件是前件的必要条件，“没有 q 就没有 p”，因而否定后件就能否定前件。其推理形式有两种：

(1)肯定前件式。例如：

如果一个人对英语不感兴趣，那么他就学不好英语。

王前对英语不感兴趣，

所以，王前学不好英语。

其逻辑形式为：

$$\frac{\begin{array}{c}p\rightarrow q\\ p\end{array}}{\therefore\ q}$$

(2)否定后件式。例如：

要别人真诚地待你，你首先必须真诚地待人。

你首先没有真诚地待人，

所以，别人不能真诚地待你。

其逻辑形式为：

$$\frac{\begin{array}{c}p\rightarrow q\\ \overline{q}\end{array}}{\therefore\ \overline{p}}$$

充分条件假言三段论的规则是：

① 肯定前件就要肯定后件，而否定前件却不能否定后件；

② 否定后件就要否定前件，而肯定后件却不能肯定前件。

2. 必要条件假言三段论

必要条件假言三段论是以必要条件假言命题为大前提的假言三段论。这种推理，或者是小前提否定前件，结论否定后件；或者是小前提肯定后件，结论肯定前件。其推理形式有两种：

(1)否定前件式。例如：

只有加强思想政治工作，才能调动职工的生产积极性。

某厂放松了思想政治工作，

所以，某厂不能调动职工的生产积极性。

其逻辑形式为：

$$\frac{p \leftarrow q \quad \bar{p}}{\therefore \ \bar{q}}$$

(2)肯定后件式。例如：

只有具有不畏艰险的精神，方能登上珠峰。

他登上了珠峰，

所以，他具有不畏艰险的精神。

其逻辑形式为：

$$\frac{p \leftarrow q \quad q}{\therefore p}$$

必要条件假言三段论的规则是：

① 否定前件就要否定后件，而肯定前件却不能肯定后件；

② 肯定后件就要肯定前件，而否定后件却不能否定前件。

3. 充分必要条件假言三段论

充分必要条件假言三段论是以充分必要条件假言命题为大前提的假言三段论。它有四种推理形式：

(1)肯定前件式。例如：

当且仅当三角形的三个角相等，则它的三条边相等。

这个三角形的三个角相等，

所以，这个三角形的三条边相等。

其逻辑形式为：

$$\frac{p \leftrightarrow q \quad p}{\therefore \ q}$$

(2)否定前件式。例如：

当且仅当三角形的三个角相等，则它的三条边相等。

这个三角形的三个角不相等，

所以，这个三角形的三条边不相等。

其逻辑形式为：

$$\frac{p \leftrightarrow q \quad \bar{p}}{\therefore \ \bar{q}}$$

(3)肯定后件式。例如：

当且仅当三角形的三个角相等，它的三条边才相等。

这个三角形的三条边相等，

所以，这个三角形的三个角相等。

其逻辑形式为：

$$\frac{p \leftrightarrow q \quad q}{\therefore \ p}$$

(4)否定后件式。例如：

当且仅当三角形的三个角相等，它的三条边才相等。

这个三角形的三条边不相等，

所以，这个三角形的三个角不相等。

其逻辑形式为：

$$\frac{p \leftrightarrow q \quad \bar{q}}{\therefore \ \bar{p}}$$

充分必要条件假言三段论的规则是：

① 肯定前件就要肯定后件，否定前件就要否定后件；

② 肯定后件就要肯定前件，否定后件就要否定前件。

练 习

(1)下列假言推理各是哪种假言推理？为什么？并写出该假言推理的逻辑形式。

① 只有不畏艰难险阻的人，才能攀登科学技术高峰；他是一个很容易被困难吓倒的人；所以他不能攀登科学技术高峰。

② 如果大家齐心协力，那么我们的企业就有希望；看来大家都心齐协力；所以我们的企业是有希望的。

③ 只有热爱教育事业的人，才能成为一个称职的老师；王教师是一个称职的老师；所以他是热爱教育事业的人。

④ 假如没有科学技术的高度发展，就不可能有生产力的迅速提高；我们要有生产力的迅速提高；因此，我们必须有科学技术的高度发展。

⑤ 当且仅当两条直线是平行的，那么它们不相交；这两条直线是不平行的；所以它们一定会相交。

(2)下列假言推理省略了哪一部分？请把它补出来。

① 我们必须同形式主义作斗争，因为只有同形式主义作斗争，我们的工作才能脚踏实地地开展。

② 既然不可知论者不承认世界是可知的，可见，不可知论者不是辩证唯物主义者。

③ 谁都知道，必须抓住主要矛盾，才能确定工作的中心，可他现在连主要矛盾都还没有抓住呢！

④ 因为我国要建设高度发展的社会主义物质文明，所以，我们必须建设高度发展的社会主义精神文明。

(3)下列推理是否是正确的假言推理？为什么？

① 如果降落的物体不受外力影响，它就不会改变降落的方向。某物体并没有改变降落的方向；可见这个物体没有受外力影响。

② 只有坚持实事求是的原则，才能避免犯主观主义的错误；这个人处理问题很主观；可见他没有坚持实事求是的原则。

③ 只有坚持教育以人为本的理念，才能培养出社会真正需要的人才；我们的教育理念正在向以人为本转变，所以我们将会培养出社会真正需要的人才。

④ 如果我们接受了他的援助，那么我们就一定能渡过难关；但我们没有接受他的援助；所以我们肯定不能渡过难关。

⑤ 如果认为经济发展了，生活改善了，就会自然而然地形成高度的精神文明，那么，今天某些发达的资本主义国家就应当是具有高度的精神文明的国家了。而事实是，在那些国家的精神领域里都存在大量腐朽、没落、颓废的东西。所以精神文明的自发论是根本站不住脚的。

⑥ 在公共汽车上，一个几岁的男孩指着公共汽车外的一辆豪华小汽车对身旁的妈妈说："真漂亮！"接着，母子之间有下面一段对话：

"妈妈，咱们干嘛不坐这样的小汽车？"

"等你长大了好好念书。只有念书念得好，才能坐这样的小汽车。"

"妈妈，你一定没好好学习。"

"哄"的一声，车上的人都笑了。

请问：这段对话中包含着一个什么样的推理？这个推理是否正确？为什么？

(4)下列推理属何种推理？请列出它们的推理形式，并说明是否有效？为什么？

① 如果热带风暴到来，就会带来大量的降雨。所以，如果没有大量的降雨，就是热带风暴没有到来。

② 只有认识到错误，才能改变错误，所以，如果没有改变错误，就是还没有认识到错误。

③ 只有实行市场经济体制，才能把我国的经济搞活；只有把我国的经济搞活，才能加快现代化建设的速度；所以，如果要加快现代化建设的速度，就要实行市场经济体制。

④ 如果要顺利进行现代化建设，就要不断克服有碍现代化建设的消极因素；如果要不断克服有碍现代化建设的消极因素，就要健全我国的法制；所以，如果健全了我国的法制，现代化建设就能胜利进行。

⑤ 如果不经常锻炼身体，那么身体就不会健康；如果身体不健康，那么就会影响工作；所以，如果经常锻炼身体，就不会影响工作。

三、假言变形推理

假言变形推理是以一个假言命题作前提，根据假言命题的逻辑特性而得出一个新的假言命题作结论的假言推理。

1. 假言易位推理

假言易位推理是通过变换假言命题前后件的位置，进而推出一个新的假言命题的推理。

由三种假言命题的逻辑性质决定，假言易位推理也有三种形式。

(1)充分条件假言易位推理。它是通过变换充分条件假言命题前后件的位置，推出一个新的必要条件假言命题的推理。例如：

如果物体摩擦，那么物体就会生热。

所以，只有物体生热，才意味着物体摩擦了。

其公式为：

如果p，那么q，

所以，只有q，才p。

写成命题逻辑表达式就是：

$$(p \rightarrow q) \rightarrow (q \leftarrow p)$$

(2)必要条件假言易位推理。它的前提是必要条件假言命题，结论是将前提的前后件易位的充分条件假言命题。例如：

只有建设社会主义新农村，才能根除农村的贫困落后。

所以，如果要根除农村贫困落后，就要建设社会主义新农村。

其公式为：

只有p，才q，

所以，如果q，那么p。

写成命题逻辑表达式就是：

$$(p \leftarrow q) \rightarrow (q \rightarrow p)$$

(3)充分必要条件假言易位推理。它是通过直接变换充分必要条件假言命题前后件的位置，推出一个新的充分必要条件假言命题的推理。例如：

当且仅当超声波能顺利通过，则金属结构完好。

所以，当且仅当金属结构完好，则超声波能顺利通过。

其公式为：

当且仅当p，则q，

所以，当且仅当q，则p。

写成命题逻辑表达式就是：

$$(p \leftrightarrow q) \rightarrow (q \leftrightarrow p)$$

这种推理还有另外一种形式，即：

$$(p \leftrightarrow q) \rightarrow (\overline{q} \leftrightarrow \overline{p})$$

2. 假言换质推理

假言换质推理是通过改变前提中前、后件的真值而得出结论的假言变形推理。它也有三种逻辑形式：

(1)充分条件假言换质推理。其有效形式为：

$$(p \rightarrow q) \rightarrow (\overline{p} \leftarrow \overline{q})$$

例如：

如果阳光充足，那么植物就会长得好；

因此，只有阳光不充足，植物才会长得不好。

(2)必要条件假言换质推理。其有效形式为：

$$(p \leftarrow q) \rightarrow (\bar{p} \rightarrow \bar{q})$$

例如：

只有持之以恒的人，才能获得成功；

所以，如果某人不能持之以恒，那么他就不会获得成功。

(3)充分必要条件假言换质推理。其有效形式为：

$$(p \leftrightarrow q) \rightarrow (\bar{p} \leftrightarrow \bar{q})$$

此外，假言变形推理还可以既易位又换质。如以下推理形式都是有效的，读者可以自己以实际的事例代入思考：

$$(p \rightarrow q) \rightarrow (\bar{q} \rightarrow \bar{p})$$

$$(p \leftarrow q) \rightarrow (\bar{q} \leftarrow \bar{p})$$

$$(p \leftrightarrow q) \rightarrow (\bar{q} \leftrightarrow \bar{p})$$

练 习

请写出下列假言命题的易位、换质和易位换质命题。

① 除非是到了秋天，你才能看到满身金黄的银杏树。

② 不去张家界，不知张家界的风景是如此之美。

③ 你认为有必要的话，我就一定设法去办。

④ 如果年龄不满六岁，就不能入学。

⑤ 如果沿直线外一点作已知直线的平行线，能且只能作一条。

⑥ 当且仅当生产力发展到一定程度，阶级才会消亡。

⑦ 没有认识上的一致，就没有行动上的一致。

⑧ 如果一个作家要想自己的作品得到大家的喜爱，就必须反映现实生活。

四、反三段论

反三段论也是复合命题推理的一种。它的特点是：大前提是几个条件联合为前件构成的一个充分条件假言命题，小前提断定上述条件之一为真而后件为假，结论断定上述其他条件必假。例如：

如果一个学生刻苦学习并且学习方法正确，那么他的学习成绩就不会很差。

某同学刻苦学习，但学习成绩却很差。

所以，某同学的学习方法不正确。

其公式是：

如果(p 并且 q)，那么 r;
p 并且非 r;
所以，非 q。

写成命题逻辑表达式就是：

$$((p\wedge q)\rightarrow r)\wedge(p\wedge\overline{r}))\rightarrow\overline{q}$$

练　习

写出下列推理过程的逻辑形式：

① 如果一个人对人真诚，性格开朗，且懂得与人交往之道，那么他就会有许多朋友。小王对人真诚，性格也开朗，但好朋友却不多。所以，小王在与人交往的方式和方法上有些欠缺。

② 如果市政府有减轻企业负担的愿望，又拿出了实际行动，那么一定会受到企业欢迎的；因此，如果市政府有减轻企业负担的愿望，但企业并不欢迎，那么市政府还没有拿出实际行动来。

③如果阳光充足，水分充足，养料充足，那么庄稼就会长得好；这块田的阳光和水分都很充足，但庄稼却长得不好，所以这块地的养料不充足。

五、二难推理

1. 二难推理的定义

二难推理是假言选言推理的一种。所谓假言选言推理就是由几个并列的充分条件假言命题和一个选言肢数量与之相等的选言命题为前提所构成的演绎推理。若假言前提仅有两个，则这种假言选言推理就是二难推理。在辩论中，人们经常运用这种推理形式。辩论的一方常常提出具有两种可能的大前提，对方不论肯定或否定其中的哪一种可能，结果都会陷入进退两难的境地。二难推理之所以叫做“二难”推理，也就是这个缘故。

根据推出的结论是直言命题还是选言命题，二难推理可分为简单式和复杂式两种；根据前提中选言命题是肯定假言前提的前件还是否定其后件，二难推理又可分为构成式和破坏式两种。这样，二难推理就有四种基本形式。

2. 二难推理的基本形式

（1）简单构成式。这种推理是选言前提的各个选言肢分别肯定两个充分条件假言命题的前件，结论肯定其相同的后件，并且结论为一直言命题的推理形式。例如：

如果你是共产党员，你就应该努力工作；
如果你不是共产党员，你也应该努力工作；
你或者是共产党员，或者不是共产党员；

所以，你都应该努力工作。

其公式为：

如果 p，则 r；如果 q，则 r；
或者 p，或者 q；

所以，r。

写成命题逻辑表达式就是：

$$((p \to r) \land (q \to r) \land (p \lor q)) \to r$$

（2）简单破坏式。这种推理是选言前提的各个选言肢分别否定两个不同的充分条件假言命题的后件，结论否定其相同的前件，并且结论为一个与这个前件相矛盾的命题的推理形式。例如：

如果要每个员工都热爱这个集体，就应该改善他们的待遇；
如果要每个员工都热爱这个集体，就应该公平、公正地对待大家；
该集体的领导或者没有改善员工的待遇，或者没有公平、公正地对待大家；

所以，该集体的员工不热爱这个集体。

其公式为：

如果 P，则 q；如果 P，则 r；
非 q，或者非 r；

所以，非 P。

写成命题逻辑表达式就是：

$$((p \to q) \land (p \to r) \land (\overline{r} \lor \overline{q})) \to \overline{p}$$

（3）复杂构成式。这种推理是选言前提的各个选言肢分别肯定充分条件假言前提的前件，结论肯定其后件，并且结论为一个选言命题的推理形式。

例如：

如果是合法收入，那么你就应该心安理得的接受；
如果是非法收入，那么你就是一丝一毫也不应该占有；
或者是合法的收入，或者是不合法的收入；
————————————————————
所以，你或者应该心安理得的接受，或者是一丝一毫也不应该占有。

其公式是：

如果 p，则 r；如果 q，则 s；
或者 p，或者 q；
————————————
所以，或者 r，或者 s。

写成命题逻辑表达式就是：

$$((p \to r) \land (q \to s) \land (p \lor q)) \to (r \lor s)$$

(4)复杂破坏式。这种推理是选言前提的各个选言肢分别否定充分条件假言前提的后件，结论否定其前件，并且结论为一个选言命题的推理形式。例如：

如果有胆量，就不会被困难吓倒；
如果有智慧，就会想办法去解决困难；
他或者会被困难吓到，或者不会想办法去解决困难；
————————————————————
所以，他或者缺乏胆量，或者缺乏智慧。

其公式是：

如果 p，则 r；如果 q，则 s；
非 r，或者非 s，
————————————
所以，非 p，或者非 q。

写成命题逻辑表达式就是：

$$((p \to r) \land (q \to s) \land (\bar{r} \lor \bar{s})) \to (\bar{p} \lor \bar{q})$$

由上可知，二难推理是假言推理和选言推理的综合运用。因此，为保证其有效性，就必须同时遵守假言推理和选言推理的规则。具体来说，二难推理应当遵守下列规则：

①若选言前提肯定假言前提的前件，则结论要肯定其后件；若选言前提否定假言前提的后件，则结论要否定其前件。

②若选言前提否定假言前提的前件，则不能得出否定后件的结论；若选言前提肯定假言前提的后件，则不能得出肯定前件的结论。

在实际思维中，要注意识别前提不真实或形式不正确的二难推理，以便对错误的二难推理加以驳斥。

3. 破斥错误的二难推理的基本方法

所谓“破斥”就是揭露二难推理中所存在的错误。破斥的方法主要有：

(1)若一个二难推理的形式不正确，只需指出它违反了二难推理的规则，则可达到破斥之目的。例如：

如果这里山清水秀，那么此地是一个好地方；
如果这里的民风淳朴，那么这里是一个好地方；
这里或者不是山清水秀，或者不是民风淳朴；
———————————————
所以，这里不是好地方。

对此，只要指出它违反了“若选言前提否定假言前提的前件，则不能得出否定其后件的结论”这一规则就行了。

(2)若前提不真实，则只需根据事实指出前提虚假就可以了。

①指出选言前提不真实。例如：

如果食物太甜，那么口感就不好；
如果食物太咸，那么口感也不会好；
食物或者太甜或者太咸；
———————————————
所以，口感都不会太好。

对此，只要指出选言前提遗漏了选言肢“食物既不太甜又不太咸”的情况。

②指出假言前提不真实。例如：

如果你是个愚蠢人，你就不要学习，因为你学也学不会；
如果你是个聪明人，你也不要学习，因为聪明人不学也会。
你或者是个愚蠢的人，或者是个聪明的人；
———————————————
所以，你都不需要学习。

对此，只需指出两个假言前提前后件之间没有条件关系(即必然的逻辑联系)就可以了。

(3)在日常交往中，通常可以通过构造一个与原二难推理相反的二难推理，从中推出一个与原二难推理的结论相矛盾的结论，以达到破斥的目的。例如：

如果说真话，那么领导不喜欢；
如果说假话，那么群众不喜欢。
或者你说真话，或者你说假话；
———————————————
所以，总之没有人喜欢你。

对上例二难推理，可以构造一个如下的二难推理来加以破斥：

如果说真话，那么群众就会喜欢我；
如果说假话，领导就会喜欢我。
或者我说真话，或者我说假话；
―――――――――――――――
总之，总有人喜欢我。

构造相反的二难推理，一般是针对假言前提虚假的二难推理的。因此，它实际上是驳斥原推理假言前提虚假的一种特殊方法。

练习

指出下列推理是什么形式的二难推理？并写出逻辑形式。

① 如果有意犯罪，就要受到法律制裁；如果过失犯罪，也要受到法律制裁；某人或者有意犯罪，或者过失犯罪，总之，某人会受到法律制裁。

② 如果一个推理是正确的推理，那么这个推理的前提是真实的；如果一个推理是正确的推理，那么它的形式结构是正确的；或者这个推理的前提不是真实的，或者这个推理的形式结构是不正确的；所以，这个推理不是正确的推理。

③ 如果一个人自觉地散布谣言，那么，他就是小人；如果一个人不自觉地去散布谣言，那么，他就是愚人；某人或者自觉地或者不自觉地散布谣言；所以，他或者是小人，或者是愚人。

④ 如果这是一部好的影视作品，那么它思想性一定好；如果这是一部好的影视作品，那么它的艺术性一定高；而这部作品或者思想性不好，或者艺术性不高；所以，这不是一部好的影视作品。

⑤ 如果承认矛可以戳穿盾，这说明盾没有他所夸的那么好；如果承认矛戳不穿盾，这就说明矛并没有像他所说的那么好；或者矛可以戳穿盾，或者矛戳不穿盾；可见，或者他的盾不好，或者他的矛不好。

⑥ 如果上帝能创造一块连他自己都举不起来的石头，那么上帝就不是全能的(因为有一块石头他举不起来)；如果上帝不能创造一块连他自己也举不起的石头，那么上帝也不是全能的(因为有一块石头他创造不出来)；或者上帝能创造，或者不能创造；总之，他不是全能的。

⑦ 如果上帝是全能的，他就能够消除罪恶；如果上帝是全善的，他就愿意消除罪恶。上帝或者没能消除罪恶，或者不愿消除罪恶，所以上帝或者不是全能的，或者不是全善的。

第四节　负命题及其推理

一、什么是负命题

1. 负命题的定义

反映某一事物情况的命题，我们可以肯定它，也可以否定它。例如，对于“所有的人都是自私的”这一命题，我们可以肯定它，即断定这一命题为真；当我们否定这一命题时，我们就说“并非所有的人都是自私的”，或者“不是所有的人都是自私的”。

负命题就是否定某个命题所形成的命题。例如，“并非所有的人都是自私的”，就是否定“所有的人都是自私的”这个命题后所形成的负命题。

在现代汉语中，负命题往往表现为下列语言形式：“并非 p”、“并不 p”、“不是 p”、“非 p”、“p 是假的”等。

负命题的逻辑形式在本书中写作“$\overline{p}$”。读作“非 p”或“并非 p”。“$\overline{p}$”是一种复合命题，它是对原命题 p 的否定，又由于它只包含一个命题变项，因此，从复合命题的角度考虑，这是一种特殊情况。

2. 负命题的逻辑特征

“$\overline{p}$”的真假决定于“p”的真假。如果“p”是真的，那么“$\overline{p}$”就是假的；如果“p”是假的，那么“$\overline{p}$”就是真的。负命题的真假情况可用表5－7来表示。

表 5－7　负命题真值表

p	$\overline{p}$
真	假
假	真

负命题与原命题的真假关系，是矛盾关系。

二、负性质命题及其等值推理

1. 负性质命题的定义

什么是负性质命题？负性质命题是否定一个性质命题所构成的负命题。

例如：

(1)并非所有发光的东西都是黄金。

(2)不是一切词都不是虚词。

上例(1)、(2)都是负性质命题。例(1)是通过否定一个全称肯定命题所构成的负性质命题，例(2)是通过否定一个全称否定命题所构成的负性质命题。负性质命题有如下 6 种形式：

并非这个 S 是 P，即$\overline{SaP}$；

并非这个 S 不是 P，即$\overline{SeP}$；

并非所有 S 是 P，即$\overline{SAP}$；

并非所有 S 不是 P，即 $\overline{SEP}$；

并非有些 S 是 P，即$\overline{SIP}$；

并非有些 S 不是 P，即 $\overline{SOP}$；

2. 负性质命题的等值命题

前面我们讲过六种性质命题，对于这六种性质命题，我们可以分别地加以否定，这样就相应地得出六种负命题。我们知道“所有 S 都是 P”的负命题是“并非所有 S 都是 P”，这两者之间是矛盾关系；根据对当关系，我们又知道“所有 S 都是 P”与“有的 S 不是 P”之间的真假关系也是矛盾关系。由此可知“并非所有 S 都是 P”与“有的 S 不是 P”是等值的。同理，我们可得出下面六种等值关系：

(1)“并非这个 S 是 P”等值于“这个 S 不是 P”。

(2)“并非这个 S 不是 P”等值于“这个 S 是 P”。

(3)“并非所有 S 都是 P”等值于“有的 S 不是 P”，即：$\overline{SAP} \leftrightarrow SOP$

(4)“并非所有 S 都不是 P”等值于“有的 S 是 P”，即：$\overline{SEP} \leftrightarrow SIP$

(5)“并非有的 S 是 P”等值于“所有 S 都不是 P”，即：$\overline{SIP} \leftrightarrow SEP$

(6)“并非有的 S 不是 P”等值于“所有 S 都是 P”，即：$\overline{SOP} \leftrightarrow SAP$

例如：

(1)“并非黑格尔是一个政治家”等值于“黑格尔不是一个政治家”。

(2)“并非苏格拉底不是一个哲学家”等值于“苏格拉底是一个哲学家”。

(3)“并非所有乌鸦都是黑的”等值于“有的乌鸦不是黑的”。

(4)“并非所有学生的知识面都不比老师广”等值于“有的学生的知识面比老师广”。

(5)“并非有的真理是终极真理”等值于“所有的真理都不是终极真理”。

(6)“并非有人可以不通过努力工作而获得成功”等值于“所有人都是通过努力工作而获得成功的”。

我们应该注意的是：SAP 的负命题等值于 SOP，而不是 SEP；SIP 的负命题等值于 SEP，而不是 SOP。

3. 负性质命题的等值推理

负性质命题的等值推理是以负性质命题与等值命题的等值关系进行的推理。例如：

(1) 并非所有的人都是有信仰的，
所以，有些人没有信仰。

(2) 并非所有的树木都不是常青的，
所以，有些树木是常青的。

(3) 并非有些人是可以飞的，
所以，所有的人都是不可以飞的。

(4) 并非有些人是没有情感的，
所以，所有的人都是有情感的。

负性质命题的等值推理主要有如下几种形式：

$$\overline{SAP} \rightarrow SOP$$

$$\overline{SEP} \rightarrow SIP$$

$$\overline{SIP} \rightarrow SEP$$

$$\overline{SOP} \rightarrow SAP$$

练 习

给出与下列命题的负命题相等值的命题。

(1) 所有同学的期末考试成绩都及格了。

(2) 所有的牛羊都不是食肉的动物。

(3) 有些人对现代流行音乐很感兴趣。

(4) 有些人对民族音乐不感兴趣。

三、负复合命题的逻辑特征和等值推理

1. 负复合命题及其逻辑特征

负复合命题就是肢命题是复合命题的负命题。它包括负联言命题，负相容选言命题，负不相容选言命题，负充分条件假言命题，负必要条件假言命题，负充要条件假言命题。

(1)负联言命题的逻辑特征。负联言命题是肢命题为联言命题的负命题，逻辑形式为：$\overline{p \wedge q}$。从下表中可看出其逻辑特征为：只要有一联言肢假，负联言命题就真。

表 5－8　负联言命题真值表

p	q	$\overline{p}$	$\overline{q}$	$p \wedge q$	$\overline{p \wedge q}$
+	+	−	−	+	−
+	−	−	+	−	+
−	+	+	−	−	+
−	−	+	+	−	+

(2) 负相容选言命题的逻辑特征。负相容选言命题是肢命题为相容选言命题的负命题。负相容选言命题的逻辑形式为：$\overline{p \vee q}$，从下表中可看出其逻辑特征为：如果两个肢命题都假，负选言命题就真。

表 5－9　负相容选言命题真值表

p	q	$\overline{p}$	$\overline{q}$	$p \vee q$	$\overline{p \vee q}$
+	+	−	−	+	−
+	−	−	+	+	−
−	+	+	−	+	−
−	−	+	+	−	+

(3) 负不相容选言命题的逻辑特征。负不相容选言命题是肢命题为不相容选言命题的负命题。负不相容选言命题的逻辑形式为：$\overline{(p \dot{\vee} q)}$。从下表中

可看出其逻辑特征为：如果两个肢命题同真或同假时，负不相容选言命题就真。

表 5－10 负不相容选言命题真值表

p	q	$\bar{p}$	$\bar{q}$	$p\dot{\vee}q$	$p\wedge q$	$\bar{p}\wedge\bar{q}$	$\overline{(p\dot{\vee}q)}$
+	+	−	−	−	+	−	+
+	−	−	+	+	−	−	−
−	+	+	−	+	−	−	−
−	−	+	+	−	−	+	+

（4）负充分条件假言命题的逻辑特征。负充分条件假言命题是肢命题为充分条件假言命题的负命题。负充分条件假言命题的逻辑形式为：$\overline{(p\rightarrow q)}$。从下表中可看出其逻辑特征为：如果前件为真后件为假时，负充分条件假言命题就真。

表 5－11 负充分条件假言命题真值表

p	q	$\bar{p}$	$\bar{q}$	$p\rightarrow q$	$\overline{(p\rightarrow q)}$
+	+	−	−	+	−
+	−	−	+	−	+
−	+	+	−	+	−
−	−	+	+	+	−

（5）负必要条件假言命题的逻辑特征。肢命题为必要条件假言命题的负命题。负必要条件假言命题的逻辑形式为：$\overline{(p\leftarrow q)}$。从下表中可看出其逻辑特征为：如果前件为假后件为真时，负必要条件假言命题就真。

表 5－12 负必要条件假言命题真值表

p	q	$\bar{p}$	$\bar{q}$	$p\leftarrow q$	$\overline{(p\leftarrow q)}$
+	+	−	−	+	−
+	−	−	+	+	−
−	+	+	−	−	+
−	−	+	+	+	−

(6) 负充要条件假言命题的逻辑特征。肢命题为充要条件假言命题的负命题。负充要条件假言命题的逻辑形式为：$(\overline{p\leftrightarrow q})$。从下表中可看出其逻辑特征为：如果前件和后件的真假不一致时，负充分必要条件假言命题就真。

5－13　负充要条件假言命题真值表

p	q	$\overline{p}$	$\overline{q}$	$p\leftrightarrow q$	$(\overline{p\leftrightarrow q})$
+	+	−	−	+	−
+	−	−	+	−	+
−	+	+	−	−	+
−	−	+	+	+	−

2. 负复合命题的等值命题

负复合命题都有至少一个等值命题，这里仅讨论最基本的等值命题。

(1)负联言命题的等值命题。由于联言命题的肢命题只要有一个是假的，整个联言命题就是假的，因此，联言命题的负命题等值于一个相应的选言命题，即：

$$\overline{p\wedge q}\leftrightarrow \overline{p}\vee \overline{q}$$

例如，“并非他既聪明又勇敢”等值于“或者他不聪明，或者他不勇敢”。

(2)负相容选言命题的等值命题。由于相容选言命题只要其肢命题都假，整个命题就是假的，因此，与相容选言命题的负命题等值的命题只能是一个联言命题，即：

$$\overline{p\vee q}\leftrightarrow \overline{p}\wedge \overline{q}$$

例如，“并非或者王铃去北京或者程明去北京”等值于“王玲不去北京并且程明也不去北京”。

(3)负不相容选言命题的等值命题。由于不相容选言命题只要选言肢同真或同假，它就是假的，因此，不相容选言命题的负命题的等值命题是：

$$\overline{p\dot{\vee} q}\leftrightarrow (p\wedge q)\vee(\overline{p}\wedge \overline{q})$$

例如，“并非要么王铃去北京要么程明去北京”等值于“或者王铃去北京并且程明去北京，或者既不是王铃去北京也不是程明去北京”。

(4)负充分条件假言命题的等值命题。由于一个充分条件的假言命题当其前件真而后件假时，该命题是假的，在其余情况下，它都是真的。因此，一个充分条件假言命题的负命题等值于一个相应的联言命题，即：

$$\overline{p \to q} \leftrightarrow p \land \overline{q}$$

例如，“并非如果你努力学习，那么你就可以获得第一名”等值于“虽然你努力学习，但你没有获得第一名”。

（5）负必要条件假言命题的等值命题。由于一个必要条件假言命题只有当其前件假而后件真时，该命题是假的，因此，一个必要条件假言命题的负命题的等值命题应是：

$$\overline{p \leftarrow q} \leftrightarrow \overline{p} \land q$$

例如，“并非只有学习好的孩子才是聪明的孩子”等值于“学习不好的孩子也会是聪明的孩子”。

（6）负充分必要条件假言命题的等值命题。充分必要条件假言命题当且仅当前件真后件假，或前件假后件真时，该命题是假的，所以一个充分必要条件假言命题的负命题的等值命题为一个相应的选言命题或联言命题，即：

$$\overline{p \leftrightarrow q} \leftrightarrow (p \land \overline{q}) \lor (\overline{p} \land q)$$

例如，“并非当且仅当甲输了，则乙队能获得冠军”等值于“或者甲队输了而乙队没能获得冠军，或者甲队没输而乙队却获得了冠军”。

3. 负复合命题的等值推理

负复合命题等值推理就是根据负复合命题以及它的等值命题之间的逻辑关系所进行的推理。在负复合命题等值推理中，前提为负命题，结论为该负命题的等值命题。例如：

并非张老师既教物理又教化学；

所以，张老师或者不教物理，或者不教化学。

这是个负复合命题等值推理。

根据前面讲到的负复合命题的种类以及它们的等值关系，负复合命题的等值推理主要有六种，其推理形式如下：

（1） 并非（p 且 q），

所以，或者非 p，或者非 q。

其有效形式为： $\overline{p \land q} \to (\overline{p} \lor \overline{q})$

（2） 并非（p 或者 q），

所以，非 p 并且非 q。

其有效形式为：　$\overline{p \vee q} \rightarrow (\bar{p} \wedge \bar{q})$

(3)　并非（要么p，要么q），

所以，(p并且q)或者(非p并且非q)。

其有效形式为：　$\overline{p \dot{\vee} q} \rightarrow (p \wedge q) \vee (\bar{p} \wedge \bar{q})$

(4)　并非（如果p，那么q），

所以，p并且非q。

其有效形式为：　$\overline{(p \rightarrow q)} \rightarrow (p \wedge \bar{q})$

(5)　并非（只有p，则q），

所以，非p并且q。

其有效形式为：　$\overline{(p \leftarrow q)} \rightarrow (\bar{p} \wedge q)$

(6)　并非（当且仅当p，则q），

所以，(p并且非q，)或者(非p并且q)。

其有效形式为：　$\overline{(p \leftrightarrow q)} \rightarrow (p \wedge \bar{q}) \vee (\bar{p} \wedge q)$

上述推理的实例请读者自举。

需要说明的是，负命题等值推理是依据负命题及其等值命题的逻辑关系进行的推理，但它与负命题及其等值命题是有区别的。前者是一种推理关系，后者是一种命题之间的等值关系。

练　习

请指出下列推理是哪种负命题推理，并写出其逻辑形式。

(1)并非马儿不跑并且马儿不吃草，所以，马儿跑或者马儿要吃草。

(2)并非小张既懂英语又懂俄语。所以，小张或者不懂英语或者不懂俄语。

(3)并非黄鹏或者去深圳工作，或者去北京工作。所以，黄鹏既不去深圳工作也不去北京工作。

(4)并非小程或者爱好打羽毛球，或者爱好游泳。所以，小程既不爱好打羽毛球又不爱好游泳。

(5)并非如果有钱就幸福，所以，有钱但并不幸福。

(6)并非只有刮风天才冷，所以，不刮风天也冷。

(7)并非当且仅当身体不健康的时候才去锻炼身体。所以，或者身体不健康并且不锻炼身体，或者身体健康并且锻炼身体。

第六章　模态命题及其推理

内容提要： * 模态词与模态命题
* 模态命题的种类
* 模态命题对当关系
* 模态对当推理
* 模态命题与非模态命题推理
* 模态三段论

第一节　模态命题

一、什么是模态命题

“模态”一词是英文“modal”的音译，原意为“样式的”、“情态的”。研究包含模态词的命题及其推理的科学叫模态逻辑。模态逻辑历史悠久，早在两千多年前，亚里士多德就对模态命题做过许多讨论，研究了模态词和模态三段论。但在很长一段时间内模态逻辑的价值没有得到应有的重视，模态逻辑的研究基本上没有得到发展。直到 20 世纪初，美国逻辑学家刘易斯(Lewis)用数理逻辑的方法和观点对模态逻辑作了系统的研究，才使模态逻辑的发展进入了一个崭新的时期。

“模态”这一术语在逻辑学中有狭义和广义之分。一般认为，当“模态”这一术语被狭义地使用时，它是指含有“必然”、“可能”这类模态词的命题及其推理。广义模态逻辑讨论的内容要比狭义模态逻辑广泛得多。广义模态词除了必然、可能之外，还包括必须、应该、允许、禁止，知道、相信、可接受、可疑、可证，曾经、总是、将是，优先、中立，等等。这些模态词分别是道义逻辑、认识逻辑、时态逻辑和价值逻辑的研究对象。每一种模态都是现代逻辑中相应分支的研究对象。普通逻辑学一般只研究狭义的模态逻辑。

模态命题就是指陈述事物情况存在的必然性或可能性的命题。直言命题和关系命题只是关于事物情况存在或不存在的陈述。但有些事物情况的存在或不存在是必然的，有些事物情况的存在或不存在是可能的，陈述这种必然性或可能性的命题就是模态命题。模态命题反映了人们对客观事物认识的程度，有其独特的价值。例如：

(1)违反客观规律必然要受到客观规律的惩罚。

(2)凶手必然有作案时间。

(3)他的分析可能是对的。

(4)他今天没来上课，可能是病了，也可能是无故旷课。

从上述例子中可以看出，表达模态命题必须有模态词，模态命题都含有“必然”或“可能”等模态词。不含有模态词的命题是非模态命题。

模态词在一个模态命题中所处的位置，不是固定不变的，它们有时在命题联结项之前，有时在主项之前，有时在谓项之后，这主要根据所表达的内容和语言习惯来确定。如例(2)也可以表述为“凶手有作案时间，这是必然的”，例(3)可以表述为“可能他的分析是对的”。模态命题可以是简单命题，也可以是复合命题。如例(4)就是一个复合的模态命题。

在分析模态命题的形式时，通常将模态词放在命题变项的前面。或者用符号“□”表示模态词“必然”，用符号“◇”表示模态词“可能”。本书采用“□”表示“必然”，“◇”表示“可能”。模态命题逻辑形式表示为：

必然 p

可能 p

或者表示为：

□p

◇p

模态可分为客观模态与主观模态。人们使用模态命题用以如实反映事物本身确实存在的可能性和必然性的模态称作客观模态，如“生物受环境影响是必然的”、“制服癌症是可能的”，它们就分别反映了客观事物确实存在的必然性和可能性，是一种客观的模态。由于客观模态反映了事物的本来状况，所以又叫事物模态。还有一种情况是，我们对事物是否确实存在某种情况，一时还不十分清楚，不很确定，因而只好用可能命题来表示自己对事物情况的认识。例如，“火星上可能有生物”，“这次逻辑学考试我可能及不了格”。这种反映人们认识程度的模态性称为主观模态，也叫认识模态。客观模态和主观模态显然是有所不同的。客观模态是客观事物存在的实际情况，它不以我们的认识为转移；主观模态则是由于人们在认识过程中，受各种客观条件(历史的、科学技术的条件等)和主观条件的制约而形成的。

二、模态命题的种类

根据命题所陈述的是事物的可能性还是必然性，我们可以把模态命题分为可能命题和必然命题；而可能命题和必然命题又可以分为肯定命题和否定命题。因此模态命题可以分为：

- 模态命题
  - 必然命题
    - 必然肯定命题
    - 必然否定命题
  - 可能命题
    - 可能肯定命题
    - 可能否定命题

1. 必然命题

必然命题是陈述事物情况存在的必然性的命题。在自然语言中，通常用“必然”、“必定”、“一定”等语词作为它的模态词。必然命题又分为两种：

必然肯定命题：必然肯定命题就是陈述事物情况必然存在的命题。例如：

(1) 事物之间必然有联系。

(2) 物体间存在着引力是必然的。

必然肯定命题的形式是：

必然 p

也可以用符号表示为：

$$\Box p$$

必然否定命题：必然否定命题就是陈述事物情况必然不存在的命题。例如：

(1) 客观规律必然不依人们的意志为转移。

(2) 今年的雨水一定不会少。

必然否定命题的形式是：

必然非 p

也可以用符号表示为：

$$\Box \neg p$$

2. 可能命题

可能命题是陈述事物情况存在的可能性的命题。在自然语言中，通常用“可能”、“或许”、“也许”、“大概”等语词作为它的模态词。可能命题又分为两种。

可能肯定命题：可能肯定命题就是陈述事物情况可能存在的命题。例如：

(1)飞碟可能是天外之物。

(2)或许她是确实没有时间来。

可能肯定命题的形式是：

可能 p

也可以用符号表示为：

◇p

可能否定命题：可能否定命题就是陈述事物情况可能不存在的命题。例如：

(1)明天可能不下雨。

(2)某甲可能不是罪犯。

可能否定命题的形式是：

可能非 p。

也可以用符号表示为：

◇¬ p

三、模态命题的对当关系

模态命题的对当关系是指同素材的□p、□¬ p、◇p、◇¬ p 四种模态命题之间的真假关系。模态对当关系类似于直言命题 A、E、I、O 间的关系，可用逻辑方阵图表示如下：

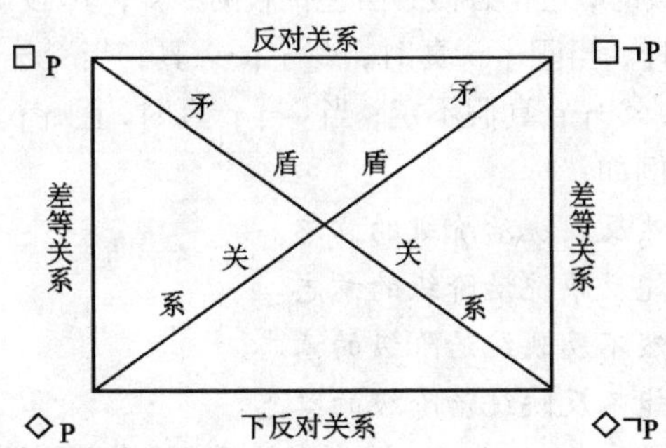

图 6 – 1

1. 反对关系

□p 与□¬ p 之间的关系是反对关系。当其中一个真时，另一个必假；当其中一个假时，另一个真假不定。即二者可以同假但不可同真。例如：

(1)事物必然是发展变化的。

(2)事物必然不是发展变化的。

2. 下反对关系

◇p 与◇¬ p 之间的关系是下反对关系。当其中一个假时，另一个必真；当其中一个真时，另一个真假不定。即二者可以同真但不可同假。例如：

(1)甲乙双方签订的合同可能是有效的。

(2)甲乙双方签订的合同可能不是有效的。

3. 矛盾关系

□p 与◇¬ p 之间、□¬ p 与◇p 之间的关系是矛盾关系。当其中一个真时，另一个必假；当其中一个假时，另一个必真。即二者既不可以同真又不可以同假。例如：

(1)公民必然按规定纳税。

(2)公民可能不按规定纳税。

(3)公民必然不按规定纳税。

(4)公民可能按规定纳税。

4. 差等关系

□p 与◇p 之间、□¬ p 与◇¬ p 之间的关系是差等关系。当□p 真时，◇p 必真；当◇p 假时，□p 必假；当□p 假时，◇p 真假不定；当◇p 真时，□p 真假不定。同样，当□¬ p 真时，◇¬ p 必真；当◇¬ p 假时，□¬ p 必假；当□¬ p 假时，◇¬ p 真假不定；当◇¬ p 真时，□¬ p 真假不定。即二者可同真，可同假。例如：

(1)法必然反映统治阶级的意志。

(2)法可能反映统治阶级的意志。

(3)法必然不反映统治阶级的意志。

(4)法可能不反映统治阶级的意志。

根据□p、□¬ p、◇p、◇¬ p 的对当关系，我们可以由一个模态命题的真假情况，推知同素材的其他三个模态命题的真假情况。例如，已知“罪犯可能畏罪潜逃”为真，可推知“罪犯可能没有畏罪潜逃”真假不定，“罪犯必然没有畏罪潜逃”假，“罪犯必然畏罪潜逃”真假不定。又如，“火星上必然有生命”为假，可推知“火星上必然无生命”真假不定，“火星上可能有生命”真假不定，“火星上可能无生命”为真。

练　习

根据模态命题的对当关系填空：

(1)已知□p 真，可知□¬ p(　)，◇p(　)，◇¬ p(　)。

(2)已知□p 假，可知□¬ p(　)，◇p(　)，◇¬ p(　)。

(3)已知□¬ p 真，可知□p(　)，◇p(　)，◇¬ p(　)。

(4)已知□¬ p 假，可知□p(　)，◇p(　)，◇¬ p(　)。

(5)已知◇p 真，可知□p(　)，□¬ p(　)，◇¬ p(　)。

(6)已知◇p 假，可知□p(　)，□¬ p(　)，◇¬ p(　)。

(7)已知◇¬ p 真，可知□p(　)，□¬ p(　)，◇p(　)。

(8)已知◇¬ p 假，可知□p(　)，□¬ p(　)，◇p(　)。

第二节　模态推理

一、什么是模态推理

模态推理就是前提或结论中有模态命题的推理。例如：

(1)任何人都必然有缺点，所以，任何人都不可能没有缺点。

(2)任何生物的生存都不可能不需要氧气，所以，任何生物的生存都必然需要氧气。

这是两个模态推理，它们的前提和结论都是模态命题，它们是根据模态命题的对当关系作出的推理。

模态推理主要三种形式，即模态对当推理、模态命题与非模态命题推理以及模态三段论。

二、模态对当推理

模态对当推理是根据模态命题的对当关系进行的演绎推理。在上一节中，我们已经介绍了四种模态命题之间的对当关系。根据四种模态命题之间的对当关系，模态对当推理共有四种。

1. 反对关系对当推理

模态命题间的反对关系是指□p 与□¬ p 之间不同真、可同假的真假关系。因此，可以由真推假。根据反对关系进行模态推理有两个有效式：

(1)必然 p，所以，不必然非 p(□p→¬ □¬ p)。例如：

新生事物必然能战胜腐朽事物，所以，新生事物不必然不能战胜腐朽事物。

(2)必然非 p，所以，不必然 p(□¬ p→¬ □p)。例如：

好干部必然不受贿，所以，好干部不必然受贿。

2. 下反对关系对当推理

模态命题间的下反对关系是指◇p 与◇¬ p 之间不同假、可同真的真假关系。因此，可以由假推真。根据下反对关系进行模态推理有两个有效式：

(1)不可能 p，所以，可能非 p(¬ ◇p→◇¬ p)。例如：

你不可能认识张敏，所以，你可能不认识张敏。

(2)不可能非 p，所以可能 p(¬ ◇¬ p→◇p)。例如：

人不可能不犯错误，所以，人可能犯错误。

3. 差等关系对当推理

模态命题间的差等关系是指□p 与◇p 之间、□¬ p 与◇¬ p 之间可同真、可同假的真假关系。由必然 p(或非 p)真可推知可能 p(或非 p)真；由可能 p(或非 p)假推知必然 p (或非 p)假。所以，根据差等关系进行模态推理，有以下四个有效式：

(1)必然 p，所以，可能 p(□p→◇p)。例如：

旧体制必然要被新体制取代，所以，旧体制可能要被新体制取代。

(2)必然非 p，所以，可能非 p(□¬ p→◇¬ p)。例如：

价值规律必然不以人的意志为转移，所以，价值规律可能不以人的意志为转移。

(3)不可能 p，所以，不必然 p(¬ ◇p→¬ □p)。例如：

李明考试不可能舞弊，所以，李明不必然舞弊。

(4)不可能非 p，所以，不必然非 p。(¬ ◇¬ p→¬ □¬ p)例如：

水不可能不往低处流，所以，水不必然不往低处流。

4. 矛盾关系对当推理

模态命题间的矛盾关系是指□p 与◇¬ p 之间、□¬ p 与◇p 之间不同真、不同假的真假关系。由其中一个真，可以推知另一个假；由其中一个假，可以推知另一个真。所以，根据矛盾关系进行模态推理，有以下八个有效式：

(1)必然 p，所以，不可能非 p(□p→¬ ◇¬ p)。例如：

新生事物必然代替旧事物，所以，新生事物不可能不代替旧事物。

(2)不必然 p，所以，可能非 p(¬ □p→◇¬ p)。例如：

明天不一定降温，所以，明天可能不降温。

(3)可能 p，所以，不必然非 p(◇p→¬ □¬ p)。例如：

太阳系可能有第十颗行星，所以，太阳系并非必然没有第十颗行星。

(4)不可能 p，所以，必然非 p(¬ ◇p→□¬ p)。例如：

真理不可能是绝对的，所以，真理必然不是绝对的。

(5)不可能非 p，所以，必然 p(¬ ◇¬ p→□p)。例如：

刘慧不可能不来上课，所以，刘慧必然来上课。

(6)可能非 p，所以，不必然 p(◇¬ p→¬ □p)。例如：

明天可能不下雨，所以，明天不一定下雨。

(7)不必然非 p，所以，可能 p(¬ □¬ p→◇p)。例如：

张颖并非必然没有考上大学，所以，张颖可能考上了大学。

(8)必然非 p，所以，不可能 p(□¬ p→¬ ◇p)。例如：

没有共产党必然没有新中国，所以，没有共产党不可能有新中国。

具有矛盾关系的模态命题，其真假正好相反，因此，一个模态命题和它的矛盾命题的负判断真假完全一致。这样，一个模态命题和它的矛盾命题的负判断之间便存在着等值关系。即上面八种推理形式可以简化为以下四种等值推理：

(1)“必然 p”等值于“不可能非 p”(□p↔¬ ◇¬ p)。

(2)“不必然 p”等值于“可能非 p”(¬ □p↔◇¬ p)。

(3)“可能 p”等值于“不必然非 p”(◇p↔¬ □¬ p)。

(4)“不可能 p”等值于“必然非 p”(¬ ◇p↔□¬ p)。

三、模态命题与非模态命题推理

模态命题与非模态命题推理就是根据模态命题与非模态命题之间的真假关系进行的演绎推理。

从模态命题与非模态命题之间的关系来说，同一素材的必然命题蕴涵非模态命题，非模态命题蕴涵可能命题。因此，必然命题真，可以推出模态命题真，必然命题假，可以推出模态命题假；模态命题真，可以推出可能命题真，模态命题假，可以推出可能命题假。

我们用“p”和“非 p”分别表示非模态肯定命题和非模态否定命题。p 和必然 p、可能 p，非 p 和必然非 p、可能非 p 之间，有以下四种有效推理形式：

(1) 必然 p 真，则 p 真（$\Box p \rightarrow p$）。例如：

要成为一名优秀教师必然要不断学习先进的教育思想，所以，要成为一名优秀教师要不断学习先进的教育思想。

(2) p 真，则可能 p 真（$p \rightarrow \Diamond p$）。例如：

小王学习刻苦，所以，小王可能学习刻苦。

(3) 必然非 p 真，则非 p 真（$\Box \neg p \rightarrow \neg p$）。例如：

形而上学的思想方法必然不正确，所以，形而上学的思想方法不正确。

(4) 非 p 真，则可能非 p 真（$\neg p \rightarrow \Diamond \neg p$）。例如：

他在成绩面前不骄傲，所以，他在成绩面前可能不骄傲。

四、模态三段论

模态三段论是在三段论的基础上引入模态词而构成的演绎推理。在模态三段论中，至少有一个前提是模态命题，而且这些模态命题都是由直言命题加模态词而构成的直言模态命题。例如：

凡故意杀人犯都必然有杀人动机，
某甲是故意杀人犯，
所以，某甲必然有杀人动机。

模态三段论主要有以下五种形式：

1. 必然模态三段论

必然模态三段论是在三段论中引入“必然”这一模态词所构成的三段论。以 AAA 式为例，它的推理形式是：

所有的 M 必然是 P
所有的 S 必然是 M
————————————
所以，所有的 S 必然是 P

例如：

所有的法律都必然具有阶级性，
各个国家的宪法必然都是法律，
————————————
所以，各个国家的宪法必然具有阶级性。

2. 必然和可能结合的模态三段论

这种模态三段论是指由必然模态命题和可能模态命题为前提而组成的三

段论，其结论是可能模态命题。其推理形式是：

M 必然是 P
S 可能是 M
————————
所以，S 可能是 P

例如：

凡满十八岁的公民必然有选举权，
小王可能已年满十八岁，
————————
所以，小王可能有选举权。

3. 必然和直言结合的模态三段论

这种三段论是指由必然模态命题和直言命题为前提而组成的三段论，其结论是直言命题或必然模态命题。其推理形式有二：

(1)
所有的 M 是 P
所有的 S 必然是 M
————————
所以，所有的 S 是 P

例如：

①凡故意杀人犯都有杀人动机，
某甲必然是故意杀人，
————————
所以，某甲有杀人动机。

(2)
所有的 M 必然是 P
所有的 S 是 M
————————
所以，所有的 S 必然是 P

例如：

②　旧事物必然被淘汰，
刀耕火种是旧事物，
————————
所以，刀耕火种必然被淘汰。

这里我们应注意，例①中小前提是必然命题，大前提是直言命题，则结论是直言命题；例②中大前提是必然命题，小前提是直言肯定命题，则结论可以是必然命题。

4. 可能和直言结合的模态三段论

这种三段论是指由可能模态命题和直言命题所构成的三段论。其结论是可能模态命题。其推理形式如下：

所有的 M 可能是 P
所有的 S 是 M
———————————
所以，所有的 S 可能是 P

例如：

凡与被害者有利害关系的人都可能是作案的凶手，
张某是与被害者有利害关系的人，
———————————
所以，张某可能是作案的凶手。

5. 可能模态三段论

可能模态三段论是指前提和结论都是可能命题的模态三段论。以第一格的 AAA 式为例，其推理形式为：

所有的 M 可能是 P
所有的 S 可能是 M
———————————
所以，所有的 S 可能是 P

例如：

长期情绪紧张可能导致亚健康，
工作压力太大可能导致长期情绪紧张，
———————————
所以，工作压力太大可能导致亚健康。

模态三段论除了要遵守三段论的规则外，还要根据前提的模态确定结论的模态。如何确定结论的模态呢？基本的原则是结论从弱原则。什么是结论从弱原则呢？所谓结论从弱原则，就是结论命题不得强于前提中较弱的命题。从模态命题与直言命题之间的关系来说，同一素材的必然命题蕴涵直言命题，直言命题蕴涵可能命题。因此，必然命题最强，直言命题次之，可能命题最弱。例如：

凡作案人必然有作案时间，
某甲可能是作案人，
———————————
所以，某甲可能有作案时间。

由于这个模态三段论中有一个前提是可能命题，故结论只能是可能命题。但是，这种结论从弱原则也有例外情况。当前提是由必然命题和直言命题构成时，就有以下例外情况：

(1) 当小前提是肯定命题而大前提是必然命题时，结论可以是必然命题。例如：

一切违背法律的行为必然受到惩罚，
　　诬陷他人是违背法律的行为，
————————————————
所以，诬陷他人必然受到法律的惩罚。

由于这个模态三段论的小前提是肯定命题，并且大前提是必然命题，故结论可以是必然命题。

(2)当小前提是必然否定命题时，结论可以是必然命题。例如：

作家是脑力劳动者，
王老五必然不是脑力劳动者，
————————————————
所以，王老五必然不是作家。

由于这个模态三段论的小前提是必然否定命题，故结论可以是必然命题。

概括起来，模态三段论应遵守以下规则方能保证是有效式：

①必须遵守三段论的一切规则；

②如果两个前提都是必然命题，则结论可以是必然命题；

③如果前提中有一个可能命题，或两个前提都是可能命题，则结论只能是可能命题；

④如果一个前提是必然命题，一个前提是直言命题，一般情况下，结论只能是直言命题或可能命题；但当小前提是肯定命题而大前提是必然命题，或者小前提是必然否定命题时，结论可以是必然命题。

练　习

请写出下列模态推理的形式，并说明它是否正确？为什么？

(1)李群今年可能考上大学，所以，李群今年不必然考上大学。

(2)今年的物价不必然会涨，所以，今年的物价必然不会涨。

(3)周瑜今年春节不可能回家，所以，周瑜今年春节不回家是必然的。

(4)患感冒的人不必然发烧，所以，患感冒的人可能发烧。

(5)所有中文系的学生必修逻辑课，中文系学生是文科学生，因此，有些文科学生必修逻辑课。

(6)凡学习不认真的学生必然成绩不好，张宏可能是学习不认真的学生，所以，张宏成绩不好。

第七章 非演绎推理

内容提要： * 归纳推理的两种不同含义
* 归纳推理的意义及与演绎的关系
* 完全归纳及其规则
* 简单枚举归纳及其规则
* 科学归纳及其特征
* 类比的含义及其意义
* 类比与演绎、归纳的区别
* 提高类比可靠性程度的方法
* 求同法及其特点
* 求异法及其特点
* 求同求异并用法及其特点
* 共变法及其特点
* 剩余法及其特点

前面所讨论的推理都属于演绎推理，它们是实用逻辑学研究得最详细又表达得最精彩的因而也是最经典的部分，但它们远没有穷尽逻辑推理的全部内容。事实上，无论是在日常的思维活动中还是在科学研究中，我们无可避免地都要运用包括归纳和类比在内的各种非演绎推理。

第一节 归纳推理

一、归纳推理的含义和意义

1. 什么是归纳推理

归纳推理有广义和狭义之分。广义的归纳推理等同于非演绎推理，而狭义的归纳推理只是广义的归纳推理中的一种。下面我们主要是在狭义的意义上讨论这一概念。

那么究竟什么是归纳推理呢？归纳推理是由个别过渡到一般的推理。也就是说，它是以个别性的知识为前提，推出一般性知识为结论的推理。例如：

金星是围绕着太阳运行的；

木星是围绕着太阳运行的；

水星是围绕着太阳运行的；

火星是围绕着太阳运行的；

土星是围绕着太阳运行的；

天王星是围绕着太阳运行的；

海王星是围绕着太阳运行的；

冥王星是围绕着太阳运行的；

地球是围绕着太阳运行的；

金星、木星、水星、火星、天王星、海王星、冥王星、地球是太阳系中的全部大行星。

所以，太阳系中的全部大行星都是围绕着太阳运行的。

这就是一个典型的归纳推理。

归纳推理的特点是从个别到一般，这里所说的“个别”，既可以是专指作为单独概念的事物的个体(如上例)，也可以指作为普遍概念的一类事物。断定个别事物的前提，可以专指单称判断，也可以指全称判断。例如：

人们发现，发霉的黄豆容易引起癌症，发霉的花生容易引起癌症，发霉的高粱、芝麻、玉米等都容易引起癌症，于是得出一个初步结论：发霉的食物容易引起癌症。

这里，前提所反映的“发霉的黄豆”、“发霉的花生”等就分别是一类事物，而“发霉的食物”则是包含这几个小类事物的一个大类事物。因此，有些逻辑学方面的书说这样的归纳推理是“由一般性程度较小的知识过渡到一般性程度较大的知识”，或者说它是“从比较一般的原理上升到更为一般的原理”，这是有道理的。然而必须说明的是，所谓“从一般性程度较小的知识到一般性程度较大的知识”与“从个别到一般”绝不是对立的。因为“个别”和“一般”是相对的，“程度较小的一般”对于“程度较大的一般”来说，也就是个别；从“程度较小的一般”到“程度较大的一般”也正是从个别到一般。

应该清楚，实用逻辑或普通逻辑所讨论的归纳推理仅限于传统归纳推理而非现代归纳逻辑，它包括完全归纳推理和不完全归纳推理。

2. 归纳推理与演绎推理的关系

（1）归纳推理和演绎推理是两类不同的推理。

第一，推理的方向不同。虽然不是所有的但典型的演绎推理是从一般到个别，而归纳推理则是从个别到一般。

第二，前提的数量不同。演绎推理前提的数量是确定而相对有限的，即使像连锁三段论推理或带证式三段论等复合形式的演绎推理，也只能是由若干个有限的三段论组成，而归纳推理前提的数量则是不确定的。

第三，认识的范围不同。演绎推理的结论所得到的知识，没有超出前提所提供的知识范围；而归纳推理的结论所得到的知识，却超出了前提所提供的知识范围。

第四，结论的可靠性程度不同。演绎推理的结论与前提之间有必然的联系，只要前提真实、推理形式正确，结论就一定是可靠的；而归纳推理中虽然完全归纳的结论一定可靠，但不完全归纳的前提与结论却不一定有必然的联系，因而结论不一定都是可靠的，有的可靠，有的只有一定程度的可靠性，需要进一步加以检验和证明。

（2）思维过程中归纳推理与演绎推理又是紧密相连、不可分割的。

第一，演绎推理离不开归纳推理。演绎推理的大前提是一般性的原理，而这一般性的原理是靠归纳推理提供的。

第二，归纳推理也离不开演绎推理。归纳推理不能盲目地进行，而必须以科学知识为指导；提高归纳推理的结论的可靠程度，也要应用科学知识来分析所研究的对象。无论是一般性知识的指导，还是对前提对象的分析，都离不开应用演绎推理。

总之，在实际的思维过程中，归纳之中有演绎，演绎之中有归纳，两者相互依赖，互为补充。这正是人类思维活动中的两个相辅相成的方面。不过，有时以归纳为主，有时以演绎为主罢了。

逻辑发展史上，曾经出现过否定演绎推理的全归纳派和否定归纳推理的全演绎派，他们的观点都是片面性的。正如恩格斯所说："归纳和演绎，正如分析和综合一样，是必然互相联系着的，不应当牺牲一个而把另一个捧到天上去，应当把每一个都用在该用的地方，而要做到这一点，就只有注意它们的相互联系，它们的相互补充。"

3. 为什么要研究归纳推理

确实，完全归纳属于必然性推理，但它具有的极大的局限性致使我们经常无法运用它，而不完全归纳虽然没有这种局限性，但它却无法保证我们从真的前提出发得到必然正确的结论。问题是，既然如此，我们为什么还要研究它？

一种解释是：归纳推理是人们认识活动中不可缺少的一种思维形式。毕竟人们的认识总是从认识个别实例开始，进而认识事物的一般性特征和规律的。从个别上升到一般，就是从断定范围小的前提推出断定范围大的结论。因此，归纳推理在人们的认识过程中起着非常重要的作用。因为人类的生存、繁衍和进步都不能离开知识的积累，而积累知识的一个重要来源就是从已有的知识推出新的知识。我们获得的绝大多数关于现实世界的新知识和许多其他知识都是由归纳推理提供的，可以这样说，离开了归纳推理，我们现在被称为科学的东西将所剩无几。

另一种解释很简单：人们别无选择。因为，我们会经常面对许多不确定的因素和未知的领域，无论是单个人、群体还是整个社会都不能对未来、不知道的过去和不能触及的现在中的许多事情进行精确的预测和推断。但是为了生存和进步，又必须对这样的事情进行预测和推断以便指导下一步的认识和实践。在这些情形中演绎推理往往无用武之地，因为它需要断定范围更大的前提才能必然地得到结论，而人们往往得不到这样的前提，此时，归纳推理尽管很可能使我们做出错误的预测和推断，但却是惟一能依靠和使用的工具。

练习

尝试说明下列结论是演绎推理的结论还是归纳推理的结论，并请写出推导过程。

(1)岳麓山大学所有的教室都是多媒体教室。

(2)他是一个卖国贼。

(3)人人都有思维能力。

(4)天下乌鸦一般黑。

(5)张君不是湖南人。

(6)她喜欢吃葡萄。

(7)春、夏、秋、冬周而复始。

(8)有些学生是球迷。

二、完全归纳推理

1. 什么是完全归纳推理

完全归纳推理是根据对一类事物的每一个对象的考察，从而对该类事物作出一般性结论的推理。例如，德国曾经有一位老师在给几十个顽皮可爱的孩子上课时出了一个颇能消磨时间的算术题，他要孩子们计算一下：

$$1+2+3+4+\cdots+97+98+99+100=?$$

老师心里想：要加的数目这么多，可得费些功夫呢，而且稍不留心，答案就会弄错的。可是没过多大会儿，就有个孩子举手并说出了正确的答案。老师自然感到很吃惊，这孩子从哪儿来的答案呢？原来这位小学生以非常敏锐的观察力，看出这一连串要加的数目(从“1”到“100”)中，第一项和倒数第一项，第二项和倒数第二项，第三项和倒数第三项……每对数的和全部为“101”。而且，这样排列成对的正是从“1”到“100”之间的全部数目，这样首尾距离相等排列成对的数共有50对，由此他迅速找到了正确答案：5050。这就是德国数学家、物理学家和天文学家卡尔·弗里德里希·高斯少年时代的故事，而他迅速得到答案的过程就是一个典型的归纳推理，即：

$1+100=101$

$2+99=101$

$3+98=101$

⋮

$50+51=101$

从“1”到“100”之间共有50个101，

所以，$101\times 50=5050$。

完全归纳推理的公式是：

S_1是P

S_2是P

S_3是P

⋮

S_n是P

S_1，S_2，S_3，S_n是S类的全部对象，

所以，所有S都是P。

有人认为，完全归纳推理不过是一类事物中每一个别事物的简单总和，

它并不能提供新的知识。这种看法显然是错的，因为完全归纳推理的前提给我们提供的，只是个别的、局部的知识，而当我们得出一般性结论的时候，认识已经向前推进了一步，提高到了一个新的层次。

2. 完全归纳推理的规则

由于完全归纳推理在前提中考察的是一类事物的全部对象，因而它的结论与前提的联系是必然的，正因为如此，完全归纳推理归属于必然性推理，甚至有时被视为演绎推理。毫无疑问，通过完全归纳推理可以合乎逻辑地得到必然正确的结论，但前提是必须遵守其规则。

完全归纳推理有两条规则：

①前提所列举的每一个对象的情况都必须是真实的。如果前提中出现虚假情况，即使只有一个对象情况不真实，也不可能得出完全可靠的结论；

②前提必须完全彻底地、毫无遗漏地考察一类事物当中的每一个对象。

由于完全归纳推理具有结论确定可靠的优点，所以人们经常用它来进行周密的调查研究和严格的论证。比如，对三段论中“两个前提都是特称不能得结论”的规则就要通过完全归纳推理来证明。如果想要进一步了解某个班的学生是否都理解了这条规则，也得通过完全归纳推理才能得到准确的结论。但是，完全归纳推理有着极大的局限性。因为完全归纳推理必须考察一类事物的全部对象之后才能得出结论，所以，只有当被考察的一类事物的对象比较少，而且可以全部列出的情况下才能进行完全归纳推理。当被考察的一类事物的对象很多，乃至无限时，完全归纳推理就难以发挥它的作用了。这时，就要运用不完全归纳推理。

三、不完全归纳推理

与完全归纳推理相比，思维活动中运用得更多的是不完全归纳推理。不完全归纳推理是通过考察一类事物中的部分对象而得出有关该类事物全部对象的结论的推理。显然，它的结论超出了前提的范围，其结论不是必然正确的，因此，它属于或然性推理。不完全归纳推理主要包括简单枚举归纳推理和科学归纳推理。

1. 简单枚举归纳推理

简单枚举归纳推理是根据某一属性在一类事物的部分对象中不断重复出现，而没有遇到相反的情况，从而推断该类事物的全部对象都具有这种属性的推理。例如，有个头痛的樵夫上山砍柴，他不小心碰破了脚趾，但头不痛了；后来，头痛复发，他又无意碰破了那个脚趾，头又不疼了；以后许多次头痛病发作，他都刺破那个脚趾上的同一部位，结果都很有效。由此他认为，通过刺破脚趾上的这一部位能治疗头痛病。这就是一个典型的简单枚举归纳推理。

简单枚举归纳推理的公式是：

S_1是 P

S_2是 P

S_3是 P

⋮

S_n是 P

S_1，S_2，S_3，S_n是 S 类的部分对象，并且在考察过程中没有遇到相反的情况。

所以，所有 S 都是 P。

显然，简单枚举归纳推理的结论超出了前提的范围，能给予我们真正意义上的新知，但它也为此付出代价。因为，它只是根据某种共同属性在同类对象中重复出现而无反例推出结论的。这一根据对于获得一般性知识的结论是必要的，但却不是充分的。不能由此断定相反情况根本不存在，也不能保证今后不会发现相反的情况，所以它的结论带有或然性。一旦发现相反的情况，结论就要被推翻。

数学家华罗庚在《数学归纳法》一书中，对简单枚举归纳推理结论的或然性作了通俗的说明：

从一个袋子里摸出来的第一个物体是红玻璃球，第二个也是红玻璃球，甚至第三个、第四个、第五个都是红玻璃球的时候，我们立刻会出现一种猜想："是不是这个袋子里的东西全部都是红玻璃球?"但是当我们有一次摸出一个白玻璃球的时候，这个猜想失败了。这时，我们会出现另一种猜想："是不是袋子里的东西都是玻璃球?"但是，当有一次摸出来的是一个木球的时候，这个猜想又失败了。那时，我们又会出现第三个猜想："是不是袋子里的东西都是球?"这个猜想对不对，还必须继续加以检验，要把袋里的东西全部摸出来，才能见分晓。

简单枚举归纳推理的结论只是"猜想"，是否可靠，尚需验证。这里，前两个猜想经不起检验，只好放弃，第三个猜想能不能成立，还要进一步验证。

过去我国学术界一直认为："汉族无长篇叙事民歌。"因为，已经发掘和整理出来的长篇叙事民歌像《刘三姐》、《阿诗玛》等，都是少数民族的民歌。然而，1981 年，江苏民间文学协会在吴江县发现了一首长约两千行的爱情山歌《五姑娘》，从此，便否定了我国学术界长期以来存在的这个错误观点。

《王安石三难苏学士》中的一则故事同样说明了这个道理。有一次，苏东坡去看望宰相王安石，王不在，苏东坡看见桌上刚写的两句咏菊诗："西风昨夜过园林，吹落黄花满地金。"他想，菊花耐寒，从来不落。于是续诗两句："秋花不比春花落，说与诗人仔细吟。"王安石回家看了以后，很不满意，将他贬到黄州。第二年重阳节，大风过后，苏东坡到后园赏菊，一看，满地落花，一片金黄，猛然想起续诗之事，方知是自己错了。

可以想象以下这样两种情形：一种情形是，从学生甲所有的同班同学都是球迷推出甲也是球迷。另一种情形是，从学生甲是球迷推出他所在的那个班的学生都是球迷。尽管第一个结论可能是错的，第二个结论可能是对的，但显然我们会觉得第二个结论更不可靠。

因此，为了尽可能地提高简单枚举归纳推理结论的可靠程度，需要遵守以下两条规则：

①要尽量广而多地搜集支持结论的事例。因为从尽量广的范围掌握重复出现的事例越多，漏掉相反情况的可能性就越小，推理的根据就越充分，因而结论的可靠程度就越高；

②尽力寻找反面事例。如果在最容易出现反面事例的场合都没有遇到反面事例,那就说明相反情况出现的可能性极小,因而结论的可靠程度也就越高。

在运用简单枚举归纳推理时，如果违背以上两条规则，就会犯"以偏概全"或"轻率概括"的逻辑错误。

例如，鲁迅先生在《内山完造作＜活中国的姿态＞序》里就批评了某些日本人随意下结论、轻率概括的坏习气，他举例说：

一个旅行者进了下野的有钱的大官的书斋，看见有许多很贵的砚石，便说中国是"文雅的国度"；一个观察者到上海来了一下，买几种猥亵的书和图画，再去寻寻奇怪的观览物事，便说中国是"色情的国度"。

这两个日本人所作的结论虽然不同，但他们所犯的逻辑错误却是相同的，都是轻率概括。

由上例可看出，"轻率概括"的实质就是陷于过急的由"有的"跃向"所有"。下面的情况也是如此：

学生甲想弄清他是否应该选修丙教授的哲学课。由于他关心的是得到一个优秀的教师，他随意询问了三个选过丙教授的课的学生的意见。那三人一致认为丙教授虽然在课业上要求较多，却是一个令人讨厌的蹩脚的教师。学生甲即决定选别的课程。

当然那三个学生的意见可能是正确的，但是学生甲应作进一步调查，至少要设法弄清那三个学生是不是遇事公正，他们自己的学习状况如何，等等。显然，他太过于匆忙地作决定了。

简单枚举归纳推理的结论虽是或然性的，但在实际思维中仍有重要意义。它的结论往往成为正确结论的先导，而且，这种方法简单，可以广泛运用。例如，“月晕而风，础润而雨”、“瑞雪兆丰年”等谚语都是运用简单枚举归纳推理获得的结论。

练 习

(1)目前的大学生普遍缺乏哲学的学习和积累。教育部有关部门及部分高等院校所做调查表明，大学生中喜欢和比较喜欢阅读毛泽东的《矛盾论》的只占到被调查人数的5%。

下列陈述中的哪一个最能削弱上述观点？(　)

A. 大学生缺少对哲学观点理解方面的辅导，不懂得怎样去理解

B. 喜欢阅读毛泽东的《矛盾论》与学习哲学不是一回事，不要以偏概全

C. 5%的比例正说明提高大学生的哲学修养大有潜力可挖

D. 有一些大学生既喜欢阅读毛泽东的哲学著作，又对西方哲学有兴趣

E. 调查的比例太小，恐怕不能反映当代大学生的真实情况

(2)某国对球迷情况进行了调查。结果表明，最近三年来，中学生球迷人数在逐年上升。于是，调查组得出结论：青少年球迷人数在逐年上升。

下述哪项如果为真，则调查组的结论受到怀疑？(　)

A. 由于经费紧张，下一年不再对中学生作此调查

B. 国际赛事的球票价格在上升

C. 许多青少年球迷不是中学生

D. 近三年来，反对足球流氓的中学生在增加

E. 近三年来，反对吸烟的球迷在增加

(3)有人说：“漂亮女生成绩都差。”

以下哪项最能驳斥以上论断？(　)

A. 也许有的漂亮女生成绩好

B. 可能有的漂亮女生成绩不好

C. 没有见到成绩好的漂亮女生

D. 成绩好的女生不大可能漂亮

E. 张君是漂亮女生，但她的成绩很好

(4)英国哲学家伯特兰·罗素有一个关于归纳主义者火鸡的故事。在火鸡饲养场里，有一只火鸡发现，第一天上午9点主人给它喂食。然而作为一个卓越的归纳主义者，它并不马上做出结论。它一直等到已收集了有关上午9点给它喂食这一经验事实的大量观察；而且，它是在多种情况下进行这些观察的：雨天和晴天，热天和冷天，星期三和星期四……它每天都在自己的记录表中加进新的观察陈述。最后，它的归纳主义良心感到满意，它进行归纳推理，得出了下面的结论："主人总是在上午9点钟给我喂食。"可是，事情并不像它所想象的那样简单和乐观。在圣诞节前夕，当主人没有给它喂食，而是把它宰杀的时候，它通过归纳概括而得到的结论终于被无情地推翻了。大概火鸡临终前也会因此而感到深深遗憾。

在这则故事中，火鸡的归纳及其失败类似于下面哪项？( )

A. 在过去很长一段时间里，人们认为地球不动，太阳绕地球转，直到科学的发展推翻这一结论

B. 在过去很长一段时间里，由于人们一直不曾看见白色以外颜色的天鹅，就认为天鹅都是白色的，直到澳洲发现黑天鹅才推翻这一结论

C. 过去人们一直在物理学上绝对相信"以太"的存在，直到爱因斯坦相对论提出以后，才推翻"以太"存在说

D. 一个识字的人出于对他所读不懂的书的神秘感，而认为"所有的书都是好的"，当然这个结论是不成立的

E. 甲地有一座金矿，综合考察乙地的各项地理条件类似于甲地而认为乙地也有金矿，实际开采发觉这个结论是错误的

2. 科学归纳推理

科学归纳推理是根据对一类事物中部分对象及其属性之间的因果联系的认识，从而对该类事物的全部对象作出一般性结论的推理。也就是说，科学归纳推理是建立在探求事物因果联系基础之上的归纳推理。

例如，人们在生产实践和科学实验中，发现许多金属遇热都体积膨胀。那么金属遇热和体积膨胀之间有什么必然的内在联系呢？经过研究，发现金属遇热就会引起金属分子之间凝聚力减弱、扩散力增强，由于扩散力增强，分子间的距离就大了，于是体积也就膨胀了。当人们认识了这种必然的因果联系后，就得出了"一切金属遇热后都会体积膨胀"这样一个一般性结论。这就是科学归纳推理。

科学归纳推理的公式是：

S_1是 P

S_2是 P

S_3是 P

⋮

S_n是 P

S_1、S_2、S_3……S_n是 S 类的部分对象，并且 P 与这些对象有因果联系。

所以，所有 S 都是 P。

科学归纳推理和简单枚举归纳推理都是不完全归纳推理，其前提都只涉及到一类事物中的部分对象，对两者进行比较能使我们更好地理解科学归纳推理的特征：

（1）推理的根据不同。简单枚举归纳推理的根据是相同属性在一类事物的部分对象上不断重复出现，又未遇到反例；科学归纳推理则不仅如此，它还要进一步找出对象与其属性之间的因果联系，从而推出该类事物的一般性结论。

（2）前提数量的多少，对结论的意义不同。对简单枚举归纳推理来说，前提的数量具有重要意义，数量越多，结论越可靠；而对科学归纳推理来说，前提的数量不具有这样重要的意义，它只要把握了对象与属性之间的因果联系，尽管数量不多，也可概括出一个可靠的结论。

（3）结论的性质不同。简单枚举归纳推理的结论，由于根据不充分，而带有很大的或然性；而科学归纳推理的结论，因为建立在科学分析的基础之上，只要前提中对事物及其属性的因果联系的分析是可靠的，那么结论也是可靠的。

例如，1960 年，英国某农场 10 万只鸡鸭由于吃了发霉的花生而得癌症死去。用这样的花生喂鸽子和羊，它们也相继得癌症死去。1963 年，有人用白鼠做实验，白鼠吃了发霉的花生，同样得癌症死去。如果我们只根据这些现象的重复出现且无反例便得出结论“动物吃了发霉的花生便会得癌症”，那便是简单枚举归纳推理。

但是，当科学家们对发霉的花生进行化学分析，发现其中有黄曲霉素，又知黄曲霉素是强烈的致癌物质，从而把握了发霉的花生与癌症之间的因果联系时，再作出上述结论，这就是由科学归纳推理所获得的，因而结论的可靠性就大大地提高了，甚至至今都没有被推翻。

在进行科学归纳推理时，常常要用到演绎推理。上面的分析中就包含了这样的演绎推理：

黄曲霉素是强烈的致癌物质，

发霉的花生含有黄曲霉素，

所以，发霉的花生能够致癌。

从科学归纳推理中，我们进一步看到了演绎推理和归纳推理的密切联系。

第二节　类比推理

一、类比推理的含义和意义

1. 什么是类比推理

类比推理就是根据两个或两类对象在一系列属性上的相同或相似，从而推出它们在其他属性上也相同或相似的推理形式。

例如，广东海康药品公司的工作人员曾经比较过牛黄和珍珠的形成过程。河蚌与牛都是动物，河蚌体内因进入异物并以此为核心，经过长期分泌液体形成了闪光的珍珠。牛体内因胆有结石并以此为核心，经过长期分泌液体形成了贵重的牛黄。这些是两者相似的属性。现在知道，河蚌经人工插片能够育珠，于是他们推出结论：在牛的胆内人工插片也应该能产生牛黄。他们根据上述推断，选择失去役用价值的残菜牛进行实验，结果生产出一批人工牛黄。

类比推理可以用公式表示为：

A 对象具有 a、b、c、d 属性，

B 对象具有 a、b、c 属性，

所以，B 对象也具有 d 属性。

其中 A 和 B 表示相比较的两个(或两类)对象，a、b、c 表示 A、B 间相同或相似的属性，结论中的 d 表示推出的属性。

类比推理的两个对象，可以是两个不同的个体事物，例如，火星与地球；也可以是两个不同的事物类，例如，声和光；还可以是一类事物与另一类事物的个体，例如，以某只猴子做试验并与人作类比。

类比推理主要有两种类型：正类比推理和负类比推理。

(1)正类比推理。正类比推理就是从两个或两类对象在一系列属性上的相同，同时又知其中一个或一类对象还有另一属性，进而推出另一个或另一类对象也有这一属性的类比推理。

例如，罗马体育馆的设计师们分析了人脑头盖骨的结构和性能后，发现，人脑头盖骨形薄、体轻，但却比较坚固。于是，他们想："如果按人脑头盖骨的结构和性能设计体育馆的顶层，不也可以使之形薄、体轻吗?"结果，他们大胆地设计施工，果然成功了。该推理的过程是：

人的头盖骨具有属性：颅形、形薄、体轻、多块构成、坚固；

体育馆的顶层具有属性：颅形、形薄、体轻、多块构成；

所以，体育馆的顶层也可能具有属性：坚固。

正类比推理的公式是：

A 对象具有属性 a、b、c、d，

B 对象具有属性 a、b、c，

所以，B 对象可能具有属性 d。

(2)负类比推理。负类比推理就是根据两个或两类对象不具有一系列属性，同时又知其中一个或一类对象还无另一属性，进而推出另一个或另一类对象也无这一属性。

例如，鲸不具有鱼的属性，鲸的体表无鳞、不用鳃呼吸，不是卵生的，不是变温动物，血液循环不是一条直线，等等。在非洲东海岸发现的空棘鱼，也像鲸一样，不具有上述一系列属性，于是得出结论：这一新发现的海洋动物也可能不是鱼。这个类比推理的过程是：

鲸：体表无鳞，不用鳃呼吸，不是卵生的，不是变温动物，不是鱼；

空棘鱼：体表无鳞，不用鳃呼吸，不是卵生的，不是变温动物；

所以，空棘鱼也可能不是鱼。

负类比推理的公式是：

A 对象无属性 a、b、c、d，

B 对象无属性 a、b、c，

所以，B 对象也可能无属性 d。

显然，无论是正类比还是负类比，其前提和结论，或者都是关于个体事物的个别性判断，或者都是关于某类事物的一般性判断。也就是说，类比推理的思维进程的方向性，或者是由个别到个别，或者是从一般到一般。类比推理的结论知识的一般性程度与前提知识的一般性程度是相同的，就这个意义而言，类比推理是从特殊到特殊的推理。类比推理的这一特征使它与演绎和归纳推理明确区别开来。首先，类比推理不同于演绎推理。从思维进程来看，演绎推理是从一般到特殊的推理，或者说，是由一般性程度较高的知识过渡到一般性程度较低的知识的推理，而类比推理是由特殊到特殊的推理。其次，类比推理也不同于归纳推理。归纳推理是由特殊到一般的推理，或者说，是由一般性程度较低的知识过渡到一般性程度较高的知识的推理，而类比推理却是由特殊到特殊的推理。

2. 类比推理的意义

尽管演绎推理和归纳推理的思维进程在方向上截然相反，一个是从一般到个别，一个是从个别到一般，但它们都是在同类对象的范围内进行的。或者说，它们都不超出同类事物的范围。类比推理则不受同类中一般与个别关系的严格限制，现实中那些差别极大的殊异对象，都可以进行类比推理，因此，类比推理的适用范围极广，无论是在日常生活中还是在科学研究中它都具有重要的意义。

首先，类比推理可以启发人的创新思维。在创造性思维中，常常用到类比推理。例如，在本节前面所举的例子中，由人工培育珍珠类推到人工生产牛黄，这正是由类比推理引发的一种创新思维。再比如，我国民间广泛流传的关于鲁班的传说，同样生动地说明了类比推理的启发作用。鲁班是春秋时鲁国的巧匠，传说他有一次承造一座大宫殿，需要很多木材，他叫徒弟上山伐树。当时还没有锯子，用斧子砍，木料供应不上，他很着急，就亲自上山检查。鲁班在上山时，他的手突然被什么东西划了一下，血流了出来。鲁班低头察看，原来是他抓住了路边的丝茅草，鲁班根本没有想到，丝茅草这样软嫩的叶子会把他的手划破。他又仔细找，总认为有什么锋利的东西，但除了丝茅草之外，实在没有别的东西了。突然，他注意到丝茅草长长的叶子两旁成齿状。他想，会不会是这齿状的叶子在作怪？他试了试，柔弱的齿状叶竟又把鲁班的手割破了一个口子。柔弱的齿状叶竟会如此锋利，那么齿状的铁片不是更锋利吗？以齿状的铁片割树岂不会加快速度？鲁班想到这里，高兴得顾不上手疼了，立刻跑回去，想啊想，试啊试，很快造成了锯。他和铁匠一起拿去锯树，果然成功了。显然，鲁班从丝茅草两边有锋利的小齿会划破人的手指这一现象，联想到按照丝茅草的形状打造铁片做成锯子，完全是得益于类比推理的启迪。

其次，科学史上许多科学假说的提出和科学理论的创立，也都得益于类比推理。例如，达尔文在创立进化论的过程中就使用了类比推理。他通过长期的观察，发现在家养条件下动植物会发生变异，新的有用的物种是通过生物的遗传性世代积累而逐渐形成的。同时，他还发现，人类对动植物有意或无意的选择是形成新物种的关键。于是他设想，能否把家养条件下动植物新种形成的知识类推到自然界呢？这里最困难的问题是，自然状态下生活的动物和植物由谁来选择？当达尔文偶然读了马尔萨斯的《人口论》之后，受到马尔萨斯“生存竞争理论”的启发，认识到自然界也存在着生存竞争。于是，他又进行了类比推理：在自然界中变异的物种是普遍的事物，物种的差异或变异大都可以遗传给后代，这些情况同家养条件下动植物的情况一样。在家养条件下，人工选择可以使新的物种形成；在自然条件下，是自然选择造就了不同的物种。自然状态下物种变异的保存或淘汰是自然选择的结果；自然状态下时刻进行的生存竞争，就是自然界在发挥自己的选择力量。可见，类比推理在达尔文创立进化论的过程中起了十分重要的作用。

最后，仿生学和模拟方法更是基于类比思维。20 世纪 60 年代兴起的仿生学，可以说是一门完全应用类比推理的学科。它研究生物的特长和形成这些特长的原因，使人类可以创造与生物相同的条件从而获得生物的特长。例如，人们以蛙眼具有准确地跟踪空中飞行目标的特异功能为依据，研制出能跟踪卫星，监视空中飞行目标的“电子蛙眼”，根据蝙蝠具有发射、回收超声波的功能，发明了能测定、跟踪空中飞行目标的雷达；根据狗的嗅觉特长，发明了“电子警犬”。医学界从植物可以插枝嫁接的事实，类推到人体及其他动物骨折后的再接；从一般动物的器官移植，类推到人体器官的移植；从人脑的信息系统和自我控制系统，类推到机器并最后研制成功了电脑、机器人，等等。而作为现代科学研究的重要方法之一的模拟法并不是像仿生学那样模拟原型的特长以便利用之，相反，它是研究根据原型构造或虚拟的模型的属性并最后推到原型上去，但它同样是应用类比推理。比如，建筑师设计出了某座建筑物的蓝图以后，为了验证设计得是否合理以及其他相关的各种承受能力，往往要依据原来设计制造出的某个缩小的比例模型，从事各种承受力（如防震、防火等）的试验；然后，根据模拟试验暴露出来的问题，进一步去完善原来的设计。再比如，计算机研究人员可以通过计算机虚拟核爆炸，以研究它的破坏范围、破坏效果、破坏方式以及对这种破坏的防范。

总之，类比推理是人们经常应用的一种推理形式，它是一种创造性的思维方法，是人们获得新知识的重要工具，也是提出科学假说、创建科学理论的重要方法。可以说，能否广泛而又恰当地应用类比推理，这是衡量一个人创造性思维能力的标志之一，一个善于思考的人，总是能够举一反三，触类旁通。应用类比推理，是锻炼独立分析和解决问题的能力的有效方式之一。

二、类比推理的可靠性问题

虽然应用极广的类比推理具有重要的意义，而且，科学史上的确有很多的类比推理的结论为实践所证实，但被实践所推翻的类比推理可能更多。这是因为，类比推理本质上就是或然性推理。也就是说，类比推理的结论是或然性的，即使前提是真的，结论仍然有两种可能：可能真，也可能假。既然如前所述，类比推理是把某对象所具有的属性推广到与之相似的某一对象上去，结论所断定的范围超出了前提所断定的范围，那么，它的结论就不可能具有必然性。毕竟在客观世界中，事物与事物之间不仅具有相似性，而且还具有差异性。某一属性既可能是类比对象之间的相似性，也可能是类比对象之间的差异性。如果是前一种情况，那么由真的前提可以得到真的结论；如果是后一种情况，那么由真的前提就会得到假的结论。因此，我们不能期望从类比推理中得到一个必然正确的结论，惟一能期望的是，尽可能提高类比推理的结论的可靠性。问题是：如何提高类比推理结论的可靠性？至少下面三种方法应该是有所帮助的。

第一，尽可能多地考察类比对象之间相同(或相似)的属性。考察的类比对象之间的相同属性越多，那么，结论的可靠性程度就越高；事物间相同的属性越多，它们在客观世界中的地位就越接近，这样，推出的属性就有较大的可能是两个对象所共有的。例如，一种新药研制出来后，人们先在动物身上做实验，从动物对新药的反应，来类推人体对新药可能引起的反应。由于高等动物在属种系统中比低等动物更接近人类，与人类有更多相同的属性。因此，用高等动物做实验类推出的结论显然比用低等动物做实验而类推出的结论要可靠得多。

第二，尽可能去考察类比对象之间那些与推移属性有本质联系的相同或相似的属性。相同属性与推移属性之间的联系越是本质联系，则结论的可靠性程度就越高。例如，19 世纪英国物理学家托马斯曾经比较过声和光的性质。声有直线传播、反射和折射等现象，特别是它有干涉现象，其原因在于它的波动性；光也有直线传播、反射和折射等现象，特别是它也有干涉现象。因此推出，光可能也具有波动性。在这个类比推理中，声和光共同具有的干涉现象与波动性(推移属性)之间具有因果联系，而因果联系是一种必然联系，为此，这个类比推理结论的可靠性就高。

第三，必须注意类比对象中是否存在与推移属性不相容的属性。如果存在这样的属性，就不能进行类推。例如，尽管地球与月球有许多属性是相同的，但是月球上昼夜温差太大，没有水，空气非常稀薄，而这些属性与生物生存这一推移属性是不相容的。因此，人们不能根据地球与月球的某些相同属性，推出月球上有生命存在的结论。

在应用类比推理时，应当注意避免“机械类比”的逻辑错误。“机械类比”是指仅仅根据两个或两类事物之间表面的某些情况相同或相似而推出另外某一情况也相同的逻辑错误。例如，近代科学泰斗牛顿就曾在类比推理上犯过错误，他把宇宙和钟表作类比。他认为宇宙中的星体与钟表运行都是十分有规律的，而钟表是由人来制造的，所以宇宙也必有一个制造者。而那个制造者只能是全能的上帝。他还认为，钟表在制造完成后并不能自己马上就运行，只有在人给它上发条后才能运转；由此他推出，上帝把整个宇宙制造完成后，所有的星体都静止在自己的位置上并不转动，要使其有规律地运转起来必须有人给它们一个初始的动力，而这个力只能来自上帝，这个力就是著名的“第一推动力”。

练 习

试分析下列类比推理的结构，并说明是否正确。

(1)在古代，我国劳动人民通过丝绸之路与波斯、印度等国通商。当时的运输工具是骆驼，运送碗碟等陶瓷器皿到达目的地时，打碎很多。后来人们从掉在石缝中生长的豆芽把碎石拴得紧紧的事实中得到启发，于是在装陶瓷器皿时绑得松一点，中间放些刚发芽的豆子，再浇上水，使豆子在途中长出来，把器皿挤得牢牢的。使用这种办法，陶瓷器皿的完好程度大大提高了。

(2)种植长绒棉需要日照长、气温高、雨量适度等条件。前苏联的乌兹别克地区有这样的条件，能种植长绒棉。我国塔里木河西岸，过去没种过长绒棉，但它和乌兹别克地区有相似的条件。因此，可以做出推断，塔里木河西岸也可能适宜种植长绒棉。后来，果然由新疆生产建设兵团种出了长绒棉。

(3) 法国的大仲马，写过《三剑客》、《基度山伯爵》等作品；还有一个小仲马，是《茶花女》的作者。小仲马是大仲马的儿子，父子俩都是举世闻名的作家。俄国有一个列夫·托尔所泰，还有一个阿列克谢·托尔斯泰，他俩也都是名作家，而且人们习惯上也称他们为大、小托尔斯泰。有人因此说，大、小托尔斯泰和大、小仲马一样，也是父子关系。

(4)美国麻省理工学院教授谢皮罗发现，每当他洗完澡放洗澡水时总发现水的漩涡是左转，即是逆时针方向流下去。开初他认为：这是否是他所用的浴缸里的特殊现象呢？谢皮罗为了研究这种现象，便设计了一个碟形容器，将水灌满，每当拔掉碟底的塞子时，碟底的水也总是形成逆时针的小漩涡。于是，他推想放水时漩涡朝左，并非偶然现象，而是一种有规律的现象。

后来他发表论文，认为这种现象与地球自转有关。如果地球停止自转的话，拔掉浴缸或其他容器的塞子，水不会产生漩涡。由于地球是自西向东不停地漩转，而美国又处于北半球，所以洗澡水总是朝逆时针方向漩转。不仅如此，谢皮罗由此进一步推导说，北半球的台风与洗澡水的漩涡是一样的。谢皮罗还断言：如果在南半球，则恰恰相反，洗澡水是按顺时针方向形成漩涡的，而在赤道是不会形成漩涡的。

谢皮罗的观点引起各国科学家的莫大兴趣。他们纷纷进行观察和实验，其结果全与谢皮罗的论断相符。

(5)一个多世纪以前，那些向西部传播文明的先头部队中的勇猛的先驱者们高喊着："不是去加利福尼亚，就是破产。"今天，另一类先驱以差不多相同的气势说："不是上月球，就是破产。"像所有的先驱者一样，那些实现太空计划的人遇到极端困难的问题，那些问题不时使他们自问，这种努力会不会得不偿失？从军事和国家安全的立场看，太空是宇宙的高地，没有哪个国家能忽视它。美国在这方面必须领先。当前，我们在太空计划方面，已经在某种程度上令人遗憾地畏缩不前。这反映在公众的情绪和减少的拨款上。或许一百多年以前的先驱者们也曾犹豫过，怀疑是否值得为他们正从事的远征冒险和付出代价。美国现今对这个问题的回答是断然的"是"。昨天的先驱者征服的是地球，而他们所得到的报偿是巨大的。今天我们谈论的是征服无限空间，其报偿相应地更为巨大。美国作为一个国家，经不起不提供必要的花费以保持我们在太空中的霸权。

第三节　探究或试错的方法

虽然进行或然性推理时常常是我们别无选择，但其结论的可靠性总是困扰我们的一个现实问题，也因此促使逻辑学进行长期的探索和研究，并最终发现，把握住事物间的因果联系，能有效地提高或然性推理的结论的可靠性程度。

那么什么是因果联系？自然界和人类社会的现象都是普遍联系、互相制约的，而事物间的因果联系正是客观世界普遍联系的一种重要表现形式。在互相联系的许多现象中，一个或一些现象出现，必然地引起另一个或一些现象的出现，那么前面的现象就是原因，后面的现象就是结果，它们之间的这种联系，就叫做因果联系。例如，甲开枪打伤乙，乙受伤是甲开枪引起的，因而甲开枪是原因，乙受伤是结果。

因果联系有以下特点：

(1)因果联系是一种必然的联系。有原因，必有结果；有结果，则必有原因。当我们暂时还不清楚某一结果的原因是什么，或某一原因产生的结果是什么的时候，那是受到了认识能力的限制，随着实践的深入和认识能力的提高，这种联系是一定能够搞清楚的。

(2)因果联系是普遍存在的，世界上没有一种现象不是由它的原因引起的，也没有一种现象不引起结果。事物的联系是复杂多样的，所以，要正确认识事物的因果联系就不能被假象所迷惑。

(3)在时间顺序上，原因总是在结果之前，结果总是在原因之后，但这不是因果联系的惟一特征。只根据这一特征，还不足以确定因果联系，有时，在先的现象并不一定是原因，在后的现象也不一定是结果。比如，昼夜的交替和四季的更迭就不存在因果联系。如果把时间的先后相继等同于因果联系，就犯了“以先后为因果”的逻辑错误。

(4)因果联系是客观的，是不以人的意志为转移的。人们只能认识它、把握它，而不能违背它。但是，因果联系是确定的、可重复的。同样的原因，在同样的条件下，一定会产生同样的结果。因此，人们可以把握它并且利用它。

当然，基于因果联系之上的或然性推理相对可靠得多，问题是：因果联系的认识显然是一个极其复杂的过程，怎样探究才能把握住它呢？实用的逻辑为我们提供了五种简单但常用的方法，即求同法、求异法、求同求异并用法、共变法和剩余法。通过这些方法来探究因果联系并不能保证我们得到必然正确的结论，因此这些探究的方法也被称之为试错的方法。又因为它们是19世纪英国著名逻辑学家穆勒在培根研究的基础上提出来的，因此这些探究或试错的方法又叫“穆勒五法”。

一、求同法

求同法就是在被研究现象都出现的不同场合中，寻找共同情况来探求因果联系的方法。穆勒在他的《逻辑体系》中是这样表述的：“如果所研究现象的两个或更多的场合中仅有一种情况是共同的，那么这个惟一与所有场合相适合的情况就是所给现象的原因，或结果。”求同法的特点是异中求同。

求同法的公式是：

场合	先行情况	被研究现象
①	A、B、C	a
②	A、D、E	a
③	A、F、G	a

所以，A 是 a 的原因。

例如，人们摩擦双手，手就发热；用锯子锯木头，锯片就发热；用锉刀锉铁，锉刀就发热。发热是共同的现象，手、锯片、锉刀有许多不同情况，搓手、锯木、锉铁这三个不同场合中只有摩擦是共同的情况。可见，摩擦是发热的原因。

又如，达尔文研究生物和环境的关系时，发现鱼类的鲨鱼、爬行类的鱼龙和哺乳类的海豚，由于都生活在海洋中，外貌相似，都是梭形，都有鳍，于是得出结论：相同的生活环境是不同类的动物具有类似形态结构的原因。

运用求同法时，应注意两点：

(1)求同法的结论是或然性的，它的可靠性与考察场合的数量有关，考察的场合越多，结论的可靠性就越高。例如，走进某学生寝室，发现两名成绩优异的学生都有电脑，就以为电脑与这些学生成绩优异有因果联系，但再多走几间寝室就可能发现，有些学生没有电脑，但也成绩优异。因此，只有尽可能多考察一些相关场合，才能排除那些不相干的情况。

(2)在被考察的几个场合中，最初发现的共同情况可能不是真正的原因，而真正的原因可能隐藏在不同情况中。例如，某人一连三个晚上失眠。回忆起来，第一天晚上看了三个小时书，又喝了几杯浓茶，洗了几件衣服；第二天晚上也看了三个小时的书，又抽了许多香烟，吃了一个苹果；第三天晚上同样看了三个小时的书，还喝了大量咖啡，吃了一些西瓜。看起来，这三天晚上有一个共同的先行情况，那就是看了三个小时的书。应用求同法，就可得出晚上看三个小时书是失眠的原因。但这却有可能把隐藏在现象后面的真实原因忽略了。其实，虽然从表面看，喝几杯浓茶、抽许多香烟、喝大量咖啡是三个不同的先行情况，但它们包含着另一个较为隐蔽的共同点：那就是摄入了大量兴奋性的东西，而这个共同的因素在一般情况下是失眠的真正原因。当然，真正的原因还可能隐藏在相同情况中，也就是说，相同情况只是一个间接的原因。比如，长期以来，人们认为沼泽地是引起疟疾的原因，后来才发现，真正的原因是疟蚊，沼泽地容易孳生疟蚊，沼泽地只是疟疾的间接原因。

二、求异法

求异法是通过分析正反两个场合具有若干相同情况而只有一个不同情况来探求因果联系的方法。被研究现象出现的场合叫正面场合，被研究现象不出现的场合叫反面场合。穆勒对求异法是这样表述的："如果一场合中出现所研究的现象，而另一场合中不出现，除一种情况外，两个场合其他所有的每一情况都相同，而这一情况仅在前面的场合出现，这个惟一的两种场合中的不同情况就是所研究现象的结果，或原因，或其原因的必不可少的部分。"求异法的特点是同中求异。

求异法的公式是：

场合	先行情况	被研究现象
正面场合	A、B、C	a
反面场合	–、B、C	–

所以，A 是 a 的原因

例如，有两块试验田，土壤条件、气候条件和田间管理都基本相同，一块播优良品种，一块播普通品种，结果播优良品种的试验田的产量比另一块田的产量高，可见，优良品种是增产的原因。

《洗冤录》上载有一个因借债不还反用镰刀杀人的案子。检官探明借债人住处，令该地居民将镰刀全部交出，"布列地上。时方盛暑，内镰刀一张，蝇子飞集。检官指刀问：为谁者？忽有一个承当，乃是借债克期之人，就擒讯问，犹不服。检官指刀令自看：众镰刀无蝇子，今汝杀人，血腥气犹在，蝇子集聚，岂可隐耶？左右环视者，失声叹服，而杀人者叩首服罪"。检官在这里就运用了求异法。

与求同法相比，求异法具有更广泛的认识作用。

(1)求异法主要用于实验，而实验可以用人工的方法改变自然条件，因此，它的应用范围比以观察为基础的求同法要广泛得多。

(2)求异法的结论具有更高的可靠性。因为它是从原因存在与不存在两个方面来考察的。因而，求异法常用来检验求同法在观察过程中获得的结论。

求异法相对来说是更可靠的方法，但是，它的结论仍是或然性的，因此，为了提高结论的可靠性程度，尤其要注意先行情况中的不同是否惟一的不同。有时，观察到的不同并不是真正的原因，相同的背后还隐藏着更重要的不同。例如，某人前天晚上整夜失眠，昨天晚上却睡得非常好。回想起来，前天晚上看了两个小时书，又喝了几杯饮料，吃了一些西瓜，洗了几件衣服，看了十分钟的电视新闻；昨天晚上也喝了几杯饮料，吃了一些西瓜，洗了几件衣服，看了十分钟的电视新闻，但没有看书，由此就得出晚上看两个小时书是失眠的原因。而事实却可能并非如此，也许相同的背后还隐藏着更重要的不同：前天晚上喝的饮料是浓咖啡，昨天晚上喝的是橘子汁。因此，不是看书而是喝浓咖啡令他前天晚上失眠。

三、求同求异并用法

求同求异并用法就是通过寻找在一组正面场合中惟一的共同情况和在一组反面场合中都不存在这一情况的共同点来确定因果联系的方法。穆勒对这种方法的表述是这样的："如果某现象在出现的两个或更多的场合中仅有一种情况是共同的，而在不出现的两个或更多的场合中除了都缺少这个情况外，再无相同之处，那么这两组场合中惟一不同的情况便是该现象的结果或原因，或原因的必不可少部分。"

求同求异并用法的公式是：

场　合	先行情况	被研究现象
正事例组	A、B、C	a
	A、D、E	a
	A、F、G	a
反事例组	–、H、J	–
	–、M、N	–
	–、Q、R	–

所以，A 是 a 的原因。

例如，几块不同的麦田都施了磷肥，小麦都增产了；另外几亩不同的麦田没施磷肥，小麦都没增产，于是得出结论：施磷肥是小麦增产的原因。

《资治通鉴》上有这样一段故事。皇上问魏征曰："人主何为而明，何为而暗？"对曰："兼听则明，偏信则暗。昔尧请问下民，故有苗之恶得以上闻；舜明四目，达四聪，故共、鲧、欢兜不能蔽也。秦二世偏信赵高，以成望夷之祸；梁武帝偏信朱异，以取台城之辱；隋炀帝偏信虞世基，以致彭城阁之变。是故人君兼听广纳，则贵臣不得壅蔽，而下情得以上通也。"

魏征的分析是，尧和舜都能兼听，所以圣明；秦二世、梁武帝和隋炀帝都偏信，所以昏暗而国破身辱。所以兼听是下情上通而国君圣明的原因。这就是一个求同求异并用法的思维过程。

求同求异并用法的特点是既识同，又辨异，小中求同，大中求异。它实际上是通过三个步骤来确定因果联系的。

第一步，把被研究现象 a 出现的正事例组的各情况加以比较，发现只有一个共同情况 A，用求同法得出结论：A 是 a 的原因。

第二步，把被研究现象 a 不出现的反事例组的各情况加以比较，发现只有一个共同情况——都不出现 A，用求同法得出结论：不存在 A 是没有 a 的原因。

第三步，比较正反两组事例，正事例组有 A 就有 a，反事例组无 A 就无 a，用求异法得出结论：A 是 a 的原因。

由于这样多角度多层次地分析，所以求同求异并用法的结论比单独运用求同法或求异法更为可靠。需要说明的是，这种求同求异并用法不是先求同后求异的简单相继运用，而是两次求同后，再求异。

运用求同求异并用法应该注意：

①选取的场合越多，结论的可靠程度越高。

②选取的反事例组应与正事例组相似或接近，这样才容易比较。因为反事例组很多，那些与所研究的因果联系没有实际意义的，就不要选它。

四、共变法

共变法的内容是：如果某一现象发生一定程度的变化，另一现象也发生一定程度的变化，那么该现象就是另一现象的原因。穆勒对这种方法的表述是这样的："不论什么现象，在任何时候，它的任一方式变化是随着另一现象以某一特殊方式变化的，那么该现象是另一现象的原因或结果，或有某种因果事实的关联。"共变法的特点是变中求同。

共变法的公式是：

场合	先行情况	被研究现象
①	A_1、B、C	a_1
②	A_2、B、C	a_2
③	A_3、B、C	a_3

所以，A 是 a 的原因。

例如，盐吃多了会引起高血压。据统计，美国白人每天吃 10 克食盐，高血压发病率约为 10%；黑人每天吃盐的数量为白人的 2 倍，高血压发病率也为白人的 2 倍；而日本北部居民，每天吃盐 26 克，高血压发病率为 40%，为世界上高血压发病率较高的地区。由此可见，食盐过量与患高血压是有因果联系的。

除了正比的共变，还有反比的共变。例如，温度不变时，气体压力越大，体积越小；压力越小，体积越大。

共变法和求异法有着密切的关联，有时可结合使用，但两者毕竟是有区别的。要是把两个共变关系的现象变化到极点，就达到求异法要求的条件。例如，在盛有空气的玻璃罩里通电敲铃时，逐步往外抽气，铃声就越来越小，这就是共变法的运用。当把空气抽净的时候，就听不到铃声，这就是求异法的运用了。在这种意义上说，求异法是共变法的极端场合。

共变法的优点在于，它不但能求出原因，而且能找出因果间的数量关系。同时，它又比求异法简便易行，只要有共变关系，就能得出结论，不必像求异法那样，比较“有”、“无”两个极点。

运用共变法时应注意：

①只有在其他情况保持不变的条件下，共变才有因果联系。

②有的共变现象并无因果联系，要注意分析。例如，闪电越强，雷鸣越大，但闪电并非雷鸣的原因。两者都是自然放电的结果。

③共变有一定的限度，超过限度就会失去共变关系。比如，密植能增产，但必须合理，超过限度反而会减产。

五、剩余法

剩余法是通过排除两个具有因果联系的复合现象中的已知对应部分而确定剩余部分之间具有因果联系的方法。其特点是余中求同。穆勒对这种方法的表述是这样的：“从任一现象减去由先前的归纳所已知为某些前件结果的那些部分，该现象剩余的即为保留下的前件的结果。”

剩余法的公式是：

复合情况 A、B、C、D 是复合现象 a、b、c、d 的原因，
B 是 b 的原因，
C 是 C 的原因，
D 是 d 的原因，
所以，A 是 a 的原因。

例如，天文学家在观察天王星时，发现这颗行星在它运行的轨道上发生多种偏离，经过计算，知道其他已知行星的引力是使天王星发生部分偏离的原因，由此得出结论，还有一颗未发现的行星，是使天王星发生剩余的偏离的原因。后来，果然发现了这颗行星，它就是海王星。

镭的发现也应用了剩余法。居里夫人已经知道纯铀的放射性强度，也知道纯铀在沥青矿石中的比重，但是她发现沥青铀矿发出的放射线比它所含的

纯铀的放射线强得多。于是指出，在沥青铀矿中一定还有其他放射性元素。经过研究，后来就发现了这种元素——镭。

以上介绍的五种探求因果联系的方法，往往不是孤立地使用的，而是常常结合起来，特别是求同法、求异法和共变法结合应用的情形特别多。

仍以“摩擦生热”为例说明之。

先用求同法：双手摩擦生热，用锯片锯木头生热，锉刀锉铁生热，共同情况是摩擦，所以，摩擦是生热的原因。

再用求异法：这些东西摩擦生热，不摩擦不生热，于是推断，摩擦是生热的原因。

进一步用共变法：摩擦时间不断延长，热度也不断增加，于是推断，摩擦是生热的原因。

经过这样反复的研究，这个结论便更加可靠，以致完全正确了。一般来说，综合运用这三种方法所得出的结论，可靠程度就相当高了。

练习

分析下列各题运用了何种探求因果联系的方法。

(1)一个单位的领导班子作风越正派，相互之间越团结，越依靠群众，这个单位的工作就越有成绩。由此可见，领导班子作风正派，团结一致，依靠群众，是取得工作成绩的主要原因之一。

(2)把绿色植物移到黑暗地方，它就失去了绿色；再把它移到有光的地方，它又重新得到绿色；由此可见，光与植物产生绿色之间可能有因果联系。

(3)一百多年前，一艘远洋帆船，载着5个中国人和几个外国人由中国开往欧洲。途中除5个中国人外，几个外国人全病得奄奄一息。经诊断，他们都患有坏血病。同坐一条船，同样是人，一样的风餐露宿，受苦挨饿，漂洋过海，为什么中国人同外国人却判若异类呢？原来船上的中国人和外国人在喝水方面有些不同，就是这5个中国人都有喝茶水的嗜好，而茶叶里含有丰富的维生素C，它对抗坏血病有功效，所以这5个中国人没有患坏血病。

(4)停着的风车，忽然转起来了，你会想到这是风吹动了它；停在铁道上的车辆忽然动起来了，你一定会想到是火车头拉动了它；地上的球忽然腾空而起，准是谁踢了它一脚。这些例子说明：凡是静止的物体开始运动都是受了外力的作用。

第八章　思维的基本规律

内容提要：* 逻辑思维的基本特征
* 思维基本规律的特征
* 同一律与偷换概念
* 矛盾律与自相矛盾
* 排中律与模棱两不可
* 矛盾律与排中律的异同

第一节　概述

一、逻辑思维的基本特征

逻辑思维的基本特征是思想的确定性，它具体表现为思想的同一性、无矛盾性、互相否定的思想的排中性。

思想具有确定性，只有具有确定性的思想才是可以理解的。逻辑思维必须具有这种基本特征，思维活动才能有条不紊地进行；否则，思想就会出现游移不定、自相矛盾、含混不清。例如：

(1)旅顺的蛇岛从来就没有人上去过，当然，上过旅顺蛇岛的人也从来就没有回来过。

(2)很多同志主张写作的时候应当讲究语言形式。我的看法则与之不同，我认为应提倡内容与形式的统一，而必须纠正和反对这种形式主义的倾向。

在这里，例(1)就犯了自相矛盾的逻辑错误；例(2)则混淆了“语言形式”与“形式主义”这两个概念。

二、逻辑思维基本规律的特征

人们进行思维，要用到概念、判断、推理等思维形式。逻辑思维的基本规律是关于思维形式的一般规律。在概念、判断和推理等不同思维形式中有一些相应的规则，这些规则都有其特定的作用范围。例如，概念中定义、划分的规则，各种推理的规则，证明的规则，等等。这些规则都不具有普遍的意义。我们在思维过程中，除了要遵循这些特殊的规则外，还要遵循一些基本的、广泛适用的逻辑规律。相对于各种思维形式特有的规则来说，它们是思维形式的基本规律。

逻辑思维的基本规律有三条，即同一律、矛盾律、排中律。遵循这些规律，就可以使我们的思维首尾一贯，保持同一和确定，从而做到概念明确、判断恰当、推理合乎逻辑性和论证有说服力。违反这些规律的要求，我们的思维和论证就会含混不清、自相矛盾、模棱两可，从而也就不能达到正确地表达思想、交流思想和正确地认识事物的目的。由于这三条规律概括地表现了逻辑思维的基本特征，因此，它们在各种逻辑形式中普遍起作用，成为人们在运用概念、判断进行推理时必须遵守的起码准则，是正确思维所遵循的基本前提，因而，这三条规律是逻辑思维的基本规律。

逻辑思维的基本规律，是对人类长期思维经验的总结和概括。因而，它具有不同于客观事物本身所具有的规律的特点。作为思维规律，它只对人的思维及表达思想起制约作用，而不对客观事物的发展变化起制约作用。所以，它绝不是像某些唯心主义逻辑学家所说的那样，是先验的，是人的头脑中固有的；也绝不是像现代唯心主义逻辑学家所说的那样，是人们在社会生活中为了方便而约定俗成、主观随意地建立起来的，就像随意地确定一种打球、下棋、玩扑克的规则一样。

逻辑思维的基本规律是思维的规律，不是事物本身的规律。但它们又不是和客观现实毫无关系的主观臆造出来的规律。概括地说，同一律、矛盾律、排中律是对客观事物本身所具有的相对稳定性的正确反映。因此，它们具有思维的确定性、不矛盾性和明确性的特征。人们的思维只能遵守它，不能违反它，一旦违反了，思维就会发生混乱。

思维的确定性是指在同一思维过程中，每一个概念、判断的内容都是确定的，是什么内容就是什么内容，表达的内涵、外延、语义都是相同的，否则，就是违反了思维过程中的确定性。

思维的不矛盾性是指在同一思维过程中，不能对某一个思想做出相互矛盾的断定，不能既肯定同时又否定某一个思想，否则，就是违反了思维过程中的不矛盾性。

思维的明确性是指在同一思维过程中，对于互相否定的思想要明确地做出选择，选择“是”或“非”，不能同时都否定，不能含糊其辞，否则，就是违反了思维过程中的明确性。

第二节　同一律

一、同一律的基本内容及逻辑要求

同一律的基本内容是：在同一时间、同一关系下，对同一对象的同一方面的思维过程中，每一思想必须与其自身保持同一。

同一律的公式是：

A 是 A。

或者表达为：　　A→A

A 表示任何一个概念或判断，即任意一个思想"A 是 A"表示在同一思维过程中，每一概念或判断都要与其自身保持同一，即保持确定性。

"在同一时间、同一关系下，对同一对象的同一方面的思维过程"可简称为"同一思维过程"，指的是在确定的思维对象处于量变阶段，尚未发生质变之前的情况下，关于这一思维对象的"思维过程"。

同一律要求，在同一思维过程中，任何概念和判断必须保持自身的同一性和确定性。

当 A 表示一个概念时，"A 是 A"表示 A 的内涵和外延必须是确定的，要保持自身同一。例如，"利润"这个概念，它有三种含义，在文言文中，它作"分沾利益"讲；在资本主义制度下，它是"剩余价值的转化形式"；在社会主义制度下，它是指"企业按照国家规定的价格出售商品的所得扣除成本和缴纳税金后的纯收入"。在同一思维过程中，"利润"的内涵和外延应是确定的，它不能既指资本主义的利润，同时又指社会主义的利润，"亦此亦彼"，必然会造成思维的混乱。

当 A 表示一个判断时，"A 是 A"表示对某种思维对象所做出的断定是确定的，即肯定就是肯定，否定就是否定，真的就是真的，假的就是假的。例如，"百年大计，教育为本"这个判断，它断定了教育对社会科技的发展、经济的振兴，乃至整个社会的进步都具有重要意义。这是一个肯定判断，一个真判断。它与否定或贬低教育在社会发展中的地位与作用的判断根本不同。A 就是 A，它所断定的内容是确定的，也要保持自身的同一。

综上所述，同一律是关于思维确定性的一条规律，它要求在同一思维过程中，每一思想(主要指概念和判断)都要有确定的内容，不能亦此亦彼。当然，这一要求是有条件的，即在“同一思维过程中”，一旦超出了这一条件要求的范围，即在不同的时间、不同的关系下，也就不能要求概念或判断仍须保持自身的同一了。

二、诡诈之一：偷换概念和偷换命题

在运用概念、判断进行推理论证的过程中，如果违反了同一律的要求，那就要出现逻辑错误，这些逻辑错误主要是偷换概念和转移论题。

所谓偷换概念是指在同一思维过程中，没有保持概念的内涵和外延的同一。造成这种逻辑错误的原因大致有两种：第一，前后不是在同一意义上使用同一个语词，而把同一个语词表达的不同概念混淆起来了；第二，把前、后两个内涵和外延完全不同的概念混为一个概念。

例如，达尔文的《物种起源》问世之后，宗教界咒骂该书有损人的尊严，他们认为，“人起源于类人猿”的论断亵渎了神灵，每个人都有自己的父母，没有一个人的祖父母同无尾猿有亲属关系。

当时宗教界的这番议论，从根本上讲是维护宗教迷信的，从逻辑上讲是混淆了集合概念与非集合概念的界限，把“人”这一语词表达的不同概念混为一谈，没有保持概念的同一，犯了“偷换概念”的逻辑错误。

又如，有人说：“随着国家垄断资本主义的发展，资本主义发达国家在指导经济的增长方面也越来越多地采用计划和预测的方法，以减少经济波动。因此，资本主义的发展，也将越来越具有计划经济的性质。”

这位先生的上述议论把“计划与预测”与“计划经济”混为一谈，在同一思维过程中，没有保持概念的同一，也是犯了“偷换概念”的逻辑错误。因为前者是一种方法，而后者则是指的经济制度。这两个概念在内涵和外延方面都是完全不同的。

所谓转移论题是指在同一思维过程中，人们在运用判断进行推理和论证时没有保持判断的同一，中途以其他判断取代了原来的判断。

例如，有这样一篇题为“茅台酒的来历”的说明文：

名甲天下誉满全球的茅台酒，是以其产地茅台村命名的。茅台村现为茅台镇，位于贵州省仁怀县城西北近五十华里的赤水河畔。三四百年前，这里还是一个小小的渔村，因为到处长满莽莽苍苍的茅草，人们就叫它茅草村，简称茅村。公元1745年(乾隆十年)，清政府组织开河修道，舟楫畅通茅村，茅村成为川盐入黔水陆交通的要冲，日趋繁盛，一度成为拥有六条大街的集镇，茅草也随之消灭，只有寒坡岭下的一个土台上尚长着茅草，于是人们又改茅村为茅台村。从清朝末年起，因茅台酒声名日震，人口大增，故人们把茅台村改为茅台镇，一直沿用至今。

这篇文章的题目是《茅台酒的来历》，作者本应着重说明“茅台酒”的产生和发展的历史，而这里通篇都是说明“茅台镇名的来历”。这种文不对题的现象就是犯了“转移论题”的逻辑错误，违反了同一律的要求。

在同一思维过程中，没有保持概念的同一，所犯的错误叫“偷换概念”或“混淆概念”；没有保持判断的同一，所犯的错误叫“转移论题”或“偷换论题”。那么，如何区分“偷换”和“混淆”呢？若依一定的客观标准，对二者进行严格的区分是困难的。但从主观方面看，我们可以把凡是出于某种目的故意地破坏概念和判断的同一，制造逻辑错误的现象，视为“偷换概念”或“偷换论题”；把凡是无意识地违反了同一律的要求，没有保持概念和判断的同一而犯的错误，视为“混淆概念”或“混淆论题”。这种逻辑错误多半是由于思想模糊，认识不清，或者由于缺乏逻辑修养、不善于准确地使用概念和判断来表达思想所造成的。

生活中，违反同一律要求的情况是常见的，一般来讲，我们应当尽力避免。但是，在特殊情况下，“偷换概念”、“转移论题”并不一定是贬义。恰恰相反，有时，它还可能产生意外的奇效，显示出思维者的机敏。

例如，鲁迅在厦门大学担任研究院教授时，反动校长林文庆经常克扣办学经费，刁难师生。一次会议上，林文庆不顾教授们的反对，要把经费削减一半。他说：“关于这件事，不能听你们的。学校的经费是有钱人拿出来的，只有有钱人，才有发言权！”鲁迅闻言，立即站起来，“啪”地一声将两枚银币放在桌子上，铿锵有力地说：“我有钱，我也有发言权！”林文庆未料到鲁迅会说出这句话来，一时措手不及，狼狈不堪。在鲁迅接下来的一番有理有据的陈述前面，林文庆哑口无言，最后，只好灰溜溜地收回了自己的主张。

这里，鲁迅巧换概念，在不同意义上使用“有钱”这一语词，出奇制胜，给了林文庆当头一棒，使之乱了阵脚，先在心理上输了几分，最后不得不败下阵来。鲁迅的这种说话技巧，在特定的情况下，有非常重要的意义，很值得我们借鉴。

同一律作为人们认识事物、表达思想的思维规律，是以承认客观事物具有质的规定性为前提的。与形而上学相反，同一律不仅不断定事物永远不变，而且它也不断定概念和判断是永久不变的。随着事物本身的发展，以及人们对事物认识的发展，反映事物的概念和判断也是发展变化的。同一律虽然并不具体研究概念和判断如何发展变化，但它绝不否定概念和判断的发展变化。它所要求的是，不论概念和判断怎样发展变化，但在同一思维过程中，必须保持概念和判断的确定性，不能随意变换或偷换。

练 习

(1)下列议论是否违反了思维的基本规律？为什么？

① 对于同一个问题，有些人这样说，另一些人那样说，这两种人之间是没有共同语言的。由此可见，语言是有阶级性的，没有什么全社会共同的语言。

②“马者，所以命形也；白者，所以命色也；命色者非命形也，故曰白马非马。”(《白马论》)

③ 老虎是动物，所以，大老虎是大动物。

④ 狗是爱兽，所以苏格拉底的狗是苏格拉底的爱兽。而这两只狗中，黑狗是父亲。所以苏格拉底的黑狗是苏格拉底的父亲。

⑤ 李某肯定懂得这篇文章，因为他是懂法文的，而这篇文章正是用法文写的。

⑥ 在古代希腊，“辩证法”一词是用于与“论辩”相近的意义上，最初它是用来专指在问答中通过揭示对方谈话中的错误将对方引入困境，迫使对方接受自己的观点(主要是指对事物的定义)的方法，而后来它逐渐具有了与形而上学方法论相对立的含义。

⑦ 内涵与外延是概念的两个逻辑特征，任何概念都是内涵与外延的统一体。但虚设概念只有内涵而没有外延。

⑧ 语言是没有阶级性的，这一点，显然你也不会否认，可是为什么你又指责我的发言代表了资产阶级的利益呢？

⑨ 变是绝对的，不变是相对的。我们的干部在实行开放政策之后，也肯定会变。只有坚持四项基本原则，才能保持不变。

⑩ 甲问：我还需要等多久？

乙答：你如果不耐烦，你就别等。

(2)李四买了块新手表。他把新手表与家中的挂钟对照，发现手表比挂钟一天慢了4分钟；后来他又把挂钟与电台的标准时对照，发现挂钟比电台标准时一天快了4分钟。李四因此推断：他的手表是准确的。

以下哪项是对李四推断的正确评价？( )

A. 李四的推断是正确的，因为手表比挂钟慢4分钟，挂钟比标准时快4

分钟，这说明手表准时

B. 李四的推断是错误的，因为他不应该把手表和挂钟比，应该是直接和标准时比

C. 李四的推断是错误的，因为挂钟比标准时快4分钟，是标准的4分钟；手表比挂钟慢4分钟，是不标准的4分钟

D. 李四的推断既无法断定为正确，也无法断定为错误

(3) 春山和鲁苏都爱好文艺。有一次，鲁苏给春山写了一封谈文艺的信，信中说："我总觉得文艺作品是有阶级性的。请看：列宁称赞《国际歌》是'全世界无产阶级的歌'。'一个有觉悟的工人，不管他来到哪个国家，不管命运把他抛到哪里……他都可以凭《国际歌》的熟悉的曲调，给自己找到同志和朋友'。由此可见，《国际歌》是有思想性的。美术作品也是有思想性的。据说八大山人朱耷画鸟有'白眼向人'的姿态，画兰花都必须露出根须，表示国土无存，以寄托他怀念明朝、对抗清朝统治的意向。由此可见，美术作品表现思想感情都是极其隐晦曲折的。又如，瞎子阿炳的二胡曲子，刘天华的《良宵》、《病中吟》和《光明行》，也是表现了作者不同思想感情的。可见，同一种艺术形式也可以表达不同的思想感情。总而言之，文艺作品都是有思想性的。当然，没有阶级性的文艺作品也是存在的。这种情况，正像存在着'共同美'一样。例如，山水画、风景画就很难说只为资产阶级服务。凡是美的东西，无产阶级觉得美，资产阶级也不会说不美的。例如，杭州西湖，外宾不是经常来吗？"

春山在复信中向鲁苏指出："你的来信，有些地方混淆了概念，有些地方又转移了论题。希望你今后注意逻辑修养。"

请指出鲁苏混淆了哪些概念？转移了哪些论题？

(4) 某对外经营的游泳池更衣室入口处贴着一张启事，称"凡穿拖鞋进入游泳池者，罚款5~10元"。某顾客问："根据有关规定，罚款规定的制定和实施，必须由专门机构进行，你们怎么可以随便罚款呢？"工作人员回答："罚款本身不是目的。目的是通过罚款，来教育那些缺乏公德的人，保证游泳池的卫生。"

上述工作人员所犯的逻辑错误，与以下哪项中出现的最为类似？(　)

A. 管理员："每个进入游泳池的同志必须戴上泳帽，没有泳帽的到售票处购买。"

某顾客："游泳池中那两位同志怎么没戴泳帽？"

管理员："那是本池的工作人员。"

B. 市民："专家同志，你们制定的市民文明公约第5条第10款，内容太多，不易记忆，可否精简，以便直接起到警示的作用。"

专家："这次市民文明公约，是在市政府的直接领导下，组织专家组，在广泛听取市民意见的基础上制定的，是领导、专家、群众三结合的产物。"

C. 甲：什么是战争？

乙：战争是两次和平之间的间歇。

甲：什么是和平？

乙：和平是两次战争之间的间歇。

D. 甲：为了使我国早日步入发达国家之列，应该加速发展私人汽车工业。

乙：为什么？

甲：因为发达国家私人都有汽车。

E. 甲：一样东西，如果你没有失去，就意味着你仍然拥有。是这样吗？

乙：是的。

甲：你并没有失去尾巴。是这样吗？

乙：是的。

甲：因此，你必须承认，你仍然有尾巴。

(5)"世间万物中，人是第一可宝贵的。我是人，所以，我是世间万物中第一可宝贵的。"

这个推理中的逻辑错误，与以下哪项中出现的逻辑错误最类似？(　)

A. 作案者都有作案动机，某甲有作案动机，所以某甲一定是作案者

B. 各级干部都要遵纪守法，我不是干部，所以我不要遵纪守法

C. 群众是真正的英雄，我是群众，所以我是真正的英雄

D. 人贵有自知之明，你没有自知之明，所以，你算不得人

E. 想当翻译就要学外语，我又不想当翻译，何必费力学外语

(6)商家为了推销商品，经常以"买一赠一"的广告招徕顾客。

以下哪项最能说明这种推销方式的实质？(　)

A. 商家最喜欢这种推销方式

B. 顾客最喜欢这种推销方式

C. 这是一种亏本的推销方式

D. 这是一种耐用商品的推销方式

E. 这是一种以偷换概念的方法推销商品的手段

第三节　矛盾律

一、矛盾律的基本内容和逻辑要求

矛盾律的基本内容是：在同一时间、同一关系下，对同一对象的思维过程中，两个具有矛盾关系或反对关系的思想不能同时都是真的，其中至少有一个是假的。

矛盾律的公式是：

A 不是非 A。

这里，A 表示任何一个概念或判断，即任意一个思想。非 A 则表示对 A 的否定。A 与非 A，是指具有矛盾关系或反对关系的思想。

矛盾律的要求是：在同一思维过程中，如果出现两个具有矛盾关系或反对关系的思想，不能同时肯定它们都是真的，而必须指出其中至少有一个是假的。简言之，就是必须保持思维的前后一贯性，不能自相矛盾。

当 A 表示一个概念时，“A 不是非 A”表示 A 与非 A 不是同一个概念。在同一思维过程中，如果思维对象是 A，必然就不是非 A，二者不可同真，至少有一假。人们不能同时用 A 与非 A 指称同一对象。例如，在同一思维过程中，人们不能用“文学作品”和“非文学作品”这两个互相矛盾的概念指称同一本书。因为这本书如果是“文学作品”(A)，就必然不是“非文学作品”(非 A)，二者同真是不可能的。又如，在同一思维过程中，人们也不能用“铜制品”和“铝制品”这两个互相反对的概念指称同一件金属物品。因为，这件物品如果是“铜制品”(A)，就必然不是“铝制品”(非 A)，当然，这件物品也可能既不是铜的，也不是铝的。但是无论如何，它不能同时既是“铜制品”，又是“铝制品”(此处不涉及合金制品问题)，两者之间至少必有一假。

当 A 表示一个判断时，“A 不是非 A”表示 A 与非 A 不是同一个判断。在同一思维过程中，如果关于同一思维对象的断定是 A，必然就不是非 A，二者不可同真，至少有一假。例如：

(1) A：这个监狱的在押犯都有前科(SAP)。

非 A：这个监狱的在押犯有的没有前科(SOP)。

(2) A：这个监狱的在押犯都是盗窃犯(SAP)。

非 A：这个监狱的在押犯都不是盗窃犯(SEP)。

例(1)是一组矛盾关系的判断，由于对思维对象(A 与非 A)的情况的断定穷尽了两种可能，非此即彼，“A与非A”二者必有一假。所以在同一思维过程中，不能确认二者同真。例(2)是一组反对关系的判断，由于对思维对象的情况的断定没有穷尽一切可能(在押犯还可能为诈骗犯、强奸犯、杀人犯等)，A与非A，可能全假，但至少有一假，所以，在同一思维过程中，也不能确认二者同真。

综上所述，矛盾律也是关于思维确定性的规律，它要求在同一思维过程中，思想(概念和判断)要前后一贯，不能对两个具有矛盾关系或反对关系的思想都确认为真。

二、诡诈之二：自相矛盾

违反矛盾律的要求，所犯的逻辑错误叫“自相矛盾”，即在同一思维过程中，对两个互相矛盾或互相反对的思想同时予以肯定，确认为真。

“自相矛盾”在概念的运用上，表现为把两个相互矛盾或相互反对的概念组合成一个实质上不能成立的新概念，用以指称同一个思维对象。例如：

(1)绿油油的荒山。

(2)可以数完的无限数列。

不难看出，这两例本身均包含着逻辑矛盾，是不能成立的。因为，思维对象既为“荒山”，便不可能是“绿油油的”；既为“无限数列”，便不可能是“可以数完的”。

“自相矛盾”在判断的运用上，主要表现为在同一思维过程中，对两个相互矛盾或相互反对的判断同时予以肯定，确认为真。例如，《韩非子》一书中讲的那个卖矛和盾的人，当他自吹其盾之坚于物莫能陷，其矛之利于物无不陷时，有人问他：“以子之矛陷子之盾，何如?”卖矛与盾的人无言以对，这是因为在他对自己的矛和盾的吹嘘中，对两个相互矛盾的判断同时加以肯定，确认为真，犯了“自相矛盾”的逻辑错误，而使自己陷入了自相矛盾的境地。这两个矛盾关系的判断可整理如下：

A：吾盾之坚，于物莫能陷。

非A：吾矛之利，于物无不陷。

不难看出，这种矛盾关系的判断不能同时为真。盾坚(A真)，则矛不利(非A假)；反之，矛利(非A真)，则盾不坚(A假)。事实上，正如韩非所说：“不可陷之盾与无不陷之矛，不可同世而立。”或盾坚，或矛利，二者不能同时并存，必有一假。

“自相矛盾”在判断的运用上，有时也表现在同一个判断中。例如：

(1)我国有世界上没有的万里长城。

(2)这次美展，展出了近二百多件展品。

“自相矛盾”的逻辑错误，还可表现在推理、论证或者一篇文章之中，不过有时比较明显，有时则需要经过推导、引申、分析，才能发现。

现实生活中，由于不注意而违反矛盾律的现象时有发生。例如，某厂财务科自行设计了一份关于职工委托私人保育婴儿的报销托费申请单，在符合报销条件的规定中，有一条是“有没有独生子女证”。这一规定显然违反矛盾律的要求。因为“有没有独生子女证”，实际上包含“有独生子女证”和“没有独生子女证”两个相互矛盾的判断，把两者合为一条规定，等于说“有独生子女证”和“没有独生子女证”的职工均可报销。而厂方立这一条规定的原意是：只有办理了独生子女证的职工，才允许报销私人保育婴儿的托费。毫无疑问，诸如此类违反矛盾律要求的逻辑错误是应该竭力避免的。

矛盾律并不否认作为客观事物的反映的思想认识上的矛盾。矛盾律只是在同一思维过程中起作用，它的运用是有条件的。它要求在同一时间、同一关系下，对同一思维对象不能做出两个相反的判断。如果在不同的时间，或者从不同的方面对同一思维对象做出相反的判断，并不构成逻辑矛盾，也不违反矛盾律的要求。

练 习

(1)下列议论是否违反了思维的基本规律？为什么？

① 罗亭：“照你来说，就没有什么信念之类的东西了。”皮卡索夫：“没有，根本没有！”罗亭：“你就是这样确信吗？”皮卡索夫：“对。”

② 一个青年对爱迪生说：“我有一个伟大的理想，那就是我想发明一种万能的溶液，它能溶解一切物品。”爱迪生听后反问道：“那么你用什么器皿来放置这种万能的溶液呢？它不是可以溶解一切物品吗？”

③ 世界上的一切物体的运动都是外力推动的。A 的运动是由于 B 推动的结果，B 的运动是由于 C 推动的结果，C 的运动是由于 D 推动的结果……但由此无休止地追溯上去，我们总不可避免第一推动者的问题。世界上第一个运动的物体是怎样运动起来的呢？于是，我们不得不说，是上帝推动了它，是不动的上帝推动了它。上帝是实实在在存在着的！

④《哥达纲领》里有这样一句话：“劳动所得应当不折不扣和按平等的权利属于社会一切成员。”

⑤ 世有伯乐后有千里马，千里马常有而伯乐不常有。

⑥ 在这次灭火战斗中，103 车间新近才组织起来的救火队发挥了特别突出的作用，厂党委为他们请了集体三等功。

⑦ 这个山洞从来没有人进去过，进去了的人也从来没有出来过。

⑧ 在战略上要藐视敌人，在战术上要重视敌人。

⑨ 在大家争论世界上是先有鸡还是先有蛋的问题时，甲说："先有蛋，因为鸡是由蛋孵出来的。没有蛋哪能有鸡？"乙说："先有鸡，因为蛋是鸡生的。假如先有蛋，那么蛋是怎么生下来的呢？"丙说："不能说世上先有鸡，也不能说世上先有蛋。"

⑩ 我既不认为一切判断都是真的，也不认为一切判断都是假的。

(2) 一家珠宝店被盗走 5000 美元的钻石，经过三个月的侦破，查明作案的人肯定是甲、乙、丙、丁四个人中的某一个人。于是这四个人被作为嫌疑犯逮捕入狱。在审讯中，这四个人的口供如下：

甲：钻石被盗的那一天，我正在别的城市，我是不可能去作案的。

乙：丁是罪犯。

丙：是乙盗窃了这块钻石。

丁：乙同我有私仇，他在有意诬陷我。

因为口供不一，案子一时定不下来。假定这四个人中只有一个人说假话，请问罪犯是谁？

(3) 一个月来，这个问题时时刻刻缠绕着我，而在非常繁忙或心情非常好的时候，我又暂时抛开了这个问题，顾不上去想它了。

以上的陈述犯了下列哪项逻辑错误？(　)

A. 论据不足　　B. 循环论证　　C. 偷换概念

D. 转移论题　　E. 自相矛盾

(4) 在对某生产事故原因的调查中，70% 的人认为是设备故障，30% 的人认为是违章操作，25% 的人认为原因不清，需要深入调查。

以下哪项最能合理地解释上述看来包含矛盾的陈述？(　)

A. 被调查的有 125 人

B. 有的被调查者改变了自己的观点

C. 有的被调查者认为事故的发生既有设备故障的原因，也有违章操作的原因

D. 很多认为原因不清的被调查者实际上有自己倾向性的判断，但不愿意透露

E. 调查的操作出现技术性差错

(5)甲乙两人就“人的有意识活动是否都是有目的的”这一论题展开辩论。甲认为，人有意识的活动都是有目的的。乙持相反的观点，为证明自己的正确性，乙说：“我现在就可以有意识地但无目的地举起我的手。”

上述陈述犯了下列哪项逻辑错误？(　)

A. 模棱两可　　B. 两不可　　C. 自相矛盾

D. 以偏概全　　E. 论据不足

(6)指出下列各题是否违反矛盾律，并说明理由，下列判断均为相同素材的判断。

①既肯定 SAP 判断，又肯定 SEP 判断。

②既否定 SAP 判断，又否定 SEP 判断。

③既肯定 SAP 判断，又肯定 SOP 判断。

④既肯定 SEP 判断，又肯定 SIP 判断。

⑤既肯定 SIP 判断，又肯定非 SIP 判断。

第四节　排中律

一、排中律的基本内容及逻辑要求

排中律的基本内容是：在同一时间、同一关系下，对同一对象的思维过程中，两个具有矛盾关系的思想，不能同时都是假的，其中必有一个是真的。

排中律的公式是：

A 或者非 A。

这里，“A”与“非 A”表示两个具有矛盾关系的概念或判断。

排中律的要求是：在同一思维过程中，如果出现具有矛盾关系的思想不能同时否定它们，而必须肯定其中必有一真。简言之，就是必须保持思维的明确性，不能含糊其辞，不置可否。例如：

(1) A：这个厂优化组合搞得好。

非 A：这个厂优化组合搞得不好。

(2) A：资本主义制度下的工资是劳动力价值的转化形式。

非 A：有些资本主义制度下的工资不是劳动力价值的转化形式。

(3) A：社会主义改革本身并不是目的。

非 A：有的社会主义改革本身就是目的。

上述三组判断都是矛盾关系的判断。显而易见，上述任何一组判断都不能同假，其中必有一真。因为，具有矛盾关系的两个判断，既不能同真也不能同假，即若其中一个为真，则另一个必假；若其中一个为假，则另一个必真。因而，在同一思维过程中，不能两者都否定，而必须旗帜鲜明地肯定其中的一个为真。

当然，对于两个具有矛盾关系的概念也必须这样。

二、诡诈之三：模棱两不可

违反排中律的要求所犯的逻辑错误叫“模棱两不可”。即在同一思维过程中，对两个具有矛盾关系的概念或判断，既不承认这个，也不承认那个，而同时都予以否定，这就违反了排中律的要求，犯了“模棱两不可”的逻辑错误。例如：

(1)说某人是以权谋私不妥，说某人不是以权谋私也不妥。

(2)关于有无鬼神的争论，我不参与；对于他们的观点，我都不赞成。因为这个问题还需要进行具体分析。

以上两例都犯了“两不可”的逻辑错误，对两个相互矛盾的判断都加以否定，违反了排中律的要求。尤其是后一例，还貌似要“具体分析”，实则不符合排中律的要求。违反排中律的逻辑错误，有时表现为“不置可否”。所谓不置可否，就是对两个互相矛盾的思想，既不肯定，也不否定，不明确表态。很明显，“不置可否”的实质也是要否定必有一真。例如：

托洛茨基在加入布尔什维克党时，有人问他如何看待他过去加入孟什维克的事实。他说：“我加入布尔什维克党这件事实本身……已经证明，我已经把过去所有那些使我和布尔什维克主义分开的东西放在党的门口了。”

“放在党的门口”是什么意思？回答如此含糊其辞，无非是想蒙混过关。这显然是犯了“不置可否”的逻辑错误。这种逻辑错误，常常是虚设一个含混的语词，用以掩饰其徘徊犹豫，不作肯定，以求蒙混过关的真实企图。

在日常生活和工作中，我们会经常遇到某些同志在是非、真假等问题上出于某种私心，对问题不作明确的回答，在作出判断时，似乎有所肯定而实际上无所肯定。这就是犯了“不置可否”的逻辑错误。

违反排中律的原因，往往是由于在“是”与“非”之间含糊其辞，而持骑墙居中的态度；或者由于认识模糊，把具有矛盾关系的思想混为一谈。

排中律不是形而上学世界观，它只要求在同一思维过程中，对两个具有矛盾关系的思想必须明确地肯定其中必有一真。如果离开这一特定的思维过程，排中律就不起作用了。例如，下列一些情况都不违反排中律。

(1)甲、乙两人正在议论北京前门外的新大款。甲说："这几年他们可真是大发家，就是不知道他们是否都是守法户，这钱是不是都是从正道来的？"乙说："未必，咱没有调查，没有发言权。"

(2)某国一位军事家对于是否还击入侵之敌，作了如下分析："敌人太强大，我们不能打，打则损失太大；但也不能不打，不打则敌人将站稳脚跟。我们应介乎于打与不打之间，避其锋芒，给以困扰，待敌出现破绽，再相机歼灭之。"

(3)在党的十三大会议期间的一次记者招待会上，有一位外国记者问西藏代表："你们能否允许外国记者进入西藏采访？"西藏代表回答："我们一直允许的，现在西藏的外国旅游团中就有记者随团采访。"

(4)1972 年 10 月 24 日，周恩来总理与基辛格博士及其助手们就中美联合公报草案进行谈判。在讨论到台湾问题时，周恩来申明，中华人民共和国是中国的惟一的政府；解放台湾是中国的内政；美国军队必须撤出台湾，这三条立场是不变的。基辛格则坚持美国不能抛弃老朋友。承认不承认上述三条，影响到谈判能否继续进行。这时基辛格意识到周恩来已经不会再作退让，于是将其助手洛德扯离座位，两人嘀咕了好一会儿，回到谈判桌上来后，基辛格说："我决定换一种方式表达美国的观点。"稍作停顿后，他又说："美国认识到，在台湾海峡两边的所有中国人都认为只有一个中国，台湾是中国的一部分，怎么样？"周恩来将这句话重复了一遍，脸上也绽开了笑容，称赞说："博士到底是博士，这可是一项奥妙的发明。"

上述几例中，例(1)属于不了解情况，不作明确回答；例(2)属于客观事物本身可以包含第三种情况；例(3)属于对复杂问语的回答，直接陈述事实真相，以揭穿问话中隐含的假话；例(4)则属于因外交上的需要而有意回避需要正面回答的问题。因此，它们都不违反排中律。

练　习

(1)下列议论是否违反了思维的基本规律？为什么？

① 我不认为所有矛盾都是对抗性的，也不认为有的矛盾不是对抗性的。

② 庄子行于山中，见大木，枝叶茂盛，伐木者止其旁而不取也。问其故，

曰:“无所可用。”庄子曰:“此木以不材而得终其天年。”夫子出于山，舍于故人之家。故人喜，命竖子杀雁而烹之。竖子请曰;“其一能鸣，其一不能鸣，请奚杀。”主人曰:“杀不能鸣者。”明日，弟子问庄子曰:“昨日山中之木以不材得终其天年，今主人之雁以不材死，先生将何处?”庄子笑曰:“周将处乎材与不材之间。”

③“可能火星上有生命”与“可能火星上没有生命”这两个判断都是不对的，应该说“火星上根本就没有生命”。

④ 我既不同意“飞碟必然是由外星球飞到地球上来的”的说法，也不同意“飞碟必然不是由外星球飞到地球上来的”的说法，我认为这两者都缺乏充分的根据。

⑤“上帝是用英语向圣徒表达他的旨意的”与“上帝不是用英语向圣徒表达他的旨意的”这两个判断都是假的。

⑥ 中世纪的经院哲学是神学的婢女，经院哲学家们经常是费尽心机地为《圣经》作论证，他们争论的问题，比如“针尖上能否有一百个天使跳舞?”完全是荒谬至极的。在我看来，对这样的问题，无论回答“是”还是回答“否”都是错误的。

⑦ 关于信仰宗教的问题，有信仰的自由，也有不信仰的自由。所以，我们既不禁止，也不提倡。

⑧ 这部作品，说好不能算好，说坏不能算坏。

⑨ 爸爸说:《红楼梦》是一部优秀的古典文学名著，青年人应该读一读。

妈妈说:《红楼梦》写的全是爱情，不是什么优秀的古典文学名著，年轻人读它，就会学坏。

女儿说:爸妈对《红楼梦》的评价都不对，等我到你们这么大年龄了就可以看。

⑩ 归谬法到底是直接反驳，还是间接反驳?全班同学就此问题展开讨论，但没有“定论”。同学们请老师给个“定论”。老师说:“这个问题很复杂，学术界也有争论，不能简单地用‘直接反驳’来说它，也不能简单地用‘间接反驳’来说它，它是独立于这两种反驳之外的一种奇妙反驳。”

(2)鲁迅有一篇题为“立论”的杂文，全文如下:

我梦见自己正在小学校的课堂上预备作文，向老师请教立论的方法。

“难!”老师从眼镜圈外斜射出眼光来，看着我，说:“我告诉你一件事——一家人家生了一个男孩，合家高兴透了。满月的时候抱出来给客人看——大概是想得到一点好兆头。

一个说：‘这孩子将来要发财的。’他于是得到一番感谢。

一个说：‘这孩子将来要做官的。’他于是收到几句恭维。

一个说：‘这孩子将来要死的。’他于是得到大家合力的痛打。

说要死的必然，说富贵的说谎。但说谎的得好报，说必然的遭打。……”

“我愿意既不骗人，也不遭打。那么老师，我得怎么说呢？”

“那么，你得说：‘啊呀！这孩子呵！你瞧！多么……啊！哈哈！hehe！he，hehehe！’”

请问：在这篇杂文中，“我”和“老师”的对话是否有逻辑错误？

(3)一家珠宝店被盗走5000美元的钻石，经过三个月的侦破，查明作案的人肯定是甲、乙、丙、丁四个人中的某一个人。于是这四个人被作为嫌疑犯逮捕入狱。在审讯中，这四个人的口供如下：

甲：钻石被盗的那一天，我正在别的城市，我是不可能去作案的。

乙：丁是罪犯。

丙：是乙盗窃了这块钻石。

丁：乙同我有私仇，他在有意诬陷我。

因为口供不一，案子一时定不下来。我们假定这四个人中只有一个人说真话，请问罪犯是谁？

(4)运用有关思维规律的知识，分析下列问题。

在某中学高二班的一次联欢会上，进行一次猜谜活动，这个谜是这样的：桌子上放着三只盒子，一只绿色，一只蓝色，一只红色，在每只盒上都贴了一张纸条，纸条上写着不同的话：

绿盒子上写着：糖果在此盒中；

蓝盒子上写着：糖果不在此盒中；

红盒子上写着：糖果不在绿盒中。

主持会议的文娱委员说：“三个盒子中，只有一个放了糖果，并且只有一只盒子上的话是真的，请大家通过这三句话来猜一猜糖果在哪一只盒子里，猜对的请吃盒子里的糖。

李珊很快猜出来了。请问，她是怎样猜出来的？你能写出她的推理过程吗？

(5)从前，有一个国王，他手下有两个大臣，一个好，一个坏。坏大臣为了独掌大权，总想把好大臣害死。有一天，他在国王面前讲了好大臣很多坏话。国王偏听偏信，决定第二天用抓阄的办法来处理好大臣。具体办法是：命令好大臣从盒子里任意抓一个阄，而盒子里只有两个阄，一个写“生”，一个写“死”，抓到“生”就活，抓到“死”就死。

当天夜里，坏大臣逼迫着做阄的人把两个阄都写成“死”字。这样，好大臣无论抓到哪个阄都得死。坏大臣走了以后，做阄的人就偷偷地给好大臣送了信，告诉他这一情况，请好大臣自己想办法。

想一想：如果你是好大臣，你将用什么样的方法使自己免于一死(注意：逃走是不可能的)？并说明原因。

(6)指出下列各题是否违反排中律，并说明理由(下列判断均为相同素材的判断)。

①既否定SAP判断，又否定SOP判断。

②既否定SEP判断，又否定SIP判断。

③既否定SIP判断，又否定非SIP判断。

三、思维基本规律的关系

同一律、矛盾律、排中律是密切联系的，同时又是有区别的。

同一律、矛盾律、排中律都是保证思维确定性的规律，但它们是从不同角度来表述思维的确定性的。同一律表现思维的确定性，要求思想自身的同一，对某一个思想，肯定就是肯定，否定就是否定，即在同一思维过程中，某一个思想都是同真同假的。矛盾律表现思维的确定性，要求思想前后一贯，不自相矛盾，即在同一思维过程中，对某一个思想不能既肯定又否定，既肯定又否定的思想不能同真，必有一假。排中律表现思维的确定性，要求排除两个互相否定的思想有中间可能性，即任何两个互相否定的思想不能同假，必有一真。

这三条规律中，排中律与矛盾律有相似之处，二者容易混淆，因为它们都运用于矛盾概念和矛盾判断。但只要仔细分析，就会发现它们的区别主要表现在以下三个方面：

第一，两条规律的适用范围不同。矛盾律除适用于矛盾概念和矛盾判断之外，还适用于具有反对关系的概念和判断。而排中律则只适用于具有矛盾关系的概念和判断。

第二，两条规律的要求不同。矛盾律要求对互相矛盾和互相反对的概念与判断，不能同时都加以肯定，因为其中至少有一假；而排中律则要求对互相矛盾的概念与判断，不能同时都加以否定，因为其中必有一真。

第三，所排除的逻辑错误不同。矛盾律的作用在于保证思想的前后一贯。因此，它要排除的逻辑错误是“自相矛盾”；而排中律的作用在于保证思想的明确性。因此，它要排除的逻辑错误是“两不可”或“不置可否”。

以上三条逻辑基本规律，都是正确思维必须遵守的起码条件，不遵守是不行的。但是遵守它们还不足以认识事物。因此，它们只是正确思维的必要条件，而不是充分条件。

练习

(1)什么是思维的基本规律？其客观基础是什么？

(2)什么是同一律？它的公式和逻辑要求是什么？举例说明违反同一律的逻辑错误是什么？

(3)什么是矛盾律？它的公式和逻辑要求是什么？举例说明违反矛盾律的逻辑错误是什么？

(4)什么是排中律？它的公式和逻辑要求是什么？举例说明违反排中律的逻辑错误是什么？

(5)如何区别矛盾律和排中律？

第九章　论证

内容提要：
* 论证的涵义
* 论证与推理的异同
* 证明及论题、论据和论证方式
* 证明的种类或方法
* 反驳的途径
* 反驳的种类或方法
* 论证的规则

第一节　论证与推理

一、什么是论证

必须指出，我们在这里提到论证，它虽然是为了确定一个命题或曰思想的真伪，并不通过实践活动这条途径。我们经常发现一些行走江湖的菜刀贩子为了使人相信其菜刀的锋利，在吆喝的同时，还会用菜刀去削纸片或自己手臂上的汗毛，这种证明是通过人的利用变革现实物质世界的积极行动，来检验一个命题(思想)与之反映的事物是否一致，它就是通常所说的“实践证明”。本章中涉及的论证为另外一种证明即“逻辑证明”。它不去考察每个具体论证过程中的具体内容，只研究其共同的、最一般的东西，即论证的逻辑结构以及在一切论证过程中必须遵循的一些基本规则等，以便为我们在认识事物和表达思想的过程中进行正确的论证提供必要的逻辑工具。请看下面的例子：

(1)吸烟有害健康，因为凡是吸入有毒物质都会有害健康，而吸烟时会吸入有毒物质(尼古丁)。

(2)有人说上帝是全能的，那么全能的上帝能否创造出一块他自己都举不起来的石头呢？如果可以，有一块石头他举不起，能说明他是全能的吗？如果不行，有一块石头他没法创造，也说明他不是全能的。因此，我们可以肯定地说上帝并非全能。

例(1)“吸入有毒的物质都会危害健康”和“吸烟时会吸入有毒的物质”这两个真实性已经确定的命题，通过逻辑推理(三段论第一格 AAA 式)来确定另一个命题“吸烟有害健康”的真实性的。例(2)为了驳斥“上帝是全能的”这一伪命题，由问题入手通过两个充分条件的假言命题推理肯定前件式，让对手陷入左右为难的境地，无论上帝能否“制造出一块他自己都举不起的石头”，他都不是全能的。

由此可见，论证就是用一个或一些已知为真的命题来确定另一命题的真实或虚假，或说明其论述不能成立的思维过程。论证分为证明[又称立论，如例(1)]和反驳[又称驳论，如例(2)]。

我们看到，论证并不直接通过实践，而总是借助一个或一个以上已经判明为真的命题。但必须清楚，论证永远也不可能替代实践而成为检验真理的标准。论证始终要以实践为基础，首先论证引为论据的命题，其真实性归根到底是经过了实践的检验；其次，论证采用的推理形式也是通过人们无数次的实践活动而在人的意识中沉淀下来的；最后经过论证所确定的论题，仍然需要再接受实践的检验。

练习

(1)美国大律师赫梅尔，曾在一件赔偿事件中代表某保险公司出庭辩护。原告声称，他肩膀被摔下来的升降机轴打伤，至今左臂仍抬不起来。

“请给陪审员们看看，你的左臂现在能举多高?”赫梅尔说道。原告慢慢地将手臂举到齐耳的高度，并表现出非常吃力的样子，以示不能再举得更高了。

“那么，你在受伤前能举多高?”

赫梅尔话音刚落，原告不由自主地一下将手臂举过了头顶，引起全庭哄堂大笑。笑声宣告了原告的失败以及辩护的成功。

律师辩护之所以成功是由于(　)。

A. 律师名望高，能言善辩　　B. 原告先后行为自相矛盾

C. 论证始终要以实践为基础　D. 原告的手臂突然伤愈

(2)有人说：所有的事情都要经由实践验证，既无必要也不现实与他的意思相异的是(　)。

A. 人力、物力、时间不允许

B. 逻辑论证可以帮助我们

C. 前人的实践经验已经验证了很多真理

D. 并非实践是检验真理的惟一标准

二、论证与推理的关系

论证是一个比较复杂的思维过程，是概念、命题和推理的综合运用，尤其和推理密切相关。

1. 论证和推理的联系

推理是论证的基础，没有推理便谈不上论证。论证总是要借助推理才能进行，论据相当于推理的前提，论题相当于推理的结论，论证方式则相当于推理形式。论证一般都是由一个或数个推理构成。

2. 论证和推理的区别

一是论证与推理的思维方向不同。论证的出发点是论题。先提出论题，然后再利用证据加以证明；推理的出发点则是前提，它是推理这一思维过程的开始，由前提到结论。二是推理和论证的目的不同。论证的目的是表明自己的观点和立场，并获取他人的认同，而推理的目的则在于得出新知。三是推理和论证中命题的真假要求不同。推理只是根据一个或一些已知命题推出另一个新的命题，只是表明前提与结论间的逻辑关系，并不必然判定前提与结论的真实性，而论证则要根据一个或多个业已判明为真的命题来确定或判明另一命题的真伪。

总之，论证离不开推理，任何论证都需要运用推理，但并非所有推理都适用于论证。

练 习

以下推理，不能用于论证的是(　)。

A. “你不收我红包，说明你心里没底；没有这个水平，连红包都不敢受……”

B. 第一个男朋友小气，第二个性情粗野，第三个花心。天下男人没一个好的，我以后再也不找男朋友了

C. 如果天塌下来，有个高个子顶着，我个子矮，不必担心天塌下来

D. 爱美之心人皆有之，大学生也是人

第二节　证明

一、证明及其结构

证明就是用一个或一些业已判明为真的命题确定其他命题真实性的论证。例如：

曾任美国第三十二任总统的富兰克林·罗斯福，有一次他家中失窃，被偷去很多东西。他的朋友写信安慰他。罗斯福给朋友写了一封回信："亲爱的朋友，谢谢你来安慰我，我现在很平安，感谢上帝。因为：第一，贼偷去的不是我的生命；第二，贼只偷去我部分东西，而不是全部；第三，最值得庆幸的是，做贼的是他，而不是我。

看了这个例子我们除了明白心态的糟糕与不糟糕，其实自己也能轻松掌握，还知道证明在我们的生活中比比皆是。"第一、第二、第三"这三个业已判明为真的命题，它们就是确定罗斯福感到很"庆幸"的理由。

证明由三个要素构成，即论题、论据和论证方式。

1. 论题

论题就是证明中需要加以确定的命题。上例中，虽然被盗，反而"感谢上帝"觉得庆幸，便是论题。

2. 论据

论据就是已知为真的命题，人们通过它去确定论题的真实性。如上例中"第一、第二、第三……"论据中，如果有真实性不明显的命题，那就必须为这些论据再提供论据，直到提出的论据是真实性明显的命题为止。例如：

因为乞者不断的来往于史密斯夫人的住宅，使她不胜烦恼。她虽然善良，最后也不得不下定决心今后将拒绝所有乞讨的人。

夫人下定决心后不久，一个外貌还算端正的年轻人来到夫人家，要一些线。夫人注意到年轻人的裤子破了，而且，他自己也带了针，于是便给他一捆线。她想，年轻人在缝过裤子后就会去找工作吧。

可是，过了不久年轻人又来了，他告诉夫人光有线是不够的，他还需要一些缝补的布。夫人便给他了一小片布。

大约过了一个小时，年轻人又来说道："夫人，这件裤子已经没办法修补了。所以，我不得不厚着脸皮求您，如果您先生有穿不着的裤子是不是可以送我。”

史密斯夫人微笑着：“如果从一开始你就向我要我丈夫的旧裤子，我一定会放狗去咬你的。”她说完便把丈夫的一条旧裤子给年轻人了。

年轻人到树丛里去换了裤子，然后他又回来了。理由是裤子太大了，腰部太松了。根据他的说法，如果夫人给他吃一点东西，让他的肚子撑起来，裤子就刚好了。

事情演变至此，善良的史密斯夫人不由得扑哧笑出来。“我真是还没见过像你这样聪明的人哩！”说完，她又招待他吃了丰盛的一餐。

该例中，年轻人得寸进尺，循序渐进，因为起初意图不明显，要求也很低，史密斯夫人未存戒心。经过一系列的铺垫，他终于露出了本意希望史密斯夫人“给他吃一点东西”。而夫人也愉快地“招待他吃了丰盛的一餐”。年轻人的聪明在于，一开始他把目的（论题）隐藏很深。而理由（论据）则越来越明显，不断靠近目的。由讨线，讨布，讨旧裤子到讨饭，每进一步的要求都有看似“很充分”的理由支持。

3. 论证方式

论证方式是联系证据和论题之间的逻辑纽带，是由论据推出论题所运用的推理形式，罗斯福一例中论证方式为归纳推理。由于证明的复杂性，由论据到论题的推演往往不是单一的，所涉及的推理也多种多样。论证方式是在证明中所运用的各种推理形式的总和。

练习

妹妹：“冬天风小，夏天风大。”

姐姐：“这是什么原因？”

妹妹：“冬天把门窗关着，风可以从门缝钻进来；夏天必须把门窗开着，风才会吹进来。可见风在冬天小，在夏天大。”

妹妹的论题错在哪里，她的末句论证方式中有几种推理形式？

二、演绎证明和归纳证明

1. 演绎证明

演绎证明是借助于演绎推理来进行的证明，即根据一般原理来论证特殊或个别事例真实性的证明。例如：

（1）一条猎狗将兔子赶出了窝，追出了很久仍未咬到。猎人看到此种情景，就笑猎狗说："你们两个之间，小的反而跑得快得多。"猎狗回答说："你不知道我们两个的跑是完全不同的！我仅仅为了一顿饭而跑，它却是为了性命而跑呀！"

(2)有人去白宫拜访第二十六届总统西奥多·罗斯福，罗斯福的小女儿艾丽丝在办公室跳进跳出，不时打断他们的谈话。那人抱怨说："总统先生，难道你连艾丽丝都管不住吗?"罗斯福无可奈何地说："我只能在两件事中做好一件。要么，当个合众国总统；要么，管好艾丽丝。既然我选择了前者，对后者就无能为力了。"

演绎证明常常借助直言三段论来进行，但日常的表述并不以一个完整的形式出现。比如，我今天买了几个好吃的苹果，是红富士的。实际上这个证明是运用了三段论第一格的AAA式进行推理，即：红富士苹果都是好吃的苹果，今天我买了几个红富士苹果，故今天我买了几个好吃的苹果。当然，假言推理形式和选言推理形式在证明中也经常被运用。例(1)中猎狗为自己的辩解就是借助于必要条件的假言推理之否定前件式：

只有为了性命而跑才能跑得快，

我仅仅为了一顿饭(不是为了性命)，

所以我跑得不快(追不上兔子——它是为性命而跑，快)。

例(2)中，罗斯福就是运用了(不相容)选言推理中的肯定否定式来证明他对管好他的女儿"无能为力"这一论题的：

要么当个合众国总统，要么管好艾丽丝，

当个合众国总统，

所以，管不好艾丽丝。

由于演绎推理的前提与结论之间具有必然的逻辑联系，前提蕴涵结论，结论不超出前提所断定的范围。因而，当论据(推理中的前提)真实时，演绎证明对论题(推理中的结论)真实性的确定就是完全有效的。

2. 归纳证明

所谓归纳证明就是引用反映特殊事实的命题来证明一般性原理的证明。例如，在证明三段论的规则"两个特殊的前提不能得出的一个必然的结论"时，就用了归纳证明，它的推理过程是这样的：

II 组合的前提不能得出必然的结论，

OO 组合的前提不能得出必然的结，

IO 和 OI 的组合前提均不能得出必然的结论，

而 II、OO、IO 和 OI 是三段论两个特称前提所有可能的组合。

所以，三段论两个特称的前提不能得出必然的论。

不难看出，上述推理是一个完全归纳推理，故该证明是归纳证明。由于完全归纳推理与不完全归纳推理的逻辑性质不同，因而，完全归纳证明与不完全归纳证明论证上的可靠程度是不同的。完全归纳证明能够确定论据与论题之间的必然联系，即由真实的论据能够确定论题为真；而不完全归纳证明只能判明论据和论题之间的或然性联系，即由真实的论据只能判明论题可能为真，论据只在一定程度上支持论题。例如：

青年时期是科学家出成果的黄金时期。马克尼发现无线电通讯时，才21岁；牛顿创立微积分时，才23岁；爱因斯坦创立相对论时，才26岁；爱迪生发明电灯时，才27岁；瓦特发明蒸汽机时，才28岁。

该例中个归纳证明中所运用的就是一个不完全归纳推理形式，如果我们找到一位大器晚成的科学家即可推翻其论题，这论题的可靠性是打了相当的折扣的，有“轻率概括”的嫌疑。因此，我们在严格的论证中，应尽量少地独立使用不完全归纳推理。它容易陷入“轻率概括”的逻辑错误中。我们只能把它作为一个辅助性的工具，和演绎证明结合在一起，不过其中的科学归纳法推理例外。

练 习

(1) 区别演绎证明和归纳证明。

(2) 以下论题一定不是归纳推理推出的是(　)。

A. 天下乌鸦一般黑

B. 台湾是我国最大的岛

C. 富人发动战争，死的却是穷人

D. 不要告诉你的朋友他们的缺点，他们会改正缺点，并且永远不会原谅你

三、直接证明和间接证明

1. 直接证明

直接证明就是从论据的真实性直接推出论题真实的一种证明方法，例如：

期末考试，A老师的课我死定了，他上的课我旷了四次，最后一堂课他讲了，凡是旷课三次以上的，考试一律不给及格，他向来说到做到。

在此，按照三段论的规则，我们可以由 A 老师讲的话和我的表现这两个论据直接推出“我死(不及格)定了”这个论题。

直接证明除了运用演绎推理外，也可以借助归纳推理。像我们要证明“我们的校园很美”这个论题，就可以直接从东南西北中的风光景致一一说起，归纳总结。

2. 间接证明

间接证明是通过确定其他命题的虚假来确定论题真实性的证明。

间接证明主要有两种：反证法和选言证法。

(1)反证法。反证法是通过确定与论题相矛盾的命题的虚假来确定论题真实性的间接证明。反证法是一种以退为进的证明方法，就好像把拳头收回来再打出去会更有力。它的论证过程一般分三步：

首先，设立逻辑值与原论题 p 相反的反论题非 p，即原论题与其反论题必须是矛盾关系。

接着，采用的具体推理形式是充分条件假言推理的否定后件式。

最后，根据排中律，由反论题假，推出原论题真。

也可以用以下形式表示：

论题：p

反论题：非 p

论证：如果非 p，则 q

　　　非 q

结论：所以非非 p，即 p(非 p 为假，据排中律 p 真)。

例如：

老妇在菜市一小贩处买了一斤虾仁，她怀疑分量不足，便在几步之外的另一卖菜人那里复称了一下，果然少了二两。于是，她回头找小贩论理。谁知小贩拒不认账：“你已经离开一会儿了，谁知有没有私藏一些?”老妇很生气，与小贩争执起来，引来一些围观者。老妇便转向围观者说：“请你们大家评评理吧，究竟是我讹他，还是他讹我!”好几个人都指责小贩不对，说老人家才离你几步远，在你视线之内，既不可能揣进怀里，也不可能抓给别人。小贩只好红着脸说：“算我看错秤了。”

上例中，围观者证明老人家的清白，运用的就是反证法。

论题：老人家没有私藏虾仁(p)。

反论题：老人家私藏了虾仁(非 p)。

论证：如果老人家私藏了虾仁(非 p)，那么她或者揣进怀里，或者抓给别人(q)。

视线之内，既不可能揣进怀里，也不可能抓给别人(非q)。

结论：所以并非老人家私藏了虾仁(非非p)。即老人家没有私藏虾仁，是清白的。

运用反证法的关键是如何在论证过程中确定反论题假。如果根据反论题推出的命题是属于下列三种情况中的任何一种，即可确定反论题假：

①与已知的事实和条件相矛盾。

②与已知的科学原理、定理、定义矛盾。

③在论证过程中自相矛盾。

(2)选言证法。选言证法是通过否定同论题具有选言关系的其他可能情况，从而肯定论题真实性的间接证明，它的形式是：

论题：p
选言论题：p或者q(或者r)
论证：非q(非r)
结论：所以p

在运用选言证法时，必须注意两个方面，一方面设立的选言论题除了必须包括论题p外，还必须穷尽其他一切可能；另一方面，论证过程中使用的选言推理形式必须是否定肯定式，因为选言证法也是排中律在起作用。例如：

> 提高要有一个基础。比如一桶水，不是从地上去提高，难道是从空中去提高吗？那么所谓文艺的提高，是从什么基础上去提高呢？从封建阶级的基础吗？从资产阶级的基础吗？从小资产阶级知识分子的基础吗？都不是，只能从工农兵群众的基础上去提高。
>
> （毛泽东《在延安文艺座谈会上的讲话》）

毛泽东在论述文艺提高的基础在哪里时，否定了三个可能的选项后，最终使论题突显出来，水到渠成。他所运用的就是选言证法。

练 习

(1)下面这段话运用了反证法，请写出其论证过程。

商人和打扮入时的一求职少女谈过后，决定请她当秘书。他说：“我相信你一定很能干。不过有一点，你可以给我一张特别难看的照片吗？我拿回家给我太太看看。”

(2)人们在发誓、诅咒的时候往往用反证法，试举日常生活中的一两个例子说明它的作用。

(3)李同学在寝室丢了手机，他断定是同寝室小张拿了。理由如下(　)：

A. 门窗完好无损

B. 小王和他的关系好

C. 小张平时有小偷小摸的习惯

D. 小李丢手机时，小白回老家了

问：这些理由能否必然断定是小张拿了小李的手机？还存在哪些可能没被否定？

第三节　反驳

一、什么是反驳

反驳就是确定某一论断(一般是对方的)的虚假或某一证明不能成立的论证方式。例如：

F. C. 斯坦顿，美国女改革家，女权运动的著名活动家。当一次女权运动的会议在罗切斯特召开时，一位已婚牧师指责斯坦顿夫人在公开场合发表演讲。他不满地说："使徒保罗提议妇女保持沉默，您为什么要反对他呢？"

"保罗不也提议牧师应保持独身吗？您难道听话吗？我的牧师大人。"斯坦顿夫人挖苦道。

反驳由三要素构成，即反驳的论题、反驳的论据和反驳的方式。

反驳的论题就是其虚假性需要加以确定的命题。如上例：应该遵循保罗的提议。

反驳的论据，就是已知为真的命题，人们通过它去确定要反驳论题的虚假性。上例中为：保罗提议牧师应保持独身，但牧师已婚。

反驳的方式就是指反驳论据与论题之间的联系方式。上例中为直接反驳之归谬法。

二、反驳的着手点

反驳可以从对方证明三个要素中的任一环节下手，论题、论据、论证方式都可以反驳，不同的反驳着手点会导致不同的反驳效果。

1. 反驳对方的论题

例如：

已出版两部小说的作家安妮与喜好文学的麦克争论着。安妮终于忍不住暴躁地说道："不，麦克，你根本不知道什么是小说。因为你连一本小说也没写过。""没这回事，"麦克说道，"这样的论调实在是很差的经验主义。你想想看我不曾生过鸡蛋，但菜肉蛋卷味道如何，我可比母鸡还清楚。"

这个例子是对论题"只有写过小说的人，才知道小说是什么"的反驳。在反驳中，麦克借用"自己虽不生蛋，却比母鸡更清楚蛋卷的味道"类比，指出安妮的论调"实在是很差的经验主义"，是虚假的（没写过小说，并不妨碍他对小说的品评），从而达到反驳的目的。

2. 反驳对方的论据

例如：

一位老父亲问她那漂亮的女儿为何不结婚。女儿告诉他，她曾有过好几位男友，都不能使她称心如意，想再等一等，挑一挑。老父亲警告女儿抓紧点。当心做一辈子的老姑娘。女儿满不在乎地说："噢，放心吧，亲爱的爸爸，大海里鱼儿多着呢！"

"是呀，我的孩子，"老父亲笑了笑回答道，"可钓饵放久了就没味了！"

女儿不着急，有恃无恐。理由（论据）是：只要"海里的鱼儿多"就会有鱼儿上钩。而爸爸的担心是，钓饵新鲜自然有鱼儿上钩，但钓饵放久了会变得乏味，鱼儿便不会再来追捧。鱼儿再多有什么用呢？父亲的反驳可谓一针见血。

女儿的论据靠不住，那么"可以再等一等、挑一挑男友，不着急"这样的论题便不能必然成立。通常，反驳论据的方法只能证明对方论述不能成立，而不能确定对方论题的虚假。像在上例中如果有一条"痴心的鱼儿"不改初衷，女儿的"论题"就可能成真。

3. 反驳论证方法

反驳论证方法即指出对方在证明的过程中，实际上犯了"推不出"的错误。说明对方论据与论题间无必然联系，这也是指出对方论述不能成立的反驳。但值得注意的是，这时对方的论题并不因此就是虚假的。例如：

有人认为"衣食足知荣辱"。只有先让人吃得饱，穿得暖，才能讲求道德，这样的看法是错误的。衣食足而道德沦丧者，自古至今大有人在，所谓"衣冠禽兽"，所谓"饱暖思淫欲"，不也都是衣食足者吗？衣食不足而知荣辱同样大有人在，杜甫不为五斗米折腰，朱自清宁愿饿死也不要侵略者的救济面粉，他们具有多么高尚的情操啊。由此可见，人的道德观并不是由外在的衣食足所能决定的。

虽然在该例中指出了衣食足不一定就知荣辱，衣食不足不一定就不知荣辱，但也没法排除衣食足就知荣辱或衣食不足而不知荣辱的情况，彻底否定论题。

总的说来，尽管不同的反驳着手点会产生不同的效果，但惟一完全可以驳倒对方的着手点，还是反驳论题。其他的只能说明对方论题的成立并不是必然的。

练习

(1)在阿拉曼战役之前夕，丘吉尔召见了他的得力将领蒙哥马利将军。在谈话中，丘吉尔提议他应该研究一下逻辑。疆场勇士蒙哥马利担心自己会陷入纠缠不清的逻辑命题中，便找了个借口推脱。他对丘吉尔说："首相先生，你知道，有这样一句谚语：'了解和亲昵会产生轻蔑。'也许我越是研究逻辑，便会越加轻视它。"丘吉尔取下烟斗说："不过我要提醒你，没有一定程度的了解和亲昵，什么也产生不出来。"

(2)高速公路上克林顿夫妇的汽车抛锚，加油站的工人走上前来，希拉里悄悄耳语："比尔，他是我的初恋情人。""幸好你没嫁给他，不然你就成不了第一夫人了。"希拉里冷静地回答："不，要是我当年嫁给他，现在他就是总统了。"

指出以上两个案例涉及的反驳中，反驳的着手点和反驳三要素。

三、反驳的种类

关于反驳的分类，除了可根据它是反驳论题、反驳论据或反驳论证方法，或根据在反驳中运用的推理类别来区分外，还可以根据反驳中是否直接确定对方论题虚假，将反驳分为直接反驳和间接反驳。在这里，我们只谈直接反驳和间接反驳。

1. 直接反驳

直接反驳是引用事实、命题或理论观点作为反驳的论据直接确定要反驳论题虚假的论证方式。这又有两种不同的方法。

(1)直接列举与对方论题或论据相矛盾的事实和理论观点来证明对方论题或论据是虚假。例如，蔡伦发明了造纸术，这是全世界都认可的，但下述的直接反驳却驳倒了这个说法。

> 1957年，在西安市东郊的灞桥古墓中出土了"灞桥纸"；其后，1973年在甘肃居延汉代金关遗址发现了"居延纸"；1978年，在陕西扶风中颜村汉代窑藏中，出土了西汉时期的"扶风纸"；1979年，敦煌出土了"马圈湾纸"；再后是1986年，在甘肃天水市附近的放马滩古墓中出土了西汉初年文、景二帝时期的放马滩"纸地图"；1990年，在敦煌甜水井西汉邮驿遗址中发掘出了多张麻纸，其中3张以上还有文字。这些出土纸张都是西汉时期的。

所以，有人认为早在西汉初期，我国就发明了造纸术，而且当时造出的纸已经可以用于书写文字，这比蔡伦早了两三百年。并由此推断：蔡伦只是造纸术的改进者，而不是发明者。

(2)归谬法。归谬法在证明时是间接证明的方法(反证法)，在反驳时则是直接反驳的方法。因为这时它是以对方论据或论题为前件(理由)，推出一个(或几个)荒谬的后件(结论)，然后，由否定后件到否定前件(充分条件假言推理否定后件式)，从而论证对方论据或论题虚假的一种方法。它在反驳时应用非常广泛。

归谬法主要有三种形式：

第一，从被反驳的命题中引申出假命题。例如：

> 加拿大外交官切斯特·郎宁在竞选省议员时，因幼年时吃过中国奶妈的奶水而受到政敌的攻击，说他身上一定有中国血统。郎宁反驳道："你们是喝牛奶长大的，那身上一定有牛的血统了。"

吃人奶有人的血统尚说得过去，喝牛奶则有牛的血统就荒谬了，其思维过程是：

被反驳论断：p

假定：p 真

证明：如果 p，那么 q；q 假

所以：p 假

第二，从被反驳的命题中引申出两个相互矛盾的命题。例如：

隋文帝杨坚不相信墓田风水之类的唯心说法，他曾经用自己家庭的事实来反驳风水可信的论点。他说：“我家墓田若云吉，我不当贵为天子；若云吉，我弟不当战死。”

显然，隋文帝家的墓田风水既“吉”又不“吉”，相互矛盾，如何信得。其思维过程是：

被反驳论断：p

假定：p 真

证明：如果 p，那么 q 而且非 q

所以：p 假

第三，从被反驳的判断中引申出与其相矛盾的判断。例如：

宋朝有位名士与苏东坡谈及汉字的结构时说：“汉字本身的结构往往表示出它的意义，例如苏东坡的‘坡’字是土之皮，‘波’是水之皮。”苏东坡回答说：“那么‘滑’则是水之骨了。”那名士大窘。

结构有“水”有“骨”，“滑”的意义却不是“水之骨”。其思维过程是：

被反驳论断：p

假定：p 真

证明：如果 p，那么非 p

所以：p 假

练习

(1) 用直接反驳的方法反驳以下论题：

① 龙生龙，凤生凤，老鼠的儿子打地洞。

② 没有“女强人”，只有“男弱者”。

(2) 据报载，广州地铁公司举行价格听证会，拟提高票价。会上有代表质疑该公司员工家属免票乘坐地铁，增加了成本。广州地铁公司表示：这有利于反恐，因为家属乘车，可以充当义务反恐人员。

另据报载，昆明一对父母因为儿子经常不做作业，于是脱光他的衣服，让他在雨中当街罚跪。路人见小孩冷得全身发抖，出面阻止，那对父母回答道：“这是让他知道什么是羞耻；知道羞耻后，学习就会发奋了。”

试用归谬法反驳以上案例中的观点。

2. 间接反驳

间接反驳又叫“独立证明”，这是先证明被反驳的论题(或论据)的反论题(矛盾或反对)的真实，然后根据矛盾律推出被反驳论题(论据)的虚假。例如：

> 有人说：“所有‘两劳’人员都无可救药，走不上正道。”事实是不是这样？张行，罗琦，这两位歌星，一男一女。张行因流氓罪入狱劳改，罗琦因吸毒劳教，两人“两劳”后并没有破罐子破摔，而是很快又开始新的生活，回到了阔别已久的舞台，被观众重新接纳。可见，并非所有的“两劳”人员都不可救药，走不上正道。“两劳”人员也是可以变好的。社会不应当歧视他们，对他们另眼相看。

在上面一段文字中，作者没有直接批驳某些人的观点，而是通过两位歌星改过自新的事例证明了“并非所有的‘两劳’人员都无可救药，走不上正道”为真。这个负命题即我们要反驳论题之负命题。根据矛盾律，负命题真，则原命题假。

练 习

(1) 浙江义乌市人大代表金某，酒后驾车上班，肇事后又骂人、袭警。事后面对媒体，该市人大领导辩称：“人大代表也是人，要允许他们犯错误。”

(2) 某市营医院允许病人在医疗价格上讨价还价，被当地主管部门叫停，同时主管部门向媒体及公众宣称：“这是一种无序竞争，将不利于医疗事业的健康发展，最终受害的还是病人。”

试用间接反驳的方法论证以上两个案例中某些管理者的言论。

第四节 论证的规则

一个正确的论证之所以是正确的，在于它符合论证的规则。在论证的过程中，遵守论证的规则，提高论证的准确性和科学性，是每个人在思维和表达中所应当注意的，我们应通过论证规则的学习，避免盲目、不正确的逻辑论证。

论证由三个要素论题、论据和论证的方式构成，对每个要素而言，都有相应的规则去约束。但无论哪一条规则都要受充足理由律的统领。

一、充足理由律的内容和要求

1. 充足理由律的内容和公式

充足理由律是普通逻辑的第四个基本规律，用来保证我们思维的论证性。

它的基本内容为：在同一思维过程中，一个命题被断定为真，总是有充足的理由的。

充足理由律的公式是：

A 真是因为 B 真，并且 B 能推出 A。

或用符号表示为：

$$[B \land (B \to A)] \to A。$$

其中，A 代表在思维过程中被断定为真的那个命题，B 表示推出 A 的理由，B→A 表示理由 B 与其推断 A 之间具有的可推性的关系。例如：

> 张三是一个青年，其根据是：首先，张三是一个团员；其次，因为所有的团员都是青年。所以，张三是个青年。

这样，“张三是个青年”就是一个有充足理由的命题。

2. 充足理由律的要求

(1) 内容方面反映在论证上，要求“论据真实可靠”，否则是犯了“虚假理由”或“预期理由”的错误。

(2) 形式方面反映在论证上，要求“能以论据推出论题”，否则，便犯了“推不出”的错误。

充足理由律的要求在以下论证规则中都有所体现。

练　习

(1) 以下理由，哪几条不能必然推出命题：我们村很穷(　)。

A. 吃饭基本靠党　　B. 成家基本靠想

C. 致富基本靠抢　　D. 老鼠基本跑光

(2) 一个人在胡同里遇到了强盗。强盗拿匕首逼他交出所有的钱。他苦苦哀求：“你把我身上的钱全都拿走了，我回去怎么跟我太太交代啊？我太太不会相信我遇到强盗的。”强盗苦笑着说：“那么，你以为我太太会相信我没有抢到任何东西吗？”

试分析被抢者和强盗在家中的处境，给他们各自一个理由，让他们回去能够向太太交代。

二、论证的规则

1. 关于论题的规则

(1)论题必须清楚明确。论题是论证的中心，整个论证过程都是围绕论题开展的，作为反映论题思想的命题应当是明确的，不会引起歧义的。如果一个人表达一个意思、观点或发一通议论，连自己也不清楚意味着什么，或赞成什么、反对什么，就根本谈不上说服别人了。论题不明确在逻辑学上被称为"论旨不明"。"语词或语句歧义"常常导致这个逻辑错误。例如：

一个游客对女导游说："你带我游览维也纳的风景，对我的帮助不少，我想送点礼物给你。你最喜欢什么？"

女导游非常贪婪，但又不便明言，只吞吞吐吐地说："我喜欢打扮，嗯……给我一些在耳朵、手指或者脖子上用得上的东西吧。"

第二天，游客送来了礼物——一块肥皂。

女导游的话确有所指，由于理解上存在歧义，耳朵、脖子、手指上用得上的东西除了首饰还有肥皂。因为游客看出了她的贪婪，她只获得了一块肥皂，不过这完全符合她的要求。注意，当我们表达意旨不清、有歧义时，我们得到的往往是对我们不利的回报和理解。让我们看一个笑话：

英文老师："eye，是什么东西？"

学生："不知道。"

英文老师进一步提示："看我鼻子的两边是什么？"

学生："雀斑。"

老师说的"鼻子的两边"当然是指眼睛，问题是她鼻子两边还有雀斑，提示中出现了两个答案(歧义)。

(2)在同一论证过程当中，论题应当始终保持同一。这就是说，有了明确的论题还不够，必须把这个论题贯彻始终。否则，就会犯"转移论题"或"偷换论题"的逻辑错误，在这里，不自觉违反了这条规则的错误为前者，故意违反则为后者。

以下就是一个"偷换论题"的例子。

A县自来水厂拟再次大幅度调整水价的"小道消息"一传出，群情激奋，大有山雨欲来风满楼之势，在这种情况下，县物价局便不敢如期审批相关的调价申请。没办法，自来水厂厂长只得求到副县长Y君的名下。

Y君问厂长："这次你们调价的幅度有多大?"

自来水厂厂长答："从每吨1元2角调整到1元8角，幅度为50%。"

Y君沉思了一会，道："幅度有点大，不过只要工作做到家，也不见得群众不支持。这样吧，你们还是搞个社会调查，尊重群众的意见。"

于是，Y君亲自拟定了调查问卷题：

"请问，您认为未来比较合适的自来水的价格应该是(　　)：

A. 1.80元/吨　B. 2.40元/吨　　C. 3.00元/吨。"

半个月后，社会调查结束。在收回来的答卷中百分之百的群众赞同1.80元/吨的水价。A县自来水厂调整水价的工作遂如愿完成。

A县自来水厂如愿加价，完全得益于副县长Y君的策划，这实际上是一场"偷换论题"、愚弄百姓的把戏。政府不去"对水价调整幅度过大"作出解释，却设定几个水价，然后就哪一个更合理征求意见，搞所谓民意调查。三个水价，最低的为不合理的拟涨到位的水价，其他两个水价则更高得荒唐，老百姓当然会选那个最低的、相对而言合理一点的水价，这就一下子中了那个Y君和自来水厂厂长的圈套。

转移(偷换)论题的错误同时还违反同一律要求。在论证中其错误一般有两种表现："证明过少"或"证明过多"。比如，我们知道有针对性地补充一些微量元素对身体有好处，但某些保健品公司却把他们含有N种微量元素的保健品吹得天花乱坠，似乎无所不能，无人不适。这就属于"证明过多"。又如明明要证明"吸烟有害健康"，谈到最后却成了"大量吸烟有害健康"。这属于"证明过少。"

练　习

(1)一名记者采访某著名银行总裁，想探知他成功的秘诀。

"你是如何获得成功的?"

"5个字——正确的决定。"

"怎么做出正确的决定?"

"2个字——经验。"

"怎么获得经验呢?"

"5个字——错误的决定。"

从谈话中，可知道银行总裁成功的秘诀是(　　)。

A. 少说多做

B. 通过犯错误获取经验

C. 尽量不犯同样的错误

D. 错误的决定会导致成功

(2)法官："证人，你在作证之前，我应该告诉你，在法律面前，你只能讲你亲眼看到的事情，不要讲从别人那儿听到的事，明白吗？"

证人："明白了，法官大人。"

法官："我有几个问题要问你。请你告诉我，你是何时何地出生的？"

证人："天哪！我尊敬的法官，我无法回答您，因为这是我母亲告诉我的。"

法官为什么了解不到证人的籍贯和生日？(　)

A. 证人跟被告是一伙的

B. 证人是个听话的孩子

C. 法官起初的交代有歧义，不够周到

D. 证人的母亲告诉孩子不要把何时何地出生告诉别人

(3)在法庭上，被告一直把手放在口袋里，法官说他没有礼貌。他回答说："我简直不知道该怎么办才好！把手放在别人的口袋里，你们惩罚；放在自己的口袋，又说我没礼貌！"

(4)一个迟暮之年的富翁，在冬日的暖阳中到海边散步时看到一个渔夫在晒太阳，就问道："你为什么不打鱼呢？"

"打鱼干什么？"渔夫反问。

"挣钱买大渔船呀！"

"买大渔船干什么？"

"打很多鱼，你就会成为富翁了。"

"成了富翁又怎么样？"

"你就不用打鱼了，可以幸福自在地晒太阳了。"

"我不正在晒太阳嘛！"

以上题干(3)中的"被告"和(4)中的"渔夫"分别犯了什么逻辑错误？(　)

A. 偷换论题(证明过多)　　B. 偷换论题(证明过少)

C. 转移论题(证明过多)　　D. 转移论题(证明过少)

2. 关于论据的规则

(1)论据应当真实、可靠。论证中，我们从证明论据的真实性推出论题的真实性。显然，论据如果不是真实的命题，那么论题就根本得不到论证，就会犯“虚假论据”或“预期理由”的逻辑错误。

“虚假论据”的出现，有时是出于无知，有时则是有意，用于诡辩。例如：

在公园的长椅上坐着年轻貌美的威廉夫人，怀里抱着一个可爱的婴儿。一个中年绅士走了过来。“多么可爱的小姑娘啊!”绅士拉着婴儿的手自作多情地说，“白白的，嫩嫩的，像个富有魅力的贵妇人的手。”威廉夫人把婴儿往怀里拉了拉，冷冷地说：“先生，您搞错了两件事：其一，这孩子是个男孩；其二，您握的是我的手。”

绅士连状况都没弄清，属于“无知”，结果拍马屁拍到了马脚上，错位的赞美更加突显其虚伪。

“虚假论据”在更多的场合下是有意使用。诡辩令人生厌，但巧妙的掩饰就构成机智幽默。例如：

有一次，美国钢琴家波奇在密西根州的福林特城演奏时，他发现全场观众很少，还不到半数。他从心里感到很失望。

这时，只见他从容地走到舞台前，对观众说：“你们福林特城的人一定很有钱，我看你们每个人买了两个座位的票，真阔呀。”话音刚落，全场欢声雷动起来。

波奇证明福林特城人“真阔”的论据明显虚假，然而，却为他赢得了满堂喝彩，即赞美了对方，又使自己摆脱了尴尬的局面。

“预期理由”是论据不真实的另一种表现。它是指论证中使用的论据本身还有一些真实性尚未得到证明的命题。有时，人们所谓“想当然”为据来证明自己的某些观点，也是一种“预期理由”。例如：

一位优秀的商人杰克，有一天告诉他的儿子。

杰克：我已经选好了一个女孩子，我要你娶她。

儿子：我自己要娶的新娘我自己会决定。

杰克：但我说的这女孩可是比尔·盖茨的女儿哦。

儿子：哇！那这样的话……

在一个聚会中，杰克走向比尔·盖茨。

杰克：我来帮你女儿介绍一个好丈夫。

比尔：我女儿还没想嫁人呢。

杰克：但我说的这年轻人可是世界银行的副总裁哦。

比尔：哇，那这样的话……

接着，杰克去见世界银行的总裁。

杰克：我想介绍一年轻人来当贵行的副总裁。

总裁：我们已经有很多副总裁，够多了。

杰克：但我说的这年轻人可是比尔·盖茨的女婿哦。

总裁：哇，那这样的话……

最后，杰克的儿子娶了比尔·盖茨的女儿，又当上了世界银行的副总裁。

在这个"童话"中，商人"空手套白狼"，靠"预期理由"，环环相扣，用儿子的婚姻成功整合了对自己有用的资源，的确高明。

(2)论据的真实性不应依赖论题来说明。在论证中，论题的真实性是从论据的真实性中推出的，论题有赖于论据的论证，所以，论据的真实性应在论证论题之前确立。而如果证据本身的真实性反过来又需要借助于论题方可证明，那就是本末倒置了，这样的论证所犯的逻辑错误叫做"循环论证"。例如：

某家酸奶公司在酸奶饮料广告上这样写道："甜而酸的酸奶有初恋的味道。"

新闻记者问："如果小孩子问什么是初恋的味道时，怎么办?"

经理马上回答说："没啥，回答说初恋的味道就是酸奶的味道就行了。"

广告中声称"甜而酸的酸奶有初恋的味道"，激发了记者的担心：小孩子问"初恋的味道"怎么办？经理的回答很妙，却是一个典型的"循环论证"。从这个例子中，我们根本了解不到这两种"味道"是什么。

又如，有的大学生感到自己很迷茫，当问及为何如此时，他们会回答"找不到方向"。那么，为什么"找不到方向"？答案往往是"很迷茫"。这样的探讨等于绕了一个圈子，结果仍然是什么也没弄明白。

练　习

(1)一个"盲"乞丐在墙角向路人请求施舍。当没有路人时，他便把地上的硬币逐个拾起，然后放进衣袋。

"你别装相了!"一个路人识破了他的诡计，愤怒地说，"你根本就不是盲人。"

“是的，先生。我只是来替换每天总是坐在这里的那个真正的盲人，他今天去看电影了，所以请我来替换他。我实在不是盲人，我只是一个哑巴。”

题干中乞丐陷入谎言中不能自拔，从他的谎言中可以看出以下命题哪些必然为假？（ ）

A. 他是哑巴 B. 他是盲人

C. 他或者是个哑巴或者是个盲人 D. 每天另外有一个盲人坐在这里

E. 他是一个替代者

(2)有一个人被判了死刑。在行刑前，他向国王保证：“陛下，在一年之内，我可教会陛下的马飞翔。如不能，您可以处我酷刑。”

于是，国王判了他缓刑。他是怎么想的？他想：“在一年之内，国王可能死去；如不死我也许会死去；如我不死，也许，国王的马真会飞翔起来哩！”

以下命题哪些可以打消题干中犯人的预期，一年之内（ ）。

A. 国王不相信犯人的承诺，改变主意

B. 国王死了，犯人活着，马没有飞起来，新王即位很孝顺

C. 国王活着，犯人活着，马没有飞翔起来

D. 国王死了，犯人活着，马飞起来了，新王即位

3. 关于论证方式的规则

论证方式的规则主要就是一条：以论据证明论题时，要符合逻辑规律或有关推理规则，即论据和论题之间要有必然联系，能够从论据必然地推出论题，否则就要犯“推不出”的逻辑错误。

“推不出”的逻辑错误主要表现在以下五种情况：

(1)推理形式不正确。例如：

老师：我们学校从下学期起，转用全英文授课。

甲同学：我们会听不懂的。

老师：不用担心听不懂，学语言就是要多听，你们每天听我说英语，时间久了自然就会明白。

乙同学：可是我每天听家里的小狗叫，也不知道它在说什么呀？

乙同学为了逃避学英语，把听老师说英语和听家里的小狗叫类比。英语再难懂也是人类的语言，而狗叫则是畜类的语言，性质完全不同，岂可类推。故乙同学犯了“机械类比”的逻辑错误。虽然他的论据正确，却证明不了他的论题“听不懂英语”。

(2)论据和论题不相干。论据也有可能真实，但与要证明的论题毫无关

系。例如：

阿拉尔罕买了10头驴子，当他骑在驴上数数时，发现只有九头。而当他下来步行时，所数的驴子正好是10头。骑上去数，又是9头；跳下来数，又是10头。反反复复十来次，阿拉尔罕总结道："还是步行好！"

该例中驴子头数的改变完全是阿拉尔罕的愚蠢造成的。与他的论题"骑驴比步行好"没有一点关系。

(3)论据不足。这种错误通常表现为论据是真实的，而且与论题间也有一定的逻辑联系，只是不够充分，不足以推出论题的真实性。例如：

一辆汽车撞倒了一个行人。司机说："这不是我的过错，我开车一向很小心，我已经开了5年车了。"

"什么？这样说是我的过错了？再说你开了5年车有什么稀罕？要知道，我已经走了55年路了。"

"开车5年，走路55年"双方都只能证明自己有经验，出错的机会少，而不能证明自己不会出错。

(4)以人为据。这是一种常见的"推不出"的逻辑错误。在论证过程当中，为了论证一个命题是否真实，不是以事实、常识或已经证明的科学原理、命题为依据，而是以与这一命题有关的人(或提出者或支持者或反对者)的权威、地位、身份、职业、品德、言行等作为论证这一命题真假的依据。通常所说的"诉诸权威，因人纳(废)言"就是犯了这种错误。例如：

一个小伙子有三个要好的女朋友，一个是医生，一个是电话员，另一个是教师。

有一天，小伙子问母亲，她们当中哪个适合做他的伴侣。母亲立即回答说："我的孩子，当然是女教师了。"

"为什么？"

"这还不清楚吗？因为医生老是说'轮到下一个了'，电话员则常常说什么'请讲得简短些'之类的话，而女教师却和她们不一样，她总是那么和气地说，'我们再来一遍，我们不妨再试试，别灰心，最后一定会成功的'。"

母亲为儿子挑女朋友，依凭的只是女方职业及其日常用语，这明显犯了"以人为据"的逻辑错误，因此是否据此就可以找到一个好儿媳恐怕值得商榷。

(5)以相对为绝对。真理总是和一定的时间、地点、条件相联系。在此时此地是正确的东西，在彼时彼地则未必是正确的。把一定条件下真实的命题，当作任何条件下都是真实的命题，就会犯“以相对为绝对”的逻辑错误。例如：

蚊帐里有两只蚊子，一只喝饱了肚子，一只肚子空空。妻子让当检察官的丈夫打蚊子。丈夫出手不凡，一掌拍死了那只喝饱了血的胖蚊子，而对另一只迟迟不下手。妻子问他为何不打，丈夫说：“证据不足。”

检察官打蚊子时的“谨慎”在逻辑上就犯了“以相对为绝对”的错误。定案固然要证据充足，但检察官把上班时对待犯罪嫌疑人的态度、原则带到家里，对待嗜血的蚊子，显然用错了地方。犯罪嫌疑人可能有清白的，而那只尚未吸血的蚊子迟早肯定会吸他的血。

练 习

指出下列论题或论证中存在的逻辑错误并加以反驳。

(1) 不怕做不到，只怕想不到。

(2) 甲：任何假的东西都不会给人带来好处。

乙：你说的不全对，我的假牙给我带来了莫大的好处。

(3) “这么说，你声明你偷食品是因为你快要饿死了？”法官说，“那么你为什么不拿吃的，却偷光了钱柜呢？”

“因为，我是一位有自尊心的人，法官先生，”被告回答说，“我总是遵循一条规则：我吃什么都要付钱。”

(4) 一个和尚挑水喝，两个和尚抬水喝，三个和尚没水喝。

(5) 学生在寝室里争论：爱情与玉米粥相比，哪个好？好像该是爱情好，其实不然；毕竟没有东西比爱情好，而一碗玉米粥总比没有东西好，所以，玉米粥比爱情好！

(6) 警察问一个被当场抓住的小偷：“为什么你偏要到这家商店偷东西？”

小偷回答说：“因为这家商店离我的住处很近。你知道，目前社会上非常乱，我不敢过久地离开自己的家。”

(7) 一位病人向医生诉说左脚痛得很。医生说：“这大概跟你年龄老有关系。”

“不可能。”病人说，“我的右脚与左脚是同岁的，为什么右脚不痛？”

(8) 富兰克林的仆人是个黑人，他问富兰克林；“主人，绅士是什么东西?”富兰克林回答说:“这是一种生物,是一个能吃、能喝、会睡觉可是什么也不做的有生命的东西。”过了一会,仆人跑到富兰克林身边说:“主人,我现在知道绅士是个什么东西了。人们在工作,马在干活,牛也在劳动,惟有猪只知道吃、睡,什么都不干。毫无疑问,猪便是绅士了。”

附录：综合检测题

综合检测(一)

单项选择题：（下列各题都只有一个正确选项，请在40分钟做完全部的选择。）

1.“我有好几次看见他从外语学院出来，才知道他是该院的教师。”

上文谈话者的逻辑前提是(　)。

A. 他不像一个无职业者

B. 很多教师的装束与他极其相似

C. 他不是讲师，就是教授

D. 只有该院教师，才会经常进出该院

E. 如果是该院的教师，就会经常进出该院

2. 如果你要开办自己的公司，你必须在一件事情上让人知道你很棒。比如你的产品比别人做得好；别人也做得一样好时，你比别人快；别人也同样快时，你比别人成本低；别人的成本也一样低时，你比别人附加值高。

下面哪一项最不接近上面这段话的意思？(　)

A. 只有至少在一件事情上做得最好，你的公司才能够在市场竞争中站稳脚跟

B. 如果你的公司在任何事情上都不是最好，它就很可能在市场竞争中败下阵来

C. 如果你的公司至少在一件事情上做得最好，它就一定能获得巨额利润

D. 除非你的公司至少在一件事情上做得最好，否则，它就不能在市场竞争中获得成功

E. 如果你的公司成功了，那么你的公司至少有一件事情做得最好

3. 假如都市地区被认为包括郊区，都市地区有最大人口比例的州是加州。西部高度都市化，但加州即使在那个地区也是异常的：91%的人口居住在都市地区。然而，从地理学角度而言，加州是乡村的：有96%的土地在都市地区以外。

假如上面的话为真，以下哪一个一定也正确？(　)

A. 没有比加州的乡村人口比例更小的州

B. 当前加州都市地区人口增长率超过加州乡村人口增长率

C. 在加州96%的人口居住在9%的土地上

D. 没有比加州用于都市移民面积更小的州

E. 加州的人口密度在美国所有州中是最高的

4. 要想精神健康，人们必须自尊。人们要保持自尊仅仅通过不断赢得他们尊重的其他人的尊重，他们要赢得这种尊重只有通过正直地对待这些人。

下列哪一个结论可以从上文中得到？（　）

A. 精神健康的人将被别人正直地对待

B. 精神健康的人将正直地对待他们尊重的人

C. 精神健康的人为了被别人正直地对待必须有自尊

D. 人们能够期望被别人正直地对待只有看他们是否尊重别人

E. 自尊的人很少正直地对待那些他们尊重的人

5. 工业机器人的广泛开发导致失业，因此，智能机器是危险的。

上述论述最像下列哪一个？（　）

A. 墨索里尼是一个邪恶的人，因此他成为一名法西斯

B. 吃熏肉是有害于健康的，因此高脂肪的食物是不安全的

C. 一些法官是不诚实的，因为他们受贿

D. 鲸处于灭绝的危险中，因此我们不应当同允许捕鲸的国家作贸易

E. 鸟类是危险的，因为它们都传播疾病

6. 据最近一次调查，婚姻使人变胖。作为证据的是一项调查结果：在13年的婚姻生活中，女性平均胖了23斤，男性平均胖了18斤。

对下列哪一个问题的回答可能对评价上面调查中所展现的推理最有帮助？（　）

A. 为什么调查中研究的时间是13年，而不是12年或14年？

B. 在结婚的时间里，有一些男性体重增加少于18斤吗？

C. 与调查中的有可比较年龄的单身汉在13年中的体重增加或减少了多少？

D. 调查中的女性和调查中的男性在调查中一样积极吗？

E. 被调查者体重获得的方式将维系一生吗？

7. “有些学生不是党员，因此，有些党员不是学生。”

下列哪个推理具有与上述推理相同的结构？（　）

A. 便宜无好货，因此，好货不便宜

B. 有些人不是商人，因此，有些商人不是人

C. 所有商品都是有价值的，因此，所有有价值的都是商品

D. 有些发明家是自学成才的，因此，有些自学成才者是发明家

E. 没有宗教是科学，因此，没有科学是宗教

8. 过去十年中，登山设备有了一些改进。这些改进使这项运动对于有经验的登山者而言更安全并且更有娱乐性。然而，尽管有这些改进，登山的受伤率在过去十年还是增加了。

假如以上都为真，以下哪一项最好地解释了他们的明显差别？（ ）

A. 许多登山者陷入一种虚假的安全感，使用新设备尝试一些他们没有能力做到的高难动作

B. 有些登山受伤是由于不能预见的天气条件导致的

C. 登山运动尽管是一种危险的运动，但通常不会给有经验的登山者带来伤害

D. 在过去十年，登山技术和设备都有一些提高

E. 尽管登山受伤率已经增加了，登山死亡率没有变化

9. 甲、乙、丙、丁是同班同学。甲说："我班同学都是党员。"乙说："丁不是党员。"丙说："我班有人不是党员。"丁说："乙也不是党员。"

如果以上只有一个人说假话，则可推出以下哪项断定是真的？（ ）

A. 说假话的是甲，乙不是党员

B. 说假话的是乙，丙不是党员

C. 说假话的是丙，丁不是党员

D. 说假话的是丁，乙是党员

E. 说假话的是甲，丙不是党员

10. "一般说来，"王教授说，"现在的理科学生比从前的理科学生要懒。因为在我的学生中，能按时做指定作业的人越来越少了。"

王教授的结论是建立在哪一个假设上的？（ ）

A. 现在的理科学生念书的时间比以前少，因为在繁荣的市场经济中，他们花在寻找工作上的时间越来越多

B. 学生是否按时做指定的作业是他们懒惰与否的重要标志

C. 理科学生应该比要求较低的其他学科的学生更用功

D. 王教授的学生不愿做作业，是因为王教授现在教得比以前差

E. 懒惰是大多数人无法避免的

11. 对中国 31 个省市自治区的商人信任度的调查结果表明，一半本地人都认为本地人值得信任。如北京人为北京人打出的可信任度分数是 57.9，而为天津人打出的分数是 15。有一个地方例外，就是海南人自己并不信赖海南

人。

如果以下陈述为真，除了哪项之外，都能对上述的例外提供合理解释？（ ）

A. 海南本来就骗子多，互不信任

B. 海南绝大多数的被抽查者是从外地去那里经商留下的

C. 外地人对海南商人不了解，给他们打的信任分数很低

D. 在海南经商的大多数商人不是本地人

E. 海南人主要是商人，而商人大部分是奸商

12. 在对某生产事故原因的民意调查中，70% 的人认为是设备故障；30% 的人认为是违章操作；25% 的人认为原因不清，需要深入调查。

以下哪项最能合理地解释上述看来包含矛盾的陈述？（ ）

A. 被调查的有 125 人

B. 有的被调查者后来改变了自己的观点

C. 有的被调查者认为事故的发生既有设备故障的原因，也有违章操作的原因

D. 很多认为原因不清的被调查者实际上有自己倾向性的判断，但是不愿意透露

E. 调查的操作出现技术性差错

13. 散文家：智慧与聪明是令人渴望的品质。但是，一个人聪明并不意味着他很有智慧，而一个人有智慧也不意味着他很聪明。在我所遇到的人中，有的人聪明，有的人有智慧，但是，却没有人同时具备这两种品质。

若散文家的陈述为真，以下哪项陈述不可能为真？（ ）

A. 没有人聪明但没有智慧，也没有人有智慧却不聪明

B. 大部分人既聪明，又有智慧

C. 没有人既聪明，又有智慧

D. 大部分人既不聪明，也没有智慧

E. 很少能见到既聪明又有智慧的人

14. 三班的一次联欢活动有学生没有参加，何捷、小马、丹丹、小珍中有一人没有参加，其他三人都参加了。老师在询问时，他们做了如下的回答。

何捷：小马没来。

小马：我不但参加了，而且还表演了节目。

丹丹：我晚来了一会儿，但一直到晚会结束才走。

小珍：如果丹丹来了，那就是我没来。

如果他们中只有一个人说了谎，则以下哪项成立？（　）

A. 何捷没参加　　B. 小马没参加　　C. 丹丹没参加

D. 小珍没参加　　E. 不能推出谁没有参加

15.“他或者是教师，或者是学生。”上述判断是真还是假？（　）

A. 真的　　B. 假的　　C. 没有真假

D. 无所谓真假　　E. 或真或假

16. 如果张君是教师，她就一定学过心理学。

这一判断是从以下哪个判断中推论出来的？（　）

A. 一个好教师应该学习心理学B. 除非学过心理学否则不能做教师

C. 有些教师真的不懂心理学　D. 心理学知识有助于提高教学效果

E. 张君曾经说过他非常喜欢心理学

17.“某教研室的有些教师是北京人。”

作为一个逻辑判断，这个判断的对象是什么？（　）

A. 某教研室　　B. 某教研室的有些教师　C. 教研室的教师

D. 某教研室的教师　E. 教师

18. 一个包裹，除非其大小在规定的尺寸之内，否则投递服务公司不会接受。所有被接受投递的包裹都有退回地址。

如果上面陈述是正确的，下面哪一项也一定正确？（　）

A. 投递服务对重包裹的收费高于对轻包裹的收费

B. 投递服务总是接受大小在规定限度内的包裹的投递

C. 如果一个包裹大小在规定的限度之内，并有回邮地址，则无论它多重，都会被接受投递

D. 投递服务对必须返回寄件人的包裹不收取费用

E. 一个大小不在规定限度之内但是却有回邮地址的包裹，是绝不会被投递服务接受投递的

19. 许多普通高等学校在经济增长缓慢时期都面临着招生人数下降的问题。但是在高等职业技术大学里，在经济增长缓慢时期许多人收入减少并且为获得工作进行激烈竞争时，招收学生的人数大幅度增加。

以下各项都有助于解释以上现象，除了（　）。

A. 在经济迅速增长时期，高等职业技术大学的毕业生中，有相当一部分继续到普通高等学校里学习

B. 在经济增长缓慢时期，高等职业技术大学比普通高等学校能够更好地为学生们提供求职技能

C. 高等职业技术大学比普通高等学校投入更多的资源来吸引那些受经济增长缓慢因素影响较大的学生

D. 大多数高等职业技术大学的学费是普通高等学校学费的一小部分

E. 高等职业技术大学的学生能够通过选择不同学期所修课程的数量来控制学习费用，但是绝大多数普通高等学校的学生不能这样做

20. 无论是工业用电还是民用电，现行的电费价格一直偏低。某区推出一项举措，对超出月额定数的用电量，无论是工业用电还是民用电，一律按上调高价收费。这一举措将对该区的节约用电产生重大的促进作用。

上述举措要达到预期的目的，以下哪项必须是真的？(　)

(1)有相当数量的浪费用电是由于电价格偏低造成的。

(2)有相当数量的用户是因为电价偏低而浪费用电的。

(3)超额用电价格的上调幅度一般地足以对浪费用电的用户产生经济压力。

A. (1)、(2)和(3)　　B. 仅(1)和(2)　　C. (1)和(3)

D. (2)和(3)　　E. (1)、(2)、(3)都不必须是真的

21. 有甲、乙、丙、丁四个队进行拔河比赛。比赛结果是：当甲、乙两队为一方，丙、丁两队为另一方时，双方势均力敌。但当甲与丙对调后，丁、甲一方就轻而易举地战胜了丙、乙一方；乙队单独同甲、丙两个队的联队进行较量，结果乙队胜。

请按由强到弱的顺序排列出甲、乙、丙、丁的顺序(　)。

A. 甲、乙、丙、丁　　B. 丙、乙、丁、甲　　C. 丁、乙、甲、丙

D. 乙、甲、丁、丙　　E. 丙、甲、乙、丁

22. 张君并非既高又胖。

如果上述断定为真，那么以下哪项断定必定为真？(　)

A. 张君高但不胖　　B. 张君胖但不高　　C. 张君既不高也不胖

D. 如果张君高，那么她一定不胖　　E. 如果张君不高，那么她一定胖

23. 福田石油公司连续两年在全球500家最大公司按净利润总额的排名中位列第一，主要原因是该公司比其他公司有更多的国际业务。

下列哪项如果为真，则最能支持上述说法？(　)

A. 与福田公司规模相当但国际业务少的石油公司的利润都比福田石油公司低

B. 历史上全球500家大公司的净利润冠军都是石油公司

C. 近两年全球最大的500家公司都在努力开拓国际业务

D. 近两年来石油和成品油的价格很稳定，是石油公司发展的好机会

E. 福田石油公司是英国和荷兰两国共同拥有的

24. 在市长任职的三年里，他经常被控对女性存有性别歧视的态度。然而，他已经在他的管理层的19个高层空缺中任用了5名妇女，她们中的所有人都仍在服务，这表明市长并不是一名性别歧视者。

下列哪一个假如正确，最严重地反对上面得到的结论？（　）

A. 市长任命的一名高层职位妇女正准备辞职

B. 市长所在政党的政纲要求他在高层职位至少任命五名女性

C. 47%的三年前在市长选举中投票的女性支持这位市长

D. 邻近市的市长最近在高层职位任命了七名女性

E. 市长在其管理层任命了两名黑人，两名西班牙裔美国人，一名亚裔美国人

25. 在过去的十年中，由美国半导体工业生产的半导体增加了200%，但日本半导体工业生产的数量增加了500%，因此，日本现在比美国制造的半导体多。

以下哪项如果是真的最能削弱以上论证？（　）

A. 在过去5年中，由美国半导体工业生产的半导体增长仅100%

B. 在过去10年中，美国生产的半导体的美元价值比日本生产的高

C. 今天美国半导体出口在整个出口产品中所占的比例比10年前高

D. 10年前，美国生产的半导体占世界半导体的90%，而日本仅占2%

E. 10年前，日本生产半导体是世界第四位，而美国列第一位

26. 人体血液中高浓度脂蛋白含量的提高可以增加人体排除胆固醇的能力，从而使血液中的胆固醇含量降低，某些人通过一个经常锻炼和减轻体重的计划使血液中的高浓度脂蛋白含量显著提高。

以下哪项能够从以上论述中正确地推导出来？（　）

A. 那些体重不足的人不会有血液中出现高含量胆固醇的风险

B. 那些不经常锻炼的人在人生晚期血液中出现高含量胆固醇的风险较高

C. 经常锻炼和减轻体重是降低人体血液胆固醇含量的最有效办法

D. 要降低体重正常的人血液中的胆固醇含量，只有经常锻炼是必要的

E. 一个经常锻炼和减轻体重的项目降低了某些人血液中的胆固醇含量

27. 有人说：“最高明的骗子，可能在某个时刻欺骗所有的人，也可能在

所有的时刻欺骗某些人，但不可能在所有的时刻欺骗所有的人。”

如果上述断定为真，而且世界上总有一些高明的骗子，那么下述哪项断定必定是假的？（ ）

A. 张三可能在某个时刻受骗

B. 李四可能在任何时候都不受骗

C. 骗人的人也可能在某个时刻受骗

D. 不存在某一时刻所有的人都不会受骗

E. 不存在某一时刻有人可能不受骗

28. 甲、乙、丙三人中有一人而且只有一人是罪犯。

甲说：“罪犯不是我，罪犯身材高大。”

乙说：“罪犯不是甲，罪犯脾气古怪。”

丙说：“罪犯不是我，罪犯是乙。”

如果三个人每人至少说了一句实话，以下哪个命题必然是真的？（ ）

A. 甲一定是罪犯，罪犯身材高大

B. 乙一定是罪犯，罪犯脾气古怪

C. 丙一定是罪犯，罪犯身材高大而且脾气古怪

D. 如果甲是罪犯，罪犯身材高大且脾气古怪

29. 一个社会学家研究了两千年来不同国家数百个杰出人才的成长环境后注意到，这些人才在十五岁时双亲健在的只有62%。他到我国不同城市数十所中学调查后了解到，普通中学生在十五岁时双亲健在的约占97%。他由此得出结论：失去父母的关爱，有利于形成人的独立性，对于成才是有利的。

以下哪项如果为真，将有力地削弱这个社会学家的论证？（ ）

A. 他所研究的人才，有一部分是有争议的人物

B. 他在统计普通人时，没有统计失学的人、外国人和农村人

C. 很多有成就的人就是在父母的精心教育下成长起来的

D. 20世纪以来人类的平均寿命明显延长了

E. 把失去父母看做是成才的有利条件，这让人在感情上无法接受

30. 电视连续剧演到一对男女人质被绑架时，本集结束。关心人质命运的四个人作出如下猜测：

甲：如果女的死了，男的也活不成。

乙：两个人都会平安无事的。

丙：男人质一定得救，女人质必死无疑。

丁：两个人质一定会同生或同死。

假如只有一个说的是对的，那么，以下哪个命题必然是真的？（ ）

A. 两个人质都得救了

B. 两个人质都遇害了

C. 如果甲的猜测是正确的，那么，男人质一定遇害

D. 女人质一定获救，男人质一定遇害

E. 女人质一定遇害，男人质一定获救

31. “并非当且仅当某人是美院的学生，则他一定会画油画。”

下列哪个选项是对上述判断的正确理解？（ ）

A. 不会画油画的美院学生是有的，而且数量不少

B. 不是美院学生但会画油画的也不少

C. 美院有些学生很懒，他们荒废了学业，结果不会画油画

D. 某人是美院学生但不会画油画，或者某人不是美院学生但会画油画

E. 会画油画并不是美院学生能否毕业的前提

32. 如果国会议员要在群众集会上演讲，那么他一定是一个演说家。一个演说家不能同时在群众集会上演讲并且是一个国会议员。

从以上陈述可以推出下面哪个结论？（ ）

A. 一个演说家是国会议员就不会在群众集会上演讲

B. 没有演说家在群众集会上演讲

C. 有国会议员在群众集会上演讲

D. 只有国会议员在群众集会上演讲

33. 某重点大学招收体育特长生，条件是：(1)有体育特长并且在省级以上(含省级)运动会中获得二等及以上奖项；(2)参加当年的全国普通高等学校统一入学考试，总成绩达到所在省份本科录取分数线或者语文和外语成绩均达到或超过120分。

张三报考了该重点大学体育特长生，但没有被录取，是由于（ ）。

A. 张三有体育特长并且在省级运动会中获得了一等奖，但是她当年的高考总成绩未达到所在省的本科录取分数线

B. 张三有体育特长并且在省级运动会中获得了一等奖，但是她当年高考的语文和外语成绩未达到120分

C. 如果张三有体育特长并且在省级运动会中获得了二等或以上奖项，那么她的高考总成绩就没有达到所在省的本科录取分数线，并且语文或外语成绩也没有达到120分

D. 如果张三的高考总成绩就没有达到所在省的本科录取分数线，并且语

文和外语成绩也没有达到120分，那么她一定有体育特长并且在省级运动会中获得了二等或以上奖项

34. 媒体上最近充斥着关于某名人的八卦新闻，这使该名人陷入一种尴尬的境地：如果她不出面做澄清和反驳，那些谣传就会被大众信以为真；如果她出面做澄清和反驳，这反而会引起更多人的关注，使那些八卦新闻传播得更快更广。这也许就是当名人不得不付出的代价吧。

如果题干中的陈述为真，则下面哪一项必定为真？（ ）

A. 该名人实际上无法阻止那些八卦新闻对她个人声誉的损害

B. 一位名人的声誉不会受媒体上八卦新闻的影响

C. 在面对八卦新闻时，该名人所能采取的最好策略就是澄清真相

D. 该名人的一些朋友出面夸奖她，反而会起反效果

E. 八卦新闻并不能影响名人的声誉

35. 如果这项改革措施不受干部们欢迎，我们就应该进行修改。如果它不受工人们欢迎，我们就应该采用一项新的改革措施。并且这项措施必定是，要么不受干部们的欢迎，要么不受工人们的欢迎。

如果以上陈述为真，以下哪项也一定正确？（ ）

A. 我们应当修改这项改革措施，当且仅当这样做不会降低该措施在工人中的声望时

B. 我们应该在干部或者工人中间努力推广这项改革措施

C. 如果修改这项改革措施不会影响到它在干部们中受欢迎的程度，我们就应该立即进行修改

D. 如果这项改革措施受到了干部们的欢迎，我们就应该采取一项新的改革措施

36.《星岛日报》和《星岛晚报》都有一个专门的校对小组负责防止错别字出现在每天刊出的报纸中。但是，《星岛日报》发表的文章中2%的文字有错误，而《星岛晚报》却没有出现此类错误。因此，《星岛晚报》的校对小组在发现错别字方面比《星岛日报》的校对小组更有效率。

以上论述是以以下哪项假设为前提的？（ ）

A. 大多数在《星岛日报》上发表的文章中都或多或少有错别字出现

B. 在《星岛晚报》上发表的文章，在校对之前至少是有错别字存在的

C. 从总体上看，《星岛晚报》校对小组的成员比《星岛日报》校对小组的成员素质更高

D. 一份报纸错别字数量的多少是衡量该报纸编辑工作是否细致的一个

重要标准

E.《星岛晚报》的记者和给该报投稿的作者比《星岛日报》的记者和给该报投稿的作者更认真

37. 所有与非典患者接触的人都被隔离了。所有被隔离的人都与小李接触过。

如果以上命题是真的，以下哪个命题也是真的？( )

A. 小李是非典患者

B. 小李不是非典患者

C. 可能有人没有接触过非典患者，但接触过小李

D. 所有非典患者都与小李接触过

E. 所有与小李接触过的人都被隔离了

38. 历史并非清白之手编制的网，使人堕落和道德沦丧的一切原因中，权利是最永恒、最活跃的。因此，应该设计出一些制度，限制和防范权力的滥用。

下面那个假设能够给予上述推理最强的支持？( )

A. 应该设法避免使人堕落和道德沦丧

B. 权利常常使人堕落和道德沦丧

C. 没有权利的人就没有机会在道德上堕落

D. 一些堕落和道德沦丧的人通常拥有很大的权力

39. 一个人到底是做出好的行为还是做出坏的行为，跟他生命的长短有关。如果他只活一天的话，他去偷人家东西是最好的，因为他不会遭受担心被抓住的痛苦。对于还能活 20 年的人来说偷人家东西就不是最好的，因为他会遭受担心被抓住的痛苦。

如果以下各项陈述为真，除了哪项外，都能削弱上述论证？( )

A. 只有遭受担心被抓住的痛苦，才不会去偷人家东西

B. 对于只活一天的人来说，最好的行为可能是饱餐一顿牛肉

C. 生命的长短不是一个人选择做出好行为或坏行为的充分条件

D. 对于某些偷人家东西的人来说，良心的谴责会造成比担心抓住更大的痛苦

40. 我国《个人所得税法修正案(草案)》将工薪所得的费用扣除标准由原来的 800 元/月提高到 1500 元/月；当个人月收入低于 1500 元时无需纳税；高于 1500 元时对减去 1500 元后的收入征税。一位官员对此评论说：个人所得税起征点不宜太高，因为纳税也是公民的权利，起点太高就剥夺了低收入

者作为纳税人的荣誉。

以下哪项为真，能对这位官员的论点提出最大质疑？（ ）

A. 世界各国在征收个人所得税时，都是将居民基本生活费用予以税前扣除，以保证社会劳动力的再生产

B. 个人所得税交得少也会影响低收入者作为纳税人的荣誉

C. 个人所得税的作用之一是调节社会分配，缩小贫富差距

D. 中国的税制以商品为主，一个人只要购买并消费商品，就向国家交了税

E. 个人所得税交得多就越有作为纳税人的荣誉

综合检测(二)

——自学考试题型

一、单项选择题(本大题共15小题，每小题1分，共15分)

在每小题列出的四个备选项中只有一个是符合题目要求的，请将其代码填写在题后的括号内。错选、多选或未选均无分。

1. “$p \land q \rightarrow r$”与“$p \lor q \leftarrow r$”这两个逻辑式子中，它们的(　)。

A. 变项和逻辑常项相同　　B. 变项不同但逻辑常项相同

C. 逻辑常项不同但变项相同　　D. 变项和逻辑常项都不同

2. 对于A、B两概念，如果所有a都是b并且有b不是a，那么，A、B两概念具有(　)。

A. 全同关系　　B. 真包含于关系

C. 交叉关系　　D. 全异关系

3. $\Box p$与$\Box \neg p$之间的关系是(　)。

A. 反对关系　　B. 矛盾关系

C. 差等关系　　D. 下反对关系

4. 一个相容选言判断$p \lor q$假，那么，一定为(　)。

A. p真q真　　B. p真q假

C. p假q真　　D. p假q假

5. 判断间的反对关系，应是(　)关系。

A. 对称且传递　　B. 对称且非传递

C. 非对称且反传递　　D. 非对称且传递

6. 有学生在上课时间去看电影，老师批评时，学生反问：“看革命题材电影不是好事吗?”学生的说法(　)。

A. 违反同一律　　B. 违反矛盾律

C. 违反排中律　　D. 不违反普通逻辑的基本规律

7. 直接推理“$SEP \rightarrow PA\neg S$”，属于(　)推理。

A. 换质法　　B. 换位法

C. 换质位法　　D. 换位质法

8. “$(p \rightarrow q) \land (r \rightarrow s) \land (\neg q \lor \neg s) \rightarrow (\neg p \lor \neg r)$”，这一推理式是(　)。

A. 二难推理的简单构成法　　B. 二难推理的简单破坏式

C. 二难推理的复杂构成式　　D. 二难推理的复杂破坏式

9.“因为 aRb 并且 bRc，所以，aRc”，这一推理式是(　)。

A. 对称关系推理　　B. 反对称关系推理

C. 传递关系推理　　D. 反传递关系推理

10. 反证法是先论证与原论题相矛盾的论断为假，然后根据(　)确定原论题真的论证方法。

A. 同一律　　B. 矛盾律

C. 排中律　　D. 充足理由律

11. 一国丧失过量的表土，需进口更多的粮食，这就增加了其他国家土壤的压力；一国大气污染，导致邻国受到酸雨的危害；二氧化碳过度排放，造成全球变暖，海平面上升，几乎可以危及所有的国家和地区。

下述最能概括上文的主观观点的是(　)。

A. 环境污染已影响到国与国之间的关系，可能引起国际争端

B. 经济的快速发展必然会导致环境污染的加剧，先污染后治理是一条规律

C. 在治理污染方面，发达国家应该承担更多的责任和义务

D. 环境污染问题已经成为区域性、国际性的问题，解决环境污染问题是人类面临的共同任务

12. 某家饭店中，一桌人在边就餐边谈生意。其中，1 个是哈尔滨人，2 个是北方人，1 个是广东人，2 个人只做电脑生意，3 个人只做服装生意。

如果以上介绍涉及餐桌上所有的人，那么下列关于这一桌人数的说法正确的是(　)。

A. 最少可能是 3 人，最多可能是 8 人

B. 最少可能是 5 人，最多可能是 8 人

C. 最少可能是 5 人，最多可能是 9 人

D. 无法确定

13. 小李和小张就广告问题争论得面红耳赤，没完没了。小李说：广告进了百姓门，带来方便送福音。小张说：广告就会吹，真假难区分。

以下对小张的论点提供了最有力的支持的是(　)。

A. 某教师受慢性萎缩性胃炎折磨多年，从电视广告中找到了良药

B. 电视广告对于不愿意看的观众是一种浪费

C. 街头的招牌广告被风吹倒，造成人身伤亡，应该引以为戒

D. 64% 的保健品凭着广告走进了市场。在一次抽样调查中，仅有 2% 具有所说的效果

14. 经过对最近十年的统计资料分析，大连市因癌症死亡的人数比例比全国城市的平均值要高两倍。而在历史上大连市一直是癌症特别是肺癌的低发地区。看来，大连最近这十年对癌症的防治出现了失误。

以下哪项如果为真，最能削弱上述论断？（ ）

A. 大连的气候和环境适合疗养，外地癌症病人在大连走过了最后一段人生之路

B. 大连最近几年医疗保健的投入连年上升，医疗设施有了极大的改善

C. 大连医学院在以中医理论探讨癌症机理方面取得了突破性的进展

D. 尽管癌症的死亡率上升，但大连的肺结核死亡率几乎降到了零

15. 如今的音像市场上，正版的激光唱盘和影视盘的销售不如盗版的，盗版的屡禁不绝，销售非常火爆。有的分析人员认为，这主要是因为价格上盗版盘更有优势，所以在市场上更有活力。

以下哪项是这位分析人员在分析中隐含的假定？（ ）

A. 正版的往往内容呆板，不适应市场的需要

B. 与价格的差别相比，正版盗版质量差别不大

C. 盗版的比正版的进货渠道畅通

D. 正版的不如盗版的销售网络完善

二、双项选择题（本大题共 10 小题，每小题 2 分，共 20 分）

在每小题列出的五个备选项中有两个是符合题目要求的，请将其代码填写在题后的括号内。错选、多选、少选或未选均无分。

16. 当 S 与 P 具有（ ）关系或（ ）关系时，SAP 和 SEP 都假。

A. 全同　　B. S 真包含于 P　　C. S 真包含 P

D. 交叉　　E. 全异

17. 在性质判断中，什么判断的主项周延，谓项不周延？（ ）

A. 全称肯定　　B. 全称否定　　C. 特称肯定

D. 单称肯定　　E. 单称否定

18. “有的大学生是运动员”和“有的大学生不是运动员”，这两个性质判断（ ）。

A. 不能同真，可以同假　　B. 不能同假，可以同真

C. 既不能同真，也不能同假　　D. 可以同真，可以同假

E. 至少有一真，可以同真

19. 要使一个充分必要条件假言判断 $p \leftrightarrow q$ 真，那么（ ）。

A. p 真 q 真　　B. p 真 q 假　　C. p 假 q 真

D. p 假 q 假　　　E. p 与 q 不等值

20. 以 MAP 为大前提，再增补(　)或(　)为小前提，可有效推出结论 SIP。

A. SEM　　　B. SAM　　　C. SIM

D. MES　　　E. SOM

21. 判断"$\neg p \vee q$"的负判断的等值判断是(　)

A. $p \vee \neg q$　　　B. $\neg p \vee q$　　　C. $p \wedge \neg q$

D. $\neg (q \rightarrow p)$　　　E. $\neg (p \rightarrow q)$

22. 若$\Box p$ 真，则(　)必假。

A. $\Box \neg p$　　　B. $\Diamond p$　　　C. $\Diamond \neg p$

D. p　　　E. $\Box p$

23. 不完全归纳推理不是(　)推理。

A. 或然性　　　B. 特殊到一般　　　C. 前提不蕴涵结论

D. 必然性　　　E. 前提蕴涵结论

24. 以"$p \wedge q \rightarrow r$"和"$\neg r$"为前提，能有效推出结论(　)或(　)。

A. $p \wedge q$　　　B. $p \vee q$　　　C. $\neg p \vee \neg q$

D. $p \rightarrow \neg q$　　　E. $\neg p \rightarrow q$

25. 在下列各推理式中，无效推理式为(　)。

A. $(p \rightarrow q) \wedge \neg q \rightarrow \neg p$　　　B. $(p \vee q) \wedge p \rightarrow \neg q$

C. $(p \wedge q) \rightarrow q$　　　D. $(\neg p \rightarrow \neg q) \wedge \neg q \rightarrow \neg p$

E. $(p \leftarrow q) \wedge q \rightarrow p$

三、填空题(本大题共 10 小题，每小题 1 分，共 10 分)

请在每小题的空格中填上正确答案。错填、不填均无分。

26. 普通逻辑是研究思维的________及其基本规律和简单逻辑方法的科学。

27. 如果概念 A ________概念 B，则概念 A 为种概念，概念 B 为属概念。

28. 简单判断就是自身中________的判断。

29. 一个充分条件假言判断"$p \rightarrow q$"是假的，当且仅当________。

30. 既肯定 SAP，又肯定同素材的 SEP，这就违反了逻辑上的______律。

31. 一个正确推理必须________和前提真实。

32. 必要条件假言推理有肯定后件式和________。

33. 完全归纳推理是________性推理。

34. 从思维进程来看，类比推理是__________的推理。

35. 间接证明有反证法和__________。

四、图表题（本大题共 2 小题，第 36 小题 4 分，第 37 小题 6 分，共 10 分）

36. 请用欧拉图表示下列概念之间的关系。

A. 中国　　B. 黄山　　C. 长城　　D. 旅游胜地

37. 试用真值表判定下列 A、B 两个判断是否为矛盾关系。

A：王华要么报考南京大学，要么报考东南大学。

B：王华既不报考南京大学，又不报考东南大学。

（设：p 表示"王华报考南京大学"，q 表示"王华报考东南大学"，T 表示"真"，F 表示"假"）

五、分析题（本大题共 5 小题，每小题 5 分，共 25 分）

38. (1)"矛盾是旧形式与新内容之间的斗争。"该句作为定义是否正确？请说明理由。

(2)"微机可分为台式微机、便携式微机、办公用微机和家用微机。"该句作为划分是否正确？请说明理由。

39. (1)请将"没有一个自学成才者不是经过刻苦努力的"换质位，写出换质位的公式和换质位后的结论。

(2)找出能反驳"所有的被告都是有罪的"的判断，并指出为什么能反驳。

40. 写出下列三段论的推理式，指出其格与式，并根据三段论规则说明其是否有效。"并非所有细菌都有毒；并非所有生物都是细菌；所以，并非所有生物都有毒。"

41. "为了证实吸烟与肺癌的关系，美国弗来明心脏研究中心进行了大量的调查研究。统计资料显示：每多吸一支烟，肺癌的发病率就上升一倍。如果一个人每天吸两包烟，那么这个人比不吸烟的人得肺癌的几率高 20 倍。可见，吸烟与肺癌的发病有一定的因果关系。"

分析此例运用了何种探求因果联系的方法，说明理由并写出该逻辑方法的公式。

42. "作品愈高，知人愈少"，这是错误的。因为，倘若作品愈高，知人愈少，那么，推论起来，谁也不懂的东西，就是世界上的绝作了。

分析此例，指出被反驳的论题、用来反驳的论据和反驳所使用的逻辑方法，并分析反驳得是否正确。

六、证明题(本大题共 2 小题，每小题 4 分，共 8 分)

43. 两个肯定前提必得肯定结论。

44. 大前提为 I 判断，小前提为 E 判断，不能构成一个有效的三段论。

七、综合题(本大题共 2 小题，每小题 6 分，共 12 分)

45. 上海某宾馆来了 A、B、C 三位客人，现已知：

①如果 A 和 B 都来自北京，那么 C 就来自昆明；

②并非 C 来自杭州或昆明；

③只有 B 来自北京，C 才不是来自杭州。

请问：A 是否来自北京？写出推导过程。

(设：A 表示“A 来自北京”，B 表示“B 来自北京”，C_1 表示“C 来自昆明”，C_2 表示“C 来自杭州”)

46. 某市发生一个抢劫杀人案，经初步侦察，犯罪嫌疑人为 A、B、C。现已知：

①如果 A 无罪或 B 有罪，那么，C 有罪；

②只有 A 有罪，C 才有罪。

请问：A 是否有罪？写出推导过程。

(设：A 表示“A 有罪”，非 A 表示“A 无罪”，其他类同)

综合检测(三)

——2003MPA 试题

单项选择题：

1. 雄孔雀漂亮的羽毛主要是吸引雌孔雀的，但没人知道委身漂亮的羽毛能在求偶中具有竞争的优势。一种解释是雌孔雀更愿意与拥有漂亮羽毛的雄孔雀为偶。

以下哪项陈述准确描述了上文推论中的错误？（ ）

A. 把属于人类的典型特征归属于动物

B. 把对一类事物中的个别种类断定为真的结论推广到这类事物的所有种类

C. 这种解释，使用了一种原则上既不能证明为真也不能证明为假的前提

D. 把所提供的需要做出解释的现象本身作为对那种现象的一种解释

E. 毫无根据地假设有漂亮羽毛的雄孔雀有其他吸引雌孔雀的特征

2. “他或者是工人，或者是干部”。

上述判断是以下那种情况？（ ）

A. 无所谓真假

B. 真的

C. 假的

D. 或者是真的，或者是假的

E. 以上都不对

3. 不可能所有的香港人都会讲普通话。

以下哪项判断的含义与上述判断最为接近？（ ）

A. 可能所有的香港人都会讲普通话

B. 可能所有的香港人都不会讲普通话

C. 必然所有的香港人都不会讲普通话

D. 必然有的香港人不会讲普通话

E. 必然有的香港人会讲普通话

4. 两个实验大棚里种上相同数量的黄瓜苗，在第一个大棚里施加镁盐但在第二个里不加。第一个产出了 10 公斤黄瓜而第二个产出了 5 公斤。由于除了水以外没有向大棚施加任何别的东西，第一个大棚较高的产量一定是

由于镁盐。

以下哪项如果为真，最严重地削弱了上述论证？(　)

A. 两个实验大棚的土壤里都有少量镁盐

B. 第三个实验大棚施加了一种高氮肥料但没有加镁盐，产出了7公斤黄瓜

C. 两个实验大棚里都种植了四个不同的黄瓜品种

D. 两个实验大棚里还种植了其他的蔬菜

E. 两个实验大棚的土质和日照量不同

5. 某体操队有些队员来自广西。

以上判断的对象是(　)。

A. 某体操队

B. 某体操队有些队员

C. 体操队

D. 体操队员

E. 某体操队的所有队员

6. 三班的一次联欢活动有学生没有参加，何捷、小马、丹丹、小珍中有一人没有参加，其他三人都参加了。老师在询问时，他们做了如下的回答。

何捷：小马没来。

小马：我不但参加了，而且还表演了节目。

丹丹：我晚来了一会儿，但一直到晚会结束才走。

小珍：如果丹丹来了，那就是我没来。

如果他们中只有一个人说了谎，则以下哪项成立？(　)

A. 何捷没参加

B. 小马没参加

C. 丹丹没参加

D. 小珍没参加

E. 不能推出谁没有参加

7. 1995年，年龄在25岁到30岁之间的已婚青年夫妇，与父母或岳父母生活在一起的人占该年龄段人口的比例是15%，而2002年，这一比例升至46%。因此，在2002年，这一年龄段的已婚青年夫妇更难以承担独立生活。

上文的结论基于下列哪项假设？(　)

A. 这一年龄段中不能自立的青年夫妇更愿意和同龄人生活在一起，而不是和双方父母

B. 这一年龄段的青年夫妇只要能够独立生活，就不会选择与双方父母亲共同生活

C. 这一年龄段中的有些青年夫妇虽然在调查时和父母或岳父母生活在一起，但在此之前是独立生活的

D. 从 1995 年到 2002 年，适合青年夫妇购买和租住的住房数目是逐年减少的

E. 这一年龄段中与父母或岳父母生活在一起的青年夫妇绝大多数不分担生活费用

8. 一些麋鹿的骨盆骨与所有猪的骨盆骨具有许多相同的特征。虽然不是所有的麋鹿都有这些特征，但是一些动物学家声称，所有具有这些特征的动物都是麋鹿。

如果以上陈述和动物学家的声明都是真的，以下哪项也一定是真的？（　）

A. 麋鹿与猪的相似之处要多于它与其他动物的相似之处

B. 一些麋鹿与猪在其他方面的不同之处要少得多

C. 所有动物，如果它们的骨盆骨具有相同的特征，那么它们的其他骨骼部位一般也会具有相同或相似的特征

D. 所有的猪都是麋鹿

E. 所有的麋鹿都是猪

9. 在三班的一次语文考试中，何捷的成绩比小马好，小珍的成绩比丹丹差，所以何捷的成绩比小珍好。以下各项作为新的前提分别加入到题干的前提中，除了一项外，都能使题干的推理成立。

不能使推理成立的是哪一项？（　）

A. 何捷的成绩和丹丹一样

B. 小马的成绩和丹丹一样

C. 小马的成绩比丹丹好

D. 丹丹的成绩比小马好

E. 小珍的成绩比小马差

10. “有些人不是坏人，因此，有些坏人不是人。”

下列哪个推理具有与上述推理相同的结构？（　）

A. 有些便宜货不是好货，因此，有些便宜货是好货

B. 有些便宜货不是假货，因此，有些假货不是便宜货

C. 所有商品都是有价值的，因此，所有有价值的都是商品

D. 有些发明家是自学成才的，因此，有些自学成才者是发明家

E. 没有宗教是科学，因此，没有科学是宗教

11. 这所大学的学生学习了很多课程，小马是这所大学的一名学生，所以她学习了很多的课程。

以下哪项论证展示的推理错误与上述论证中的最相似？（　）

A. 这所学校里的学生学习数学这门功课，小马是这所学校的一名学生，所以他也学习数学这门课程

B. 这本法律期刊的编辑们写了许多法律方面的文章，老李是其中的一名编辑，所以他也写过许多法律方面的文章

C. 这所大学的大多数学生学习成绩很好，小贞是这所大学的一名学生，所以她的学习成绩很好

D. 所有的旧汽车需要经常换零件，这部汽车是新的，所以不需要经常换零件

E. 独立的大脑细胞是不能够进行思考的，所以整个大脑也不能够进行思考

12. 私有企业通过提供高薪来吸引具有较强能力的专业人才。这一措施导致的结果是，大多数受雇于私有企业的专业人才的收入比相同层次但在国有企事业单位工作的专业人才高出60%。所以，除非国有企事业单位雇佣的专业人才更多的是被对公众和公益事业的责任感而不是个人利益所驱使，否则国有企事业单位有可能使它的相当一部分专业人才流失到私有企业，因为这些专业人才没有在私有企业中找不到工作的。

上述推理基于以下哪项假设？（　）

A. 国有企事业单位的专业人才的成就不如在私有企业工作的专业人才的工作成就被承认程度高

B. 现在，在国有企事业单位工作的专业人才没有比受雇于私有企业的专业人才赚到的钱多的

C. 国有企事业单位雇佣的具有特殊技能的专业人才的数量没有私有企业中的任何一个大公司所雇佣的此类人才多

D. 在私有企业工作的专业人才平均工作时间普遍比在国有企事业单位工作的专业人才要长

E. 国有企事业单位不给它工作的专业人才提供优越的工作条件，或者是不支付超过这些专业人才由于较低的工资而获得补偿的额外福利

13. 所有的极地冰都是由降雪形成的。特别冷的空气不能保持很多的湿气，因而不能产生大量的降雪。近几年来，两极地区的空气无一例外地特

别冷。

以上资料最有力地支持了以下哪个结论？（　）

A. 如果现在的极地冰有任何增加和扩张，它的速度也是极其缓慢的

B. 如果两极地区的气温不断变暖，大量的极地冰将会融化

C. 最近几年，两极地区的降雪实际上是连续不断的

D. 较厚的极地冰与较冷的空气是相互矛盾的

E. 在两极地区，为使雪转化成冰，空气必须特别冷

14. 如果这项改革措施不受干部们欢迎，我们就应该进行修改。如果它不受工人们欢迎，我们就应该采用一项新的改革措施。并且这项措施必定是，要么不受干部们的欢迎，要么不受工人们的欢迎。

如果以上陈述为真，以下哪项也一定正确？（　）

A. 我们应当修改这项改革措施，当且仅当这样做不会降低该措施在工人中的声望时

B. 我们应该在干部或者工人中间努力推广这项改革措施

C. 如果修改这项改革措施不会影响到它在干部们中受欢迎的程度，我们就应该立即进行修改

D. 如果这项改革措施受到了工人们的欢迎，我们就应该采取一项新的改革措施

E. 如果这项改革措施受到了干部们的欢迎，我们就应该采取一项新的改革措施

15. 王先生举办的生日晚宴有客人缺席，王先生说："小李、老赵、小潘和老马四个人中最多来了两人。"王太太说："亲爱的，我认为你说的不对，我认为你说的与实际情况不一样。"

如果王太太说得不对，以下哪项不是真的？（　）

A. 小李、老赵、小潘和老马四个人中最少来了两个

B. 小李、老赵、小潘和老马四个人都没来

C. 小李、老赵、小潘和老马四个人都来了

D. 除了小李、老赵、小潘和老马四个人以外，其他人都来了

E. 如果小李、老赵来了，那么小潘和老马也来了

16. 未来深海电缆的外皮是由玻璃制成的，而不是特殊的钢材或铝合金。原因是金属具有颗粒状的微观结构，在深海压力之下，粒子交结处的金属外皮易于断裂。玻璃外皮就不会有这种情况，因为玻璃看起来是固体，由于它在压力之下可以流动，所以可将之视为液体。

以下哪项最有可能从上述议论中推出？（　）

A. 液体没有颗粒状的微观结构

B. 所有称之为固体的东西只不过是移动极其缓慢的液体

C. 只有断裂的玻璃是微观粒状的

D. 作为一种建筑材料，玻璃优于钢材和铝材

E. 目前的深海电缆经常发生故障

17.《星岛日报》和《星岛晚报》都有一个专门的校对小组负责防止错别字出现在每天刊出的报纸中。但是，《星岛日报》发表的文章中2%的文字有错误，而《星岛晚报》却没有出现此类错误。因此，《星岛晚报》的校对小组在发现错别字方面比《星岛日报》的校对小组更有效率。

以上论述是以以下哪项假设为前提的？（　）

A. 大多数在《星岛日报》上发表的文章中都或多或少有错别字出现

B. 在《星岛晚报》上发表的文章，在校对之前至少是有错别字存在的

C. 从总体上看，《星岛晚报》校对小组的成员比《星岛日报》校对小组的成员素质更高

D. 一份报纸错别字数量的多少是衡量该报纸编辑工作是否细致的一个重要标准

E.《星岛晚报》的记者和给该报投稿的作者比《星岛日报》的记者和给该报投稿的作者更认真

18. 一台安装了签名识别软件的电脑——这种软件仅限于那些在文档中签名的人进入计算机——不仅通过分析诸如签名的形状而且通过分析诸如笔尖的压力和签名的速度等特征来识别某人的签名。即使是最机灵的伪造者也不能复制该程序能分析的所有特征。

以下哪项结论能合逻辑地从上述陈述中推出？（　）

A. 大多数银行已经使用了装备这种软件的计算机了

B. 这种签名识别软件价值不凡，只有少量重要部门才使用

C. 没有人可以只通过伪造签名的技巧而进入安装了这种软件的计算机

D. 这种签名识别软件还有不少缺陷

E. 已经被授权的用户也有可能被拒绝进入装有这种软件的计算机

19. 足球训练课上，小戴来晚了，教练问他：“你怎么又迟到了？”

以下哪项是教练提问的预设？（　）

A. 小戴不喜欢上足球训练课

B. 小戴迟到是有意的

C. 这节足球训练课没有别的同学迟到

D. 小戴迟到不是有意的

E. 过去上足球训练课时小戴也迟到过

20. 司法体系是需要警察来维护的，如果警察不尽职，就不可能有一个良好的司法体系。所以，如果警察尽职了，就会有一个良好的司法体系。

下述选项哪项最能加强上述论证？（　）。

A. 许多不好的司法体系下的警察都不尽职

B. 警察尽不尽职和司法体系无关

C. 没有良好的司法体系，警察以外的国家工作人员也会不尽职

D. 警察的尽职是保证有良好司法体系的充分条件

E. 我国有良好的司法体系

第 21 ~ 24 题基于以下题干：

某一伸缩自适应型控制系统能够根据组成系统组件的型号、数量和顺序的不同来执行相应的不同的控制功能。这个控制系统只能是由 a、b、c、d、e 这五个组件中的几个按从左到右的顺序组合而成，而且组件组合成控制系统必须符合以下规律：

(1) 两个或两个以上的组件才能组成控制系统，组成系统的组件可以相同也可以不同；

(2) 组件 a 不能出现在控制系统的最左边；

(3) 如果系统中存在组件 b，那么它出现的次数就不止一次；

(4) 在控制系统中 c 既不能是最后一个组件也不能是倒数第二个组件；

(5) 只要组件 a 出现，组件 b 就一定出现；

(6) e 如果是最后一个组件，则组件 b 一定出现。

21. 下列哪一个组件可以放在 be 中的 e 后，组成一个三组件的控制系统？（　）

A. a　　B. b　　C. c

D. d　　E. e

22. 下列哪一个是可能的控制系统的组成情况？（　）

A. abbd　　B. becb　　C. cbbe

D. dcae　　E. edac

23. 如果控制系统由三个相同的组件组成，那么可以执行多少种功能？（　）

A. 1　　B. 2　　C. 3

D. 4　　E. 5

24. 控制系统 ccbbead 可以通过下列变化变成能执行另外功能的控制系统，除了(　)。

A. 用 d 代替每个 b

B. 用 e 代替第一个 c

C. 用 e 代替 d

D. 把 e 移到 d 的左边

E. 把第二个 b 移到 a 的左边

25. 一个随机抽取的顾客样本群体对一项市场调查中的问题做了回答。六个月后，另一个随机抽取的顾客样本群体回答了相同的问题，只是问题排列的顺序有所调整。两组样本对许多单个问题的回答方式有很大的差别，这表明有时只因排在前面的问题不同就会导致对后面问题的不同回答。

上述论证依赖以下哪项假设？(　)

A. 对问题的重新排列并没有使六个月前的每一个问题的前后顺序都发生变化

B. 回答市场调查问题的顾客六个月后通常记不住他们当初的回答

C. 第二次调查的目的是为了使市场调查更加精确

D. 顾客不会在一年中的不同时间对这些问题做出不同的回答

E. 第一次调查样本中的顾客与第二次调查样本中的顾客不是完全不同的

26. 某煤矿发生了一起事故。现场的人有以下的断定：

矿工 1：发生事故的原因是设备问题。

矿工 2：确实是有人违反了操作规范，但发生事故的原因不是设备问题。

矿工 3：如果发生事故的原因是设备问题，则有人违反了操作规范。

矿工 4：发生事故的原因是设备问题，但没有人违反操作规范。

如果上述断定中只有一个人的断定为真，则以下哪一项可能为真？(　)

A. 矿工 1 的断定为真

B. 矿工 2 的断定为真

C. 矿工 3 的断定为真，有人违反了操作规范

D. 矿工 3 的断定为真，没有人违反操作规范

E. 矿工 4 的断定为真

27. 所有与非典患者接触的人都被隔离了。所有被隔离的人都与小李接触过。

如果以上命题是真的，以下哪个命题也是真的？(　)

A. 小李是非典患者

B. 小李不是非典患者

C. 可能有人没有接触过非典患者，但接触过小李

D. 所有非典患者都与小李接触过

E. 所有与小李接触过的人都被隔离了

28. 随着新税收改革法令的通过，低收入纳税人每年将平均减少 100 元到 300 元的财税负担。所以，税收改革有益于低收入纳税人。

以下哪项为真，最严重地动摇了上述结论？(　)

A. 税收改革通过简化税收代码将为许多人节省他们计算税收的费用

B. 税收改革通过取消对住房的补贴而使低收入纳税人平均每月增加 80 元的房租

C. 低收入纳税人支持新税收改革法令

D. 在新的税收下，有少量高收入的纳税人也会减少财税负担

E. 在新的税收下，有许多低收入的纳税人将不再缴税

29. 篮球队教练规定，如果一号队员上场，而且三号队员没有上场，那么，五号与七号队员中至少要有一人上场。如果教练的规定被贯彻执行了，一号队员没有上场的充分条件是(　)。

A. 三号队员上场，五号、七号队员没上场

B. 三号队员没上场，五号、七号队员上场

C. 三号、五号、七号队员都没上场

D. 三号、五号、七号队员都上场了

E. 三号、五号队员上场，七号队员没上场

30. 有人说：“只有肯花大价钱的足球俱乐部才进得了中超足球联赛。”如果以上命题是真的，可能出现的情况是(　)。

Ⅰ. 某足球俱乐部花了大价钱，没有进中超。

Ⅱ. 某足球俱乐部没有花大价钱，进了中超。

Ⅲ. 某足球俱乐部没有花大价钱，没有进中超。

Ⅳ. 某足球俱乐部花了大价钱，进了中超。

A. 仅Ⅳ　　B. 仅Ⅱ、Ⅲ　　C. 仅Ⅲ、Ⅳ

D. 仅Ⅱ、Ⅲ、Ⅳ　　E. 仅Ⅰ、Ⅲ、Ⅳ

综合检测(四)

——2005MPA 试题

单项选择题:

1. 某大学对全体新生进行了体检，没有发现乙肝患者。

如果以上陈述为假，则以下哪项一定为真?( )

I. 或者有的新生没有体检，或者在新生中发现了乙肝患者。

Ⅱ. 虽然有的新生没有参加体检，但还是发现了乙肝患者。

Ⅲ. 如果对所有的新生都进行了体检，则一定发现了乙肝患者。

A. 仅I　　B. 仅Ⅱ　　C. 仅Ⅲ

D. 仅I和Ⅲ　　E. 仅I和Ⅱ

2~3. 基于以下题干:

某市政府计划对全市的危旧住房进行全面改造，通过政策和资金支持，以期较大幅度地建造普通住宅，缓解本市居民住房的紧张状况。市政府同时又计划适当提高普通住宅的市场售价，用以贴补上述房改的费用。这样做的理由是，本市居民是上述改造的直接受益者，应当承担部分开支。

2. 以下哪项断定最能质疑上述计划的合理性?( )

A. 市政府无权支配新建普通住宅的全部销售收入

B. 外地居民同样有可能是上述改造的受益者

C. 普通住宅也有不同的档次，提价的幅度难以统一

D. 市区的居民住房情况要好于市郊

E. 因为难以承担普通住宅的市场售价，一部分收入偏低的本市居民将选择到未经改造的市郊购房

3. 以下哪项断定最有助于说明上述计划的合理性?( )

A. 上述计划通过了市民听证会的审议

B. 在相邻的大、中城市中，该市的居民危旧住房状况最为严重

C. 普通住宅的提价额度，经过了专家的严格论证

D. 绝大多数本市原危旧住房的住户都购买了改造后的普通住宅

E. 市政府有足够的财力完成上述改造

4. 开学初，某学院发现有新生未到网络中心办理注册手续。

如果上述断定为真，则以下哪项不能确定真假?( )

I. 该学院所有新生都未到网络中心办理注册手续。

Ⅱ. 该学院所有新生都到网络中心办理了注册手续。

Ⅲ. 该学院有的新生到网络中心办理了注册手续。

Ⅳ. 该学院的新生王伟到网络中心办理了注册手续。

A. Ⅰ、Ⅱ、Ⅲ和Ⅳ　B. 仅Ⅰ、Ⅲ和Ⅳ　C. 仅Ⅰ和Ⅲ

D. 仅Ⅰ和Ⅳ　E. 仅Ⅱ和Ⅲ

5. 国际田径邀请赛在日本东京举行，方明、马亮和丹尼斯三人中至少有一人参加了男子100米比赛。而且：

(1)如果方明参加男子100米，那么马亮也一定参加。

(2)报名参加男子100米的人必须提前进行尿检，经邀请赛的专家审查通过后才能正式参赛。

(3)丹尼斯是在赛前尿检工作结束后才赶来报名的。

根据以上情况，以下哪项一定为真？(　)

A. 方明参加了男子100米比赛

B. 马亮参加了男子100米比赛

C. 丹尼斯参加了男子100米比赛

D. 方明和马亮都参加了男子100米比赛

E. 丹尼斯和方明参加了男子100米比赛

6. 某重点中学最近一项调查表明，该校高中学生对踢足球有着特殊的偏好，而且远远超过了其他球类，调查同时发现经常踢足球的学生学习成绩比不经常踢足球的学生好。由此可见，经常踢足球能够提高学生的学习成绩。

以下哪项最能削弱以上结论？(　)

A. 该校经学生家长同意订立了一条规定：只有学习成绩排名在年级前30%的高中学生才能够经常踢足球

B. 经常踢足球能够锻炼身体，保持旺盛的学习精力

C. 经常踢足球耽误了学习时间

D. 科学研究并没有证明，经常踢足球有助于智力开发

E. 经常踢足球的高中学生往往会吸引学校老师的关注，在他们的学习过程中，这些老师对他们也会不自觉地给予更多照顾

7. 只有当田教授和李教授都讲课时，阎教授才会讲课。阎教授没讲课，所以田教授一定没讲课，而且李教授也没讲课。

以下哪项与题干的逻辑结构最为相似？(　)

A. 只有学习好，并且和同学保持良好的关系，才能评上奖学金。小张

学习好，并且和同学的关系也好，所以他一定能够评上奖学金

B. 只有学习好，并且和同学保持良好的关系，才能评上奖学金。小张没有评上奖学金，所以他学习一定不好

C. 只要学习好，并且和同学保持良好的关系，就能评上奖学金。小张没有评上奖学金，所以他学习一定不好并且与同学关系不好

D. 只有学习好，并且和同学保持良好的关系，才能评上奖学金。小张学习不好，并且和同学关系也不大好，所以小张没有评上奖学金

E. 只有学习好，并且和同学保持良好的关系，才能评上奖学金。小张没评上奖学金，所以他肯定学习不好并且与同学关系紧张

8. 有医学病例证明，饲养鸽子或者经常与鸽子近距离接触容易感染隐球菌性肺炎。隐球菌既有可能存在于鸽粪中，也可能通过空气进行传播，此外，经常与隐球菌携带者接触也有可能因被感染而发病。同时有隐球菌健康携带者的存在。小张患了急性肺炎，经医生诊断为隐球菌性肺炎。

如果以上断定为真，以下哪项也一定是真的？（　）

A. 小张的邻居饲养了十几只信鸽，每天都会产生大量的鸽粪，小张一定是感染了鸽粪中的隐球菌

B. 小张从来不和有病的人接触，所以他的病如果不是受鸽粪中的隐球菌感染，那就一定是被空气传播感染的

C. 小张性格自闭，从不接触外人，而他的家人中没有隐球菌患者和隐球菌携带者，所以他的病或者是由鸽粪引起，或者是因为空气传播而感染

D. 除了题干所描述的三种情况，也许还有其他原因可能导致隐球菌性肺炎

E. 小张的邻居养信鸽，他姐姐以前也得过隐球菌性肺炎，所以他的病一定不会是通过空气传染的

9. 有些高校教师有博士学位，所以，获得博士学位的有些人具有很高的教学和科研水平。

为保证以上论述成立，以下哪项必须为真？（　）

A. 所有具有很高的教学和科研水平的人都是高校教师

B. 所有高校教师的教学和科研水平都很高

C. 有些高校教师的教学和科研水平很高

D. 有些具有很高的教学和科研水平的高校教师没有获得博士学位

E. 有些获得博士学位的高校教师教学和科研水平一般

10. 在这次 110 米栏的比赛中，约翰逊可能获胜。

以下哪个命题与上述命题意思最为接近？（ ）

A. 约翰逊不可能在这次 110 米栏的比赛中失败

B. 约翰逊必然会在这次 110 米栏的比赛中获胜

C. 约翰逊必然会在这次 110 米栏的比赛中失败

D. 在这次 110 米栏的比赛中约翰逊并非必然失败

E. 在这次 110 米栏的比赛中约翰逊不可能获胜

11. 某公司为了提高管理人员的业务能力，实现管理的现代化与科学化，决定举办项目管理的知识培训，要求中层干部积极参加。市场部张主任约人力资源部的赵主任一起去报名，赵主任说："我又不从事项目管理工作，为什么一定要去参加培训，我的工作业绩和管理能力是大家有目共睹的。"

上文中赵主任的话是以下面哪项为前提的？（ ）

A. 人们学习项目管理知识是没有什么用处的

B. 项目管理知识的普及是相当遥远的事情

C. 项目管理知识的学习应当在学生中进行

D. 项目管理知识不可能提高人力资源部的工作效率

E. 只有从事项目管理工作的人，才应该学习和掌握项目管理知识

12. 某班级的几位同学一起议论他们今年暑假出游的去向。

甲说："如果赵明没有去西藏，那一定会去上海。"

乙说："钱玲去了南京。"

丙说："如果林群没有去西宁，那么，张红会去杭州。"

丁说："赵明没有去西藏，也没有去上海。"

戊说："钱玲去了广州。"

己说："张红没有去杭州。"

事后了解，这次议论中，有两个人说的与事实不相符。

根据上述情况，以下哪项必定是正确的？（ ）

A. 赵明没有去西藏，但是去了上海

B. 林群去了西宁，赵明可能去了西藏

C. 钱玲去了广州，但没有去南京

D. 赵明没有去上海，林群去了西宁

E. 钱玲去了南京，张红没有去杭州

13. 如果小王考上了博士并且小刘没考上博士，那么温丽一定考不上博士。

如果以上命题为真，再加上什么前提，可以推出：小刘考上博士了。（ ）

A. 小王与温丽一同考上了博士

B. 小王与小刘都没考上博士

C. 小王考上了博士而小刘没有考上博士

D. 小王没考上博士而小刘考上了博士

E. 小王或温丽没参加考试

14. 一位外地游客问当地气象部门的负责人："很多人都说最近几天要刮台风，是真的吗？"气象部门负责人说："根据我们的观察，最近不必然刮台风。"游客说："那是不是最近肯定不会刮台风了？"该负责人说游客说得不对。

以下哪句话与气象部门负责人的意思最为接近？（ ）

A. 最近必然不刮台风 B. 最近可能不刮台风

C. 最近可能刮台风 D. 最近不可能刮台风

E. 最近不必然不刮台风

15. 巴金就是李尧棠。几乎所有的人都知道巴金是作家，但奇怪的是很少有人知道李尧棠是作家。

以下哪项陈述能最有效地解决上文中的不一致之处？（ ）

A. 可能大多数人都没读过李尧棠的作品

B. 任何人如果知道李尧棠是作家，那么他也会知道巴金是作家

C. 大多数人都不知道巴金就是李尧棠

D. 许多人相信与作者相关的事情可能有表面上的冲突

E. 有些人知道巴金是李尧棠的笔名

16. 早期人类的骸骨清楚地显示他们比现代人更少有牙齿方面的问题。因此，早期人类的饮食很可能与今天的非常不同。

以下哪项陈述最能强化上述论证？（ ）

A. 那些残骸表明某些早期人类的牙齿有许多蛀牙

B. 早期人类的饮食至少和我们的饮食一样种类繁多

C. 早期人类的平均寿命较短，而牙齿问题主要出现在年纪大的人身上

D. 健康的饮食能保持健康的牙齿

E. 饮食是影响牙齿健康最重要的一个因素

17. 根据大陆漂移假说，现在许多分离的陆地在史前时是一块巨大的陆地的一部分。由于地壳运动，这块陆地开始分裂。由这个理论可以猜想南美洲的东海岸原来跟非洲的西海岸是连在一起的。

以下哪个发现最能支持上述猜想？（ ）

A. 在南美洲东海岸和非洲西海岸都有一个规模很大的类型相同的古岩石带

B. 今天很多生活在巴西的人与生活在非洲西部的人很相像

C. 南美洲和非洲西部的气候很相似

D. 生活在南美洲的古老部落所使用的语言与非洲西部一些部落使用的语言很相似

E. 在非洲西部和南美洲发现了几种同样的植物

18. 我们能够制造出比现在一般的自行车更结实的自行车，我们也能够制造出比现在一般的自行车更轻便的自行车。所以，我们能够制造出同时具有以上两种优点的自行车。

上述论证中的推理缺陷与以下哪项推理中的缺陷最相似？（　）

A. 现在没有能源利用效率高的汽车，也没有不造成污染的汽车。因此，现在没有能源利用效率高，又不造成污染的汽车

B. 写一部畅销的小说是可能的，写一部能得到好评的小说也是可能的。因此，一位作者有可能写出一部既畅销又能得到好评的小说

C. 小王说外面很冷，小张说外面下雪了。所以，外面不但很冷，而且下雪了

D. 有用来包饺子的机器，也有用来压果汁的机器，所以，总有一天能够造出同时具有这两种功能的机器

E. 在办公室里，电脑可能损坏，也可能被人误操作，所以办公室里的电脑可能因为被人误操作而损坏

19. 只有总体素质高的大学生，才能考上公务员。如果这个断定成立，则以下哪项一定为真？（　）

A. 小王是总体素质高的大学生，所以他考上了公务员

B. 小王考上了公务员，所以他的总体素质一定不低

C. 有越来越多的大学生准备考公务员

D. 总体素质高低，和考上公务员没有关系

E. 总体素质高的大学生，也可以考研究生

20. 研究发现，婴儿出生几小时后，可以从其他的影像中分辨出人的脸形来。因为婴儿盯着画有人脸的画的时间，要比它们盯着无表情的椭圆形的画的时间要长。

以下哪项陈述最有助于解释上面所描述的婴儿的能力？（　）

A. 某种识别人脸的能力是天生的，而不是后天学来的

B. 婴儿盯着一个物体的时间越长，说明他对那个物体越感兴趣

C. 画有人脸的画和椭圆形的画不一样

D. 婴儿一般很少长时间地盯着一个物体

E. 婴儿可以学会把人的声音和人的脸形联系起来

21. 某煤矿发生了一起瓦斯爆炸事故。煤矿人员有以下断定：

值班主任：造成事故的原因是操作问题。

矿工 1：确实有人违反了安全规程，但造成事故的原因不是操作问题。

矿工 2：如果造成事故的原因是操作问题，则有人违反了安全规程。

安全员：造成事故的原因是操作问题，但没有人违反了安全规程。

如果上述断定中只有一个人的断定为真，则以下哪一项可能为真？（ ）

A. 值班主任的断定为真

B. 安全员的断定为真

C. 矿工 1 的断定为真

D. 矿工 2 的断定为真，有人违反了安全规程

E. 矿工 2 的断定为真，没有人违反安全规程

22. 某机关田径运动会有三个短跑项目，分别是 60 米、100 米和 200 米。老张、老王和老李分别参加了其中的一种，而且三人参赛的项目还不一样。小张、小王和小李作了以下猜测：

小张：老张参加了 60 米，老王参加了 100 米。

小王：老李没参加 100 米，老王参加了 60 米。

小李：老张没参加 60 米，老王参加了 200 米。

如果他们的猜测都对了一半，则以下哪项为真？（ ）

A. 老张、老王和老李分别参加 60 米、100 米和 200 米

B. 老张、老王和老李分别参加 60 米、200 米和 100 米

C. 老张、老王和老李分别参加 100 米、60 米和 200 米

D. 老张、老王和老李分别参加 200 米、60 米和 100 米

E. 老张、老王和老李分别参加 200 米、100 米和 60 米

23. 小王说："老李现在不打老婆了。"

以下哪一项是小王说话必须预设的。（ ）

A. 小王知道老李现在不打老婆了

B. 老李现在不打老婆了

C. 老李过去曾经打过老婆

D. 除老李外，机关里没有其他人打老婆

E. 打老婆是社会陋习

24. 机关的工作人员小张、小王、小李和小周四人中只有一人迟到，主任询问是谁迟到时，他们作了如下回答。

小张：是小李迟到。

小王：我虽然比平时来的晚，但没有迟到。

小李：我不但没迟到，而且还提早来了。

小周：如果小王没迟到，那就是我迟到了。

如果他们中只有一个人说了谎，则以下哪项成立？（　）

A. 小张迟到　　B. 小李迟到　　C. 小王迟到

D. 小周迟到　　E. 不能推出谁迟到

25. 在某报上有一段广告文字非常精彩，但广告在内容上却有许多虚假之处。因此，消费者一定不会相信这个广告。

以下哪项最能削弱以上结论？（　）

A. 消费者不一定会发现其中有虚假之处

B. 消费者可能不会发现其中有虚假之处

C. 消费者不可能会发现其中有虚假之处

D. 消费者一定会发现其中有虚假之处

E. 消费者不一定不会发现其中有虚假之处

26. 在期货市场上，粮食可以在收获前就“出售”。如果预测歉收，粮价就上升；如果预测丰收，粮价就下跌。目前粮食作物正面临严重干旱。今晨气象学家预测，一场足以解除旱情的大面积降雨将在傍晚开始。因此，近期期货市场上的粮价会大幅度下跌。

以下哪项如果为真，最能削弱上述论证？（　）

A. 气象学家气候预测的准确性并不稳定

B. 气象学家同时提醒做好防涝准备，防备这场大面积降雨延续过长

C. 农业学家预测，一种严重的虫害将在本季粮食作物的成熟期出现

D. 和期货市场上的某些商品相比，粮食价格的波动幅度较小

E. 干旱不是对粮食作物生长的最严重威胁

27. 老王说：“最近，大学某专业的毕业生去其他专业岗位工作的人更多了。这说明该专业岗位不受欢迎。”

下列哪项最能削弱老王的看法？（　）

A. 该专业领域没有足够的岗位

B. 现在获得该专业学位的毕业生比过去少了

C. 在过去的10年里，该专业领域的工作岗位增加了许多

D. 许多该专业学位的毕业生在就读时就从事过该专业领域的工作

E. 近年来，每年都有一些该专业学位的毕业生接受了非本专业领域的工作

28. 某咨询师说：“每年我国大学的排行榜都会刊登在两个流行杂志上。这个排行榜是根据各项指标按照不同的分值进行综合后的总分排定的顺序。但是，这个总分不能被学生作为报考大学的基础。”

下列哪项最有助于判断咨询师的看法？（ ）

A. 大多数购买这本有大学排行榜杂志的人都是能够进入大学的学生

B. 那些排名在前的大学用此做广告来吸引更多的学生

C. 近些年大学的排名变化不大

D. 不同的学生根据专业的不同对排行榜的标准要求也不同

E. 一些对自己所上大学满意的学生在报考大学之前曾经参考过这个排行榜

29. 机关为了提高工作人员的素质，开设文理两类培训班。有工作人员参加了全部文科类培训班，也有工作人员参加了全部理科类培训班。

以下哪项一定是真的？（ ）

A. 有工作人员参加了全部培训班

B. 有人只参加理科类培训班

C. 每个培训班都有工作人员参加

D. 有些培训班参加的工作人员很多

E. 参加培训班是提高素质的有效途径

30. 如果米拉是考古专家，又考察过20座以上的埃及金字塔，则他一定是埃及人。

这个断定可根据以下哪项作出？（ ）

A. 米拉考察过30座以上埃及金字塔

B. 埃及的考古专家考察过10座以上的埃及金字塔

C. 考古专家中只有埃及的考古专家考察过15座以上的埃及金字塔

D. 中国的考古专家大多数没有考察埃及金字塔

E. 考古专家不仅仅考察埃及金字塔

综合检测(五)

——2005GCT 试题

单项选择题：

1. 没有一个宗教命题能够通过观察或实验而被证明为真，所以，无法知道任何宗教命题的真实性。

为了合乎逻辑地推出上述结论，需要假设下面哪一项为前提？（　）

A. 如果一个命题能够通过观察或实验而被证明为真，则其真实性是可以知道的

B. 只凭观察或实验无法证实任何命题的真实性

C. 要知道一个命题的真实性，需要通过观察或实验证明它为真

D. 人们是通过信仰来认定宗教命题的真实性

2. 对待知识分子的态度，标志着一个民族的文明程度；对待工人和农民的态度，则考验着一个民族的良知与良心。因此

以下哪项陈述能最恰当地完成上述论证？（　）

A. 应该给知识分子、工人和农民同等的待遇

B. 如何对待工人和农民，甚至比如何对待知识分子更重要

C. 知识分子在待遇方面可以高于工人和农民的1倍

D. 应该善待知识分子，也同样应该善待工人和农民

3. 自从有皇帝以来，中国的正史都是皇帝自己家的日记，那是皇帝的标准像，从中不能完全看出皇帝的真实形态来。要了解皇帝的真面目，还必须读野史，那是皇帝的生活照。

以下哪项陈述是上述论证所依赖的假设？（　）

A. 所有的正史记述的都是皇帝私人家的事情

B. 只有读野史，才能知道皇帝那些鲜为人知的隐私

C. 只有将正史和野史结合起来，才能看出皇帝的真面目

D. 正史记述的是皇帝治国的大事，野史记述的则是皇帝日常的小事

4. 近年来我国商品房价格快速攀升。2004年第四季度政府各部门出台多项措施，以抑制房价的过快增长，但2005年第一季度全国房价仍逆势上扬。有人断言：地价上涨是房价猛涨的罪魁。

以下哪项如果为真，最能对该断言提出质疑？（　）

A. 2005年第一季度上海房价比2004年同期增长19.1%，地价上升了

6.53%

B. 2005 年第一季度北京住宅价格比 2004 年同期增长 7.2%，住宅用地价格上涨了 0.37%

C. 华远地产董事长认为，随着土地开发成本的提高，房价一定会增加

D. 永泰开发公司董事长说："房价的暴涨是因为供应量没有跟上需求量"

5. 经济的良性循环是指，不过分依据政府的投资，靠经济自身的力量来实现社会总供给和社会总需求的基本平衡，实现经济增长。近几年，我国之所以会出现经济稳定增长的态势，是靠政府加大投资实现的。

如果以上陈述为真，最能支持以下哪项结论？(　)

A. 只靠经济自身所产生的投资势头和消费势头就能实现经济的良性循环

B. 经济的良性循环是实现社会总供给与总需求的基本平衡的先决条件

C. 某一时期的经济稳定增长不一定意味着这一时期的经济已经转入良性循环

D. 近几年，我国的经济增长率一直保持在 7% 以上

6. 文化体现在一个人如何对待自己，如何对待他人，如何对待自己所处的自然环境。在一个文化厚实的社会里，人懂得尊重自己——他不苟且，不苟且才有品味；人懂得尊重别人——他不霸道，不霸道才有道德；人懂得尊重自然——他不掠夺，不掠夺才有永续的生命。

下面哪一项不能从上面这段话中推出？(　)

A. 如果一个人苟且，则他无品味

B. 如果一个人霸道，则他无道德

C. 如果人类掠夺自然，则不会有永续的生命

D. 如果一个人无道德，则他霸道并且苟且

7. 一位编辑正在考虑报纸理论版稿件的取舍问题。有 E. F、G、H、J、K 六篇论文可供选择。考虑到文章的内容，报纸的版面等因素，

(1) 如果采用论文 E，那么不能用论文 F，但要用论文 K；

(2) 只有不用论文 J，才能用论文 G 或论文 H；

(3) 如果不用论文 G，那么也不用论文 K；

(4) 论文 E 是向名人约的稿件，不能不用。

以上各项如果为真，下面哪项一定是真的？(　)

A. 采用论文 E，但不用论文 H　　B. G 和 H 两篇文章都用

C. 不用论文J，但用论K　　　　　　D. G和J两篇文章都不用

8. 积极的财政政策用发国债的办法来弥补财政赤字，旧债到期了，本息要还，发行的新债中肯定有一部分要用来还旧债。随着时间的推移，旧债越来越多，新债中用来还旧债的也越来越多，用于投资的就越来越少，经济效益就越来越差。

以下哪项陈述是上述论证所依赖的假设？（　）

A. 积极的财政政策所产生的经济效益是递减的

B. 积极的财政政策所筹集的资金只能用于基础设施的建设

C. 用发国债的办法来弥补财政赤字的做法不能长期使用

D. 国债在到期之前，其投资回报不足以用来偿还债务

9. 历史的真实不等于真实的历史，鲁迅说《史记》是"史家之绝唱，无韵之离骚"。好的史学作品必须突破那种僵化的历史真实性，直接触及历史人物的灵魂，写出历史的本质真实来。

以下哪项陈述是上述论证所依赖的假设？（　）

A. 好的史学作品既忠实地报道历史事实，又生动地刻画历史人物的灵魂

B. 仅仅忠实地记述历史事实的史学作品也可以是好的史学作品

C. 在所有史学作品中，只有《史记》是好的史学作品

D. 只是生动地刻画历史人物的灵魂，没有报道历史事实的作品不是史学作品

10. 如果你要开办自己的公司，你必须至少在一件事情上，让人知道你很棒。比如，你的产品比别人做得好；别人也做的一样好时，你比别人快；别人也同样快时，你别人成本低；别人的成本也一样低时，你比别人附加值高。

下面哪一项最不接近上面这段话的意思？（　）

A. 只有至少在一件事情上做得最好，你的公司才能够在市场竞争中站稳脚跟

B. 如果你的公司在任何事情上都不是最好，它就很可能在市场竞争中败下阵来

C. 如果你的公司至少在一件事情上做得最好，它就一定能够获得巨额利润

D. 除非你的公司在至少一件事情上做得最好，否则，它就不能在市场竞争中获得成功

11. 关于一项重要实验的结果的报告是有争议的。在某科学家的指导下重复了这项实验，但没有得到与最初实验相同的结果。这位科学家由此得出结论：最初报告的实验结果是由错误的测量方法造成的。

以下哪项是这位科学家推理的假设？（　）

A. 如果一项实验的结果是正确的，那么，在不同条件下进行实验应得到不同的结果

B. 由于没有足够详细地记录最初的实验，所以，不大可能完全重复这一实验

C. 重复实验不会像最初的实验那样由于错误的测量方法而导致有问题的结果

D. 最初的实验结果使得某个理论原则受到质疑，而该原则本身的根据是不充分的

12. 肯定有一个外部世界存在。因为如果不是在我之外有某种东西可以发光或反光，将光照射到我的眼睛里，我何以产生视觉经验？况且他人也有这样的视觉经验。书本知识也反复告诉我们，在我们之外有一个外部世界。

下面哪一项不构成对上述论证的怀疑或反驳？（　）

A. 用感官证据说明外部世界的存在，需要在心灵中预先假定外部世界的存在

B. 你如何证明他人也有与你类似的视觉经验

C. 既然视觉经验是可靠的，海市蜃楼现象就不是所谓的幻觉，而是真实的存在

D. 如果没有一个外部世界存在，自然科学知识不是对它的真实反映，那么，自然科学为什么会在实践中获得如此巨大的成功呢

13. 要么采取紧缩的财政政策，要么采取扩张的财政政策。由于紧缩的财政政策会导致更多的人下岗，所以，必须采取扩张的财政政策。

以下哪一问题，对评价上述论证最重要？（　）

A. 紧缩的财政政策是否还有其他不利的影响

B. 既不是紧缩的也不是扩张的财政政策是否存在

C. 扩张的财政政策能否使就业率有大幅度的提高

D. 扩张的财政政策是否会导致其他的不利后果

14. 陕西出土的秦陵兵马俑，其表面涂有生漆和彩绘，这为研究秦代军人的服色提供了重要信息。但兵马俑出土后，表面的生漆层会很快发生起翘和卷曲，造成整个彩绘层脱落。因此，必须用防护液和单体渗透两套方法加

以保护，否则不能供研究使用。而一旦采用这两套方法对兵马俑进行保护，就会破坏研究者可能从中获得的有关秦代彩绘技术的全部信息。

如果以上陈述为真，以下哪项必然为真？（ ）

A. 采取保护措施后的兵马俑只能提供秦代军人的服色方面的信息

B. 一个供研究秦代军人服色用的兵马俑，不能成为了解秦代彩绘技术的新信息的来源

C. 秦兵马俑是了解秦代彩绘技术的唯一信息来源

D. 一个没有采取保护措施的兵马俑能够比采取保护措施后的兵马俑提供更多的信息

15. 某城市的房地产开发商只能通过向银行直接贷款或者通过预售商品房来筹集更多的开发资金。政府不允许银行增加对房地产业的直接贷款，结果使得该市的房地产开发商无法筹集到更多的开发资金，因为（ ）。

以下哪个选项能够合逻辑地完成上述论证？

A. 有的房地产开发商预售商品房后携款潜逃，使得工程竣工遥遥无期

B. 中央银行取消了商品房预售制度

C. 建筑施工企业不愿意垫资施工

D. 部分开发商销售期房后延期交房，使得很多购房者对开发商心存疑虑

16. 如果不设法提高低收入者的收入，社会就不稳定；假如不让民营经济投资者获得回报，经济就上不去。面对收入与分配的两难境地，倡导“效率优先，兼顾公平”是正确的。如果听信“公平优先，兼顾效率”的主张，我国的经济就会回到“既无效率，又不公平”的年代。

以下哪项陈述是上述论证所依赖的假设？（ ）

A. 当前最大的社会问题是收入与分配的两难问题

B. 在收入与分配的两难境地之间，还有第三条平衡的道路可走

C. “效率与公平并重”优于“效率优先，兼顾公平”和“公平优先，兼顾效率”

D. 倡导“效率优先，兼顾公平”不会使经济回到“既无效率，又不公平”的年代

17. 大学作为教育事业，属于非经济行业，其产出难以用货币指标、实物指标测定，故大学排名不像企业排名那样容易。大学排名还必须以成熟的市场经济体制和稳定的制度为前提，必须有公认的公正排名机构等。在我国，大学排名的前提条件远不具备，公认的大学排名机构尚未产生。因此，

我国目前不宜进行大学排名。

下面哪一项不构成对上述论证的反驳？（ ）

A. 大学排名对学校声誉与考生报考有很大的影响

B. 大学排名与成熟的市场经济制度之间没有那么紧密的关系

C. 企业排名也不容易，并且不尽准确，仅具参考价值

D. 公认的排名机构只能从排名实践中才能产生

18 ~ 19 题基于以下题干：

研究人员发现，每天食用5份以上的山药、玉米、胡萝卜、洋葱或其他类似蔬菜可以降低患胰腺癌的风险。他们调查了2230名受访者，其中有532名胰腺癌患者，然后对癌症患者食用的农产品加以分类，并询问他们的其他生活习惯，比如总体饮食和吸烟情况，将其与另外1701人的生活习惯作比较。结果发现，每天至少食用5份蔬菜的人患胰腺癌的几率几乎是每天只食用2份以下蔬菜的人的一半。

18. 以下哪一个问题不构成对上述研究结论可靠性的质疑？（ ）

A. 受访者在调查中所说的话都是真的吗

B. 在胰腺癌患者中，男女各占多大比例

C. 调查所涉及的胰腺癌患者与非胰腺癌患者在生活习惯方面的差异是否有重要遗漏

D. 胰腺癌患者有没有遗传方面的原因

19. 以下哪一项办法最有利于验明上述研究结论的可靠性？（ ）

A. 查明在以肉食为主、很少食用以上蔬菜的群体中胰腺患者的比例有多大

B. 研究胰腺癌患者有那些临床表现及其治疗方法

C. 尽可能让胰腺癌患者生活愉快，以延长他们的寿命

D. 通过实验室研究，查明上述蔬菜中含有哪些成分

20. 在国内，私有化的概念说起来好像就是把国有资产分掉，而实质上则是对私有财产所有权的保护问题。如果没有对这个权利进行保护的法律基础，国有资产能够分掉，分得的财产也随时可以被没收。

如果以上陈述为真，最有力地支持以下哪项陈述？（ ）

A. 如果没有私有财产可以保护，保护私有财产的法律就毫无意义

B. 即使有保护私有财产的法律，不能有效地执行也无济于事

C. 私有化的制度是建立在拥有私有财产的合法权利的基础上的

D. 私有化和市场自由化是社会主义市场经济都应该重视的问题

21．淮洲市的发展前景不容乐观。它的经济发展依赖于工业，工业为居民提供就业岗位和工资。而它的自然生存环境则取决于消除工业污染，工业污染危及到它的空气、水和建筑。不幸的是，它的工业不可能避免地产生污染。

如果以上所说都是真的，则它们最有力地支持以下哪项陈述？（　）

A．淮洲市的生活质量只取决于它的经济发展和自然生存环境

B．淮洲市一定会遇到经济发展停滞或自然环境的恶化问题

C．近年来淮洲市的经济环境已经恶化

D．淮洲市空气、水和建筑的污染主要是由化工企业造成的

22~23题基于以下题干：

对于上市公司而言，有分红的企业才能发行新的股票。可是，如果一个企业有分红，那它就不需要融资。如果它需要融资，就没有办法分红。

22．如果以上陈述为真，以下哪项陈述不可能假？（　）

A．一个上市公司不需要融资，或者不是有分红的企业

B．一个上市公司不需要融资，或者是有分红的企业

C．一个上市公司不需要发行新股票，或者不是有分红的企业

D．一个上市公司融资的惟一渠道是发行新股票

23．如果以上陈述为真，以下那项陈述不可能真？（　）

A．一个上市公司需要融资，而且没有办法分红

B．一个上市公司不是需要融资，就是有办法分红

C．一个上市公司不需要融资，就一定会分红

D．一个上市公司既需要融资，也有办法分红

24．对中国31个省市自治区的商人信任度的调查表明，一般本地人都认为值得信任。如北京人为北京打出的可信任度为57.9，而天津人打出的分数则是15。有一个地方例外，就是海南人自己并不信赖海南人。

如果以下陈述为真，除了哪项之外，都能对上述的例外提供合理解释？（　）

A．海南本来就是骗子多，互不信任

B．海南绝大多数的被调查者是从外地去那里经商留下的

C．外地人对海南商人不了解，给他们打的信任度分数很低

D．在海南经商的大多数商人都不是本地人

25．历史并非清白之手编织的网。使人堕落和道德沦丧的一切原因中，权力是最永恒、最活跃的。因此，应该设计出一些制度，限制和防范权力的滥用。

的利润。成本若高利润就低了，利润若高成本就低了。

如果以上陈述为真，最有力地支持以下哪项结论？（ ）

A. 职工持有企业的股份，并且与老板在利益上有矛盾

B. 如果职工持有企业的股份，老板与职工在利益上就没有矛盾

C. 如果职工没有本企业的股份，老板与职工就有利益上的矛盾

D. 老板赚的钱总是多于职工所赚的钱

33. 过去所有企业问的都是这样一个问题："我应当干什么？干什么我能赚钱？"加入 WTO 之后，这个问题则变成："干什么我能成为最好的？"

以下哪项陈述对上述问题的转变给出了最合理的解释？（ ）

A. 问题的转变意味着从企业的竞争过渡到行业的竞争

B. 企业只有成为最好的，才能赚大钱

C. 只有从事赔钱的行业，才能把企业做到最好

D. 过去有行业的好坏之分，现在只有企业的好坏之分

34. 假如我和你辩论，我们之间能够分出真假对错吗？我和你都不知道，而所有其他的人都有成见，我们请谁来评判？请与你观点相同的人来评判，他既然与你观点相同，怎么能评判？请与我观点相同的人来评判，他既然与我观点相同，怎么能评判？请与你、我的观点都不相同的人来评判，他既然与你、我的观点都不相同，怎么能评判？请与你、我的观点都相同的人来评判，他既然与你、我的观点都相同，怎么能评判？所以，"辩无胜"。

下面哪一项最准确地描述了上述论证的缺陷？（ ）

A. 上述论证忽视了有超出辩论者和评判者之外的事实标准和逻辑标准

B. 上述论证犯有"混淆概念"的逻辑错误

C. 上述论证中的理由不真实，并且相互不一致

D. 上述论证犯有"文不对题"的逻辑错误

35. 公司治理取决于立法者所制定的法律。然而，仅有法律是不够的，还必须依赖为管理者制定的最优行动准则。比如，"公司董事应该具备卓越的才能"这条准则，对于什么是"卓越的才能"，法律不能给出它的标准定义。最优行动准则的优势就是它能采纳弹性较大的标准。

以下哪项陈述是上述论证所依赖的假设？（ ）

A. 只有当法律能够有效实施的时候，法律才会有作用

B. 采纳弹性较小的标准不能发挥最优行动准则的优势

C. 采纳弹性较大的标准制定法律会给法律的实施带来麻烦

D. 即使能发挥最优行动准则的优势，法律还是不可缺少的

36. 今天的巴黎雍容美丽一如以往，因为占领巴黎的德国指挥官在接到希特勒“撤退前彻底毁掉巴黎”的命令时，决定抗命不从，以自己的生命为代价保住一座古城。梁漱溟在日本军用飞机的炮弹在身边轰然炸开时，静坐院落中，继续读书，思索东西文化和教育的问题。

——对“价值”和“秩序”有所坚持，对破坏这种“价值”和“秩序”有所抵抗，就是文化。

下面哪一项不能由题干的意思推出？（ ）

A. 能够识字读书不等于有文化

B. 具有广博的知识不等于有文化

C. 文化意味着有所为有所不为：一点不忍的念头，是生民生物之根芽；一段不为的气节，是撑天撑地之柱石

D. 文化是不同民族和不同个人相互区别的标志

37. 企业竞争以效率为根本，而效率是以亲情为核心的东西。我国的各种制度不是要破坏亲情，而是要把亲情激发到最高点。

如果以下陈述为真，哪一项将最严重地削弱上述断定？（ ）

A. 亲情不但能建在私德的基础之上，也能建立在公德的基础之上

B. 制度的主要作用是淡化亲情，防止人们利用亲情干不好的事情

C. 亲情能给企业带来效率，一旦反目成仇也会给企业带来灾难

D. 制度虽然能激发亲情，但制度本身却容不下半点亲情

38. 我国个人所得税法修正案（草案）将工薪所得的费用扣除标准从原来的800元/月，提高到1500元/月；当个人月收低于1500元时，无须纳税；高于1500时，对减去1500元后的收入征税。一位官员对此评论说：个人所得税起征点不宜太高，因为纳税也是公民的权利，起征点太高就剥夺了低收入者作为纳税人的荣誉。

以下哪项如果为真，能对这位官员的论点提出最大的质疑？（ ）

A. 世界各国在征收个人所得税时，都是将居民基本生活费用予以税前扣除，以保证社会劳动力的再生产

B. 个人所得税交得少会影响低收入者作为纳税人的荣誉

C. 个人所得税的作用之一是调节社会分配，缩小贫富差距

D. 中国的税制以商品税为主，一个人只要购买并消费商品，就向国家交了税

39～40题基于以下题干：

一个人到底是做出好的行为还是做出坏的行为，跟他生命的长短有关。

如果他只活一天的话，他去偷人家的东西就是最好的，因为他不会遭受担心被抓住的痛苦。对于还能活 20 年的人来说，偷人家的东西就不是最好的。因为他会遭受担心被抓住的痛苦。

39. 如果以下各项陈述为真，除了哪项之外，都能削弱上述论证？（ ）

A. 只有遭受担心被抓住的痛苦，才不会去偷人家的东西

B. 对于只活一天的人来说，最好的行为可能是饱餐一顿牛肉

C. 生命的长短不是一个人选择做出好行为或坏行为的充分条件

D. 对于某些偷人家东西的人来说，良心的谴责会造成比担心被抓住更大的痛苦

40. 以下哪项陈述是上述论证所依赖的假设？（ ）

A. 一个人在决定是否去偷人家的东西之前，能确切知道他还能活多久

B. 凡是去偷人家东西的人可能都活不了几天了

C. 只要没有被抓住，担心被抓住不会给人带来痛苦，因为偷东西的人早有思想准备

D. 一个知道自己活不了几天的人，通常会选择做些好事而不是去做坏事

41 ~45 题基于以下题干：

印刷组和装订组的成员来自以下七名员工——F，G，H，J，K，L 和 M，每个组的成员构成必须满足下列条件：

(1) 每个组至少有三名员工。

(2) F 和 K 不能在同一个组。

(3) 如果 K 在某个组，J 也必须在这个组。

(4) M 至少是这两个组中的成员之一。

(5) 两个组至少有一个共同的员工。

41. 以下哪项列出的是这两个组可接受的成员选择？（ ）

A. 印刷：F，G，H；装订：G，J，K，L

B. 印刷：F，H，J；装订：G，H，L，M

C. 印刷：F，H，M；装订：G，K，L，M

D. 印刷：F，H，J，K；装订：H，L，M

42. 如果印刷组的成员由 F、H、L 和 M 组成，而且装订组的成员由 G、H 和 J 组成，那么 K 可以替换两组的哪一个成员而不违反任何给出的条件？（ ）

A. F　　B. G　　C. H　　D. L

43. 如果印刷组只有 G、H 和 L 三个成员，而且在条件允许的情况下，两个组拥有尽可能多的共同成员，那么以下哪项陈述一定真？（ ）

A. 装订组和印刷组恰好有一个共同成员

B. 装订组和印刷组恰好有两个共同成员

C. 装订组和印刷组成员的数量相同

D. 装订组成员的数量至少比印刷组的多一个

44. 如果 K 和 L 都是身兼两组的成员，而且印刷组正好有三个成员，那么以下哪项陈述一定真？（ ）

A. F 在印刷组　　B. F 在装订组

C. G 在印刷组　　D. M 在装订组

45. 最多有几名员工可以兼任印刷组和装订组的成员？（ ）

A. 四　　B. 五

C. 六　　D. 七

46～50 题基于以下题干：

在一次魔术表演中，从七位魔术师——G、H、K、L、N、P 和 Q 中，选择六位上场表演，表演时分成两队：1 队和 2 队。每一队有前、中、后三个位置，上场的魔术师恰好每人各占一个位置，魔术师的选择和位置安排必须符合下列条件：

(1) 如果安排 G 或 H 上场，他们必须在前位。

(2) 如果安排 K 上场，他必须在中位。

(3) 如果安排 L 上场，他必须在 1 队。

(4) P 和 K 都不能与 N 在同一队。

(5) P 不能与 Q 在同一队。

(6) 如果 H 在 2 队，则 Q 在 1 队的中位。

46. 以下哪项列出的是 2 队上场表演可接受的安排？（ ）

A. 前：H；中：P；后：K　　B. 前：H；中：L；后：N

C. 前：G；中：Q；后：P　　D. 前：G；中：Q；后：N

47. 如果 H 在 2 队，哪项列出的是 1 队可以接受的安排？（ ）

A. 前：L；中：Q；后：N　　B. 前：G；中：K；后：N

C. 前：L；中：Q；后：G　　D. 前：G；中：K；后：L

48. 以下哪项列出的是 1 队上场表演可接受的安排？（ ）

A. 前：Q；中：L；后：N　　B. 前：L；中：K；后：Q

C. 前：Q；中：K；后：P　　D. 前：G；中：K；后：P

49. 如果G在1队，以下哪一对魔术师可以在1队？（　）

A. K和L　　B. K和P

C. L和N　　D. L和Q

50. 如果G在1队并且K在2队，下列哪个魔术师一定在2队的后位？（　）

A. L　　B. N

C. P　　D. Q

综合检测(六)

——2006MBA 试题

单项选择题：

1. 小张承诺：如果天不下雨，我一定去听音乐会。

以下哪项为真，说明小张没有兑现承诺？(　)

Ⅰ. 天没下雨，小张没去听音乐会。

Ⅱ. 天下雨，小张去听了音乐会。

Ⅲ. 天下雨，小张没去听音乐会。

A. 仅Ⅰ　　B. 仅Ⅱ　　C. 仅Ⅲ

D. 仅Ⅰ和Ⅱ　　E. Ⅰ、Ⅱ和Ⅲ

2. 我想说的都是真话，但真话我未必都说。

如果上述断定为真，则以下各都可能为真，除了(　)。

A. 我有时也说假话

B. 我不是想啥说啥

C. 有时说某些善意的假话并不违背我的意愿

D. 我说的都是我想说的话

E. 我说的都是真话

3. 有些人若有一次厌食，会对这次膳食中有特殊味道的食物持续产生强烈厌恶，不管这种食物是否会对身体有利。这种现象可以解释为什么小孩更易于对某些食物产生强烈的厌食。

以下哪项如果为真，最能加强上述解释？(　)

A. 小孩的膳食搭配中含有特殊味道的食物比成年人多

B. 对未尝过的食物，成年人比小孩更容易产生抗拒心理

C. 小孩的嗅觉和味觉比成年人敏锐

D. 和成年人相比，小孩较为缺乏食物与健康的相关知识

E. 如果讨厌某种食物，小孩厌食的持续时间比成年人更长

4. 在桂林漓江一些有地下河流的岩洞中，有许多露出河流水面的石笋。这些石笋是由水滴长年滴落在岩石表面而逐渐积聚的矿物质形成的。

如果上述断定为真，最能支持以下哪项结论？(　)

A. 过去漓江的江面比现在高

B. 只有漓江的岩洞中才有地下河流

C. 漓江的岩洞中大都有地下河流

D. 上述岩洞中的地下河流是在石笋形成前出现的

E. 上述岩洞中地下河流的水比过去深

5～6 题基于以下题干：

一般认为，一个人 80 岁和他在 30 岁相比，理解和记忆能力都显著减退。最近的一项调查显示，80 岁的老人和 30 岁的年轻人在玩麻将时所表现出的理解和记忆能力没有明显差别。因此，认为一个人到了 80 岁理解和记忆能力会显著减退的看法是站不住脚的。

5. 以下哪项如果为真，最能削弱上述论证？（ ）

A. 玩麻将需要的主要不是理解和记忆能力

B. 玩麻将只需要较低的理解和记忆能力

C. 80 岁的老人比 30 岁的年轻人有更多时间玩麻将

D. 玩麻将有利于提高一个人的理解和记忆能力

E. 一个人到了 80 岁理解和记忆能力会显著减退的看法，是对老年人的偏见

6. 以下哪项如果为真，最能加强上述论证？（ ）

A. 目前 30 岁的年轻人的理解和记忆能力，高于 50 年前的同龄人

B. 上述调查的对象都是退休或在职的大学教师

C. 上述调查由权威部门策划和实施

D. 记忆能力的减退不必然导致理解能力的减退

E. 科学研究证明，人的平均寿命可以达到 120 岁

7. 除了吃川菜，张涛不吃其他菜肴。所有林村人都爱吃川菜。川菜的特点为麻辣香，其中有大量的干鲜辣椒、花椒、大蒜、姜、葱、香菜等调料。大部分吃川菜的人都喜好一边吃川菜，一边喝四川特有的盖碗茶。

如果上述断定为真，则以下哪项一定为真？（ ）

A. 所有林村人都爱吃麻辣香的食物

B. 所有林村人都喝四川出产的茶

C. 大部分林村人喝盖碗茶

D. 张涛喝盖碗茶

E. 张涛是四川人

8. 地球在其形成的早期是一个熔岩状态的快速旋转体，绝大部分的铁元素处于其核心部分。有一些熔岩从这个旋转体的表面甩出，后来冷凝形成了月球。

如果以上这种关于月球起源的理论正确，则最能支持以下哪项结论？（ ）

A. 月球是唯一围绕地球运行的星球

B. 月球将早于地球解体

C. 月球表面的凝固是在地球表面凝固之后

D. 月球像地球一样具有固体的表层结构和熔岩状态的核心

E. 月球的含铁比例小于地球核心部分的含铁比例

9. 雌性斑马和它们的幼小子女离散后，可以在相貌体形相近的成群斑马中很快又聚集到一起。研究表明，斑马身上的黑白条纹是它们互相辨认的标志，而幼小斑马不能将自己母亲的条纹与其他成年斑马区分开来。显而易见，每个母斑马都可以辨别出自己后代的条纹。

上述论证采用了以下哪种论证方法？（ ）

A. 通过对发生机制的适当描述，支持关于某个可能发生现象的假说

B. 在对某种现象的两种可供选择的解释中，通过排除其中的一种，来确定另一种

C. 论证一个普遍规律，并用来说明一种特殊情况

D. 根据两组对象有某些类似的特性，得出它们具有一个相同特性

E. 通过反例推翻一个一般性结论

10. 海拔越高，空气越稀薄。因为西宁的海拔高于西安，因此，西宁的空气比西安稀薄。

以下哪项中的推理与题干的最为类似？（ ）

A. 一个人的年龄越大，他就变得越成熟。老张的年龄比他的儿子大，因此，老张比他的儿子成熟

B. 一棵树的年头越长，它的年轮越多，老张院子中槐树的年头比老李家的槐树年头长，因此，老张家的槐树比老李家的年轮多

C. 今年马拉松冠军的成绩比前年好，张华是今年的马拉松冠军，因此，他今年的马拉松成绩比他前年的好

D. 在激烈竞争的市场上，产品质量越高并且广告投入越多，产品需要就越大。甲公司投入的广告费比乙公司的多，因此，对甲公司产品的需求量比对乙公司的需求量大

E. 一种语言的词汇量越大，越难学。英语比意大利语难学，因此，英语的词汇量比意大利语大

11. 张教授：和谐的本质是多样性的统一。自然界是和谐的，例如没有两片树叶是完全相同的。因此，克隆人是破坏社会和谐的一种潜在危险。

李研究员：你设想的那种危险是不现实的，因为一个人和他的克隆复制品完全相同的仅仅是遗传基因。克隆人在成长和受教育的过程中，必然在外形、个性和人生目标等诸方面形成自己的不同特点。如果说克隆人有可能破坏社会和谐的话，我看一个现实危险是，有人可能把他的克隆复制品当作自己的活“器官银行”。

以下哪项最为恰当地概括了张教授与李研究员争论的焦点？（ ）

A. 克隆人是否会破坏社会的和谐

B. 一个人和他的克隆复制品的遗传基因是否可能不同

C. 一个人和他的克隆复制品是否完全相同

D. 和谐的本质是否为多样性的统一

E. 是否可能有人把他的克隆复制品当作自己的活“器官银行”

12. 在近现代科技的发展中，技术革新从发明、应用到推广的循环过程不断加快。世界经济的繁荣是建立在导致新产业诞生的连续不断的技术革新之上的。因此，产业界需要增加科研投入以促使经济进一步持续发展。

上述论证基于以下哪项假设？（ ）

Ⅰ. 科研成果能够产生一系列新技术、新发明。

Ⅱ. 电讯、生物制药、环保是目前技术革新循环最快的产业，将会在未来几年中产生大量的新技术、新发明。

Ⅲ. 目前产业界投入科研的资金量还不足以确保一系列新技术、新发明的产生。

A. 仅Ⅰ　　B. 仅Ⅲ　　C. 仅Ⅰ和Ⅱ

D. 仅Ⅰ和Ⅲ　　E. Ⅰ、Ⅱ和Ⅲ

13. 在一次对全省小煤矿的安全检查后，甲、乙、丙三个安检人员有如下结论：

甲：有小煤矿存在安全隐患。

乙：有小煤矿不存在安全隐患。

丙：大运和宏通两个小煤矿不存在安全隐患。

如果上述三个结论只有一个正确，则以下哪项一定为真？（ ）

A. 大运和宏通煤矿都不存在安全隐患

B. 大运和宏通煤矿都存在安全隐患

C. 大运存在安全隐患，但宏通不存在安全隐患

D. 大运不存在安全隐患，但宏通存在安全隐患

E. 上述断定都不一定为真

14. 研究发现，市面上X牌香烟的Y成分可以抑制EB病毒。实验证实，EB病毒是很强的直致鼻咽癌的病原体，可以导致正常的鼻咽部细胞转化为癌细胞。因此，经常吸X牌香烟的人将减少鼻咽癌的风险。

以下哪项如果为真，最能削弱上述论证？（ ）

A. 不同条件下的实验，可以得出类似的结论

B. 已经患鼻咽癌的患者吸X牌香烟后并未发现病情好转

C. Y成分可以抑制EB病毒，也可以对人的免疫系统产生负面作用

D. 经常吸X牌香烟会加强Y成分对EB病毒的抑制作用

E. Y成分的作用可以被X牌香烟的Z成分中和

15～16 基于以下题干：

免疫研究室的钟教授说："生命科学院从前的研究生的那种勤奋精神越来越不多见了，因为我发现目前在我的研究生中，起早摸黑做实验的人越来越少了。"

15. 钟教授的论证基于以下哪项假设？（ ）

A. 现在生命科学院的研究生需要从事的实验外活动越来越多

B. 对于生命科学院的研究生来说，只有起早摸黑才能确保完成实验任务

C. 研究生是否起早摸黑做实验是他们勤奋与否的一个重要标准

D. 钟教授的研究生做实验不勤奋是由于钟教授没有足够的科研经费

E. 现在的年轻人不热衷于实验室工作

16. 以下哪项最为恰当地指出了钟教授推理中的漏洞？（ ）

A. 不当地断定：除了生命科学院以外，其他学院的研究生普遍都不够用功

B. 没有考虑到研究生的不勤奋有各自不同的原因

C. 只是提出了问题，但没有提出解决问题的方法

D. 不当地假设：他的学生状况就是生命科学院所有研究生的一般状况

E. 没有设身处地考虑他的研究生毕业后找工作的难处

17. 某报评论：H市的空气质量本来应该已经得到改善。五年来，市政府在环境保护方面花了气力，包括耗资600多亿元将一些污染最严重的工厂迁走，但是，H市仍难摆脱空气污染的困扰，因为解决空气污染问题面临着许多不利条件，其中，一个是机动车辆的增加，另一个是全球石油价格的上升。

以下各项如果为真，都能削弱上述论断，除了(　)。

A. 近年来H市加强了对废气的排放的限制，加大了对污染治理费征收的力度

B. 近年来H市启用了大量电车和使用燃气的公交车，地铁的运行路线也有明显增加

C. 由于石油涨价，许多计划购买豪华车的人转为购买低耗油的小型车

D. 由于石油涨价，在国际市场上一些价位偏低的劣质含硫石油进入H市

E. 由于汽油涨价和公车改革，拥有汽车的人缩减了驾车旅游的计划

18. 对常兴市23家老人院的一项评估显示，爱慈老人院在疾病治疗水平方面受到的评价相当低，而在其他不少方面评价不错，虽然各老人院的规模大致相当，但爱慈老人院医生与住院老人的比率在常兴市的老人院中几乎是最小的。因此，医生数量不足是造成爱慈老人院在疾病治疗水平方面评价偏低的原因。

以下哪项如果为真，最能加强上述论证？(　)

A. 和祥老人院也在常兴市，对其疾病治疗水平的评价比爱慈老人院还要低

B. 爱慈老人院的医务护理人员比常兴市其他老人院都要多

C. 爱慈老人院的医生发表的相关学术文章很少

D. 爱慈老人院位于常兴市的市郊

E. 爱慈老人院某些医生的医术一般

19～20题基于以下题干：

小红说：如果中山大道只允许通行轿车和不超过10吨的货车，大部分货车将绕开中山大道。

小兵说：如果这样的话，中山大道的车流量将减少，从而减少中山大道的撞车事故。

19. 以下哪项是小红的断定所假设的？(　)

A. 轿车和10吨以下的货仅能在中山大道行驶

B. 目前中山大道的交通十分拥挤

C. 货车司机都喜欢在中山大道行驶

D. 大小货车在中山大道外的马路行驶十分便利

E. 目前行驶在中山大道的大部分货车都在10吨以上

20. 以下哪项如果为真，最能加强小兵的结论？(　)

A. 中山大道的撞车事故主要发生在10吨以下的货车

B. 在中山大道上，大客车很少发生撞车事故

C. 中山大道因为常发生撞车事故，交通堵塞严重

D. 许多原计划购买10吨以上货车的单位转而购买10吨以下的货车

E. 近来中山大道周围的撞车事故减少了

21. 一把钥匙能打开天下所有的锁。这样的万能钥匙是不可能存在的。

以下哪项最符合题干的断定？（ ）

A. 任何钥匙都必然有它打不开的锁

B. 至少有一把钥匙必然打不开天下所有的锁

C. 至少有一把锁天下所有的钥匙都必然打不开

D. 任何钥匙都可能有它打不开的锁

E. 至少有一把钥匙可能打不开天下所有的锁

22. 在一次歌唱竞赛中，每一名参赛选手都有评委投了优秀票。

如果上述断定为真，则以下哪项不可能为真？（ ）

Ⅰ. 有的评委设了所有参赛选手优秀票

Ⅱ. 有的评委没有给任何参赛选手投优秀票

Ⅲ. 有的参赛选手没有得到一张优秀票

A. 只有Ⅰ　　B. 只有Ⅱ　　C. 只有Ⅲ

D. 只有Ⅰ和Ⅱ　　E. 只有Ⅰ和Ⅲ

23～24题基于以下题干：

陈先生：北欧人具有一种特别明显的乐观精神。这种精神体现为日常生活态度，也体现为理解自然、社会和人生的哲学理念。北欧人的人均寿命历来是最高的，这正是导致他们具备乐观精神的重要原因。

贾女士：你的说法难以成立。因为你的理解最多只能说明，北欧的老年人为何具备乐观精神。

23. 以下哪项最可能是贾女士的反驳所假设的？（ ）

A. 北欧的中青年人并不知道北欧人的人均寿命历来是最高的

B. 只有已经长寿的人，才具备产生上述乐观精神的条件

C. 北欧国家都有完美的保护老年人利益的社会福利制度

D. 成熟的理解自然、社会和人生的哲学理念，只有老年人才可能具有

E. 北欧人实际上并不具有明显的乐观精神

24. 以下哪项如果为真，最能加强隐先生的观点并削弱贾女士的反驳？（ ）

A. 人均寿命是影响社会需求和生产的重要因素；经济发展水平是影响

社会情绪的重要因素

B. 北非的一些国家人均寿命不高，但并不缺乏乐观的民族精神

C. 医学研究表明，乐观精神有利于长寿

D. 经济发展水平是影响人的寿命及其情绪的决定因素

E. 一家权威机构的最新统计表明，目前全世界人均寿命最高的国家是日本

25. 大多数独生子女都有以自我为中心的倾向，有些非独生子女同样有以自我为中心的倾向。自我为中心倾向的产生有各种原因，但一个共同原因是缺乏父母的正确引导。

如果上述断定为真，则以下哪项一定为真？（ ）

A. 每个缺乏父母正确引导的家庭都有独生子女

B. 有些缺乏父母正确引导的家庭有不止一个子女

C. 有些家庭虽然缺乏父母正确引导，但子女并不以自我为中心

D. 大多数缺乏父母正确引导的家庭都有独生子女

E. 缺乏父母正确引导的多子女家庭，少于缺乏父母正确引导的独生子女家庭

26. 脑部受到重击后人就会推动意识。有人因此得出结论：意识是大脑的产物，肉体一旦死亡，意识就不复存在。但是，一台被摔的电视机突然损坏，它正在播出的图像当然立即消失，但这并不意味着正由电视塔发射的相应图像信号就不复存在。因此，要得出“意识不能独立于肉体而存在”的结论，恐怕还需要更多的证据。

以下哪项最为准确地概括了“被摔的电视机”这一实例在上述论证中的作用？（ ）

A. 作为一个证据，它说明意识可以独立于肉体而存在

B. 作为一个反例，它驳斥关于意识本质的流行信念

C. 作为一个类似意识丧失的实例，它从自身中得出的结论和关于意识本质的流行信念显然不同

D. 作为一个主要证据，它试图得出结论：意识和大脑的关系，类似于电视图像信号和接收它的电视机之间的关系

E. 作为一个实例，它说明流行的信念都是应当质疑的

27. 思考是人的大脑才具有的机能。计算机所做的事（如深蓝与国际象棋大师对弈）更接近于思考，而不同于动物（指人以外的动物，下同）的任何一种行为。但计算机不具有意志力，而有些动物具有意志力。

如果上述断定为真，则以下哪项一定为真？（ ）

Ⅰ．具备意志力不一定要经过思考。

Ⅱ．动物 的行为中不包括思考

Ⅲ．思考不一定要具备意志力

A．只有Ⅰ　　B．只有Ⅱ　　C．只有Ⅲ

D．只有Ⅰ和Ⅱ　　E．Ⅰ、Ⅱ和Ⅲ

28．类人猿和其后的史前人类所使用的工具很相似。最近在东部非洲考古所发现的古代工具，就属于史前人类和类人猿都使用过的类型。但是，发现这些工具的地方是热带大草原，热带大草原有史前人类居住过，而类人猿只生活在森林中。因此，这些被发现的古代工具是史前人类而不是类人猿使用过的。

为使上述论证有说服力，以下哪些项是必须假设的？（ ）

A．即使在相当长的环境生态变化过程中，森林也不会演变成为草原

B．史前人类从未在森林中生活过

C．史前人类比类人猿更能熟练地使用工具

D．史前人类在迁移时并不携带工具

E．类人猿只能使用工具，并不能制造工具

29．研究显示，大多数有创造性的工程师，都有在纸上乱涂乱画，并记下一些看来稀奇古怪想法的习惯。他们的大多数最有价值的设计，都直接与这种习惯有关。而现在的许多工程师都用电脑工作，在纸上乱涂乱画不再是一种普遍的习惯。一些专家担心，这会影响工程师的创造性思维，建议在用于工程设计的计算机程序中匹配模拟的便条纸，能让使用者在上面涂鸦。

以下哪项最可能是上述建议所假设的？（ ）

A．在纸上乱涂乱画，只可能产生工程设计方面的灵感

B．计算机程序中匹配的模拟便条纸，只能用于乱涂乱画，或记录看来稀奇古怪的想法

C．所有用计算机工作的工程师都不会备有纸笔以随时记下有意思的想法

D．工程师在纸上乱涂乱画所记下的看来稀奇古怪的想法，大多数都有应用价值

E．乱涂乱画所产生的灵感，并不一定通过在纸上的操作获得

30．在丈夫或妻子至少有一个是中国人的夫妻中，中国女性比中国男性多2万。

如果上述断定为真，则以下哪项一定为真？（　）

Ⅰ. 恰有2万中国女性嫁给了外国人。

Ⅱ. 在和中国人结婚的外国人中，男性多于女性。

Ⅲ. 在和中国人结婚的人中，男性多于女性。

A. 只有Ⅰ　　B. 只有Ⅱ　　C. 只有Ⅲ

D. 只Ⅱ和Ⅲ　　E. Ⅰ、Ⅱ和Ⅲ

参考文献

[1] 吴坚. 实用逻辑学. 北京:首都经济贸易大学出版社,2005
[2] 张家龙. 逻辑学思想史. 长沙:湖南教育出版社,2004
[3] 陈树文. 逻辑学基本原理. 北京:北京交通大学出版社,2003
[4] 李小克. 普通逻辑学教程. 北京:首都经济贸易大学出版社,2002
[5] 杜雄柏. 逻辑学教程. 长沙:湖南大学出版社,2001
[6] 王源生. 普通逻辑学. 长沙:中南工业大学出版社,2000
[7] 宋文坚. 逻辑学. 北京:人民出版社,1998
[8] 孙仁生. 普通逻辑原理. 大连:大连理工大学出版社,1997
[9] [美]罗伯特·J·克雷切. 大学生逻辑学. 北京:北京大学出版社,1989
[10] 扬武金. MPA 联考高分突破逻辑分册. 北京: 中国人民大学出版社,2006